郑州市文物考古研究院◎编

中华文明源说

——中国彩陶图文释义

索全星　著

中州古籍出版社

·郑州·

图书在版编目（CIP）数据

中华文明源说：中国彩陶图文释义 / 索全星著；郑州市文物考古研究院编 . —郑州：中州古籍出版社，2023. 11

ISBN 978-7-5738-1054-0

Ⅰ.①中… Ⅱ.①索…②郑… Ⅲ.①彩陶－陶器（考古）－研究－中国 Ⅳ.① K876.34

中国国家版本馆 CIP 数据核字（2023）第 219404 号

ZHONGHUA WENMING YUANSHUO——ZHONGGUO CAITAO TUWEN SHIYI

中华文明源说——中国彩陶图文释义

责任编辑　高　雅
文字编辑　王小方
责任校对　吕兵伟
美术编辑　王　歌
书名题字　韩嘉俊

出 版 社　中州古籍出版社（地址：郑州市郑东新区祥盛街 27 号 6 层
　　　　　邮编：450016　电话：0371-65788693）
承印单位　河南瑞之光印刷股份有限公司
开　　本　787 mm×1092 mm　1/16
印　　张　21
字　　数　700 千字
印　　数　1—1000 册
版　　次　2023 年 11 月第 1 版
印　　次　2023 年 11 月第 1 次印刷
定　　价　289.00 元

彩陶是中华文化图文元典的实物载体，展现了中华文明 7000 年的辉煌历史。彩陶图文记载的古易思想与天文学、数学及历法等文化内容，体现了中华文明特色的文化基因，为中华文明起源研究提供了共时的文献依据。彩陶图文是中华文明的标志。彩陶古易朴素的唯物辩证法与天人合一的思想内涵，奠定了中华思想文明的基石。彩陶历法是华夏民族遵循天道、利用自然规律科学发展的必然产物，也是农业文明社会和国家政治的最显著标志。彩陶历法的大小月、节气（四季）、闰月和阴阳合历等制度体系，成为中华历法一脉相承的祖源，开中华法治社会之先河。彩陶图文是早期中国文字"文"的发展形态，神秘的"中华""中国"从图文中走来，从茫然"天书"到信史文献，将中华文明的历史轴线拓展至可以认识的本源方位。

作者介绍
About the author

　　索全星，1963 年 4 月生，河南省武陟县人，中国共产党党员。1986 年
7 月郑州大学历史系考古专业毕业。研究馆员。

　　大学毕业分配在焦作市文物工作队工作。2007 年 3 月—2009 年借调于
郑州市文物考古研究院。2010 年 1 月，以人才引进调入郑州市文物考古研究
院，工作至今。发表《河南新郑市华阳城遗址东周遗存的调查与发掘》《论
中华文明的起源及其初步发展》《华国遗址考察与中华名称溯源》等发掘报
告、论文 60 余篇，撰著出版《山阳石刻艺术》《中华文明本源初探》《华
夏文明起源的考古学观察》等书，获省、市社科优秀论著奖 18 项。提出"华
文化"概念，认识彩陶图文，揭示中华文明起源形成的思想动力和发展机制，
进一步阐明了中华文明的历史根脉。研究方向为中国新石器文化，目前主要
从事早期中华文明探源研究。

序言
Preface

  源远流长、博大精深是我们对中华文明基本特征的认识。古巴比伦、古埃及、古印度和中国，被称为世界上的四大文明发源地。考古学的发展和深化研究证明，中华文明是极为重要的一支文明体系，至今仍然勃发着强大的生命力。一个文明体要有丰富的文化内涵和历史细节的展示，才能使人感受文明的存在及其力量，说明它的真实性。索全星同志是一名考古学者，长年的工作实践、敏锐的学术课题意识和正确的研究方法，使他对中华文明探源有独特的造诣和见解。他的新作《中华文明源说——中国彩陶图文释义》即将付梓，他同好友李振明携稿来给我审阅，读后印象深刻，借此谈谈对中华文明起源的认识。

  中国考古学是西方历史研究方法的产物。1921年瑞典考古学者安特生在河南省渑池县仰韶村发现发掘新石器时代遗址，出土了中国最早的彩陶，中国考古学因此诞生。至今经过100年的发展，中国考古学在人类起源、文明起源、社会科学、历史学等重大学术课题方面取得了丰硕成果，鼓舞人心，极大地提高了华夏民族的历史自信和文明自信，为实现中华民族伟大复兴增添了信心。中国新石器时代仰韶文化是以彩陶为特征的历史文化现象，在我国除个别省份（自治区、直辖市）外几乎都有分布，河南、山西、陕西、山东、甘肃、青海等省份遗址尤多，文化遗存丰厚，极具时代特色。此外在东欧的罗马尼亚、乌克兰等国家和地区也有出土彩陶的遗址分布。这些彩陶，为什么被传播？它的时代背景、文化内涵是什么？这是要讲清楚的。

  我国彩陶遗址和文化遗存分布极为广泛，据碳14测年，大多处在距今

7000—5000年间（公元前5000年—公元前3000年），甘肃、青海的马家窑文化彩陶略有延迟（晚至距今4000年左右）。这个时间段，在我国是经历了裴李岗文化由游牧式生产向农耕式生产转型之后，农耕文明形成和发展的时期。从历史角度看，裴李岗文化奠基了中国农业文明的基础，许多文明元素开始萌发和孕育，仰韶文化的彩陶图文展现了中国农业社会的文明形态，缔造了早期中华的国家规模和"天下"形势，这是仰韶文化的时代背景。

在环嵩山区域，特别是郑州、洛阳地区，仰韶文化遗址分布稠密，村落相望，许多聚落构建有环壕或多重环壕。郑州西山遗址[1]背山面河，扼据邙山东端，形势险要，还夯筑坚固的城墙，设置加厚的城隅和防御性的北城门，城高池深，易守难攻。西山古城距今5300年—4800年，许顺湛先生称之为"黄帝时代的古城"[2]。日出而作，日落而息，聚落（现在称为村庄）是氏族或部族的人们定居生活的家园，这是农业文明社会的代表特征。现在的农村应是远古聚落的子遗。居址除少数半地穴棚屋外，一般以地面式方形的房子为主。比较时尚的房子是经火烧烤的陶房，大河村遗址不仅有双间一组的，还有较大的四间一组的陶房，[3]可以祖孙三代一起生活。生产工具、生活用器主要有石器、陶器、骨器、蚌器、角器，陶器为大宗，石器次之。石器有石斧、石铲、石刀、石镰等生产工具，陶器除陶锉为手工用具外，多为盆、钵、碗、瓮、鼎、罐、壶、缸、豆等生活器皿，有一部分是精美的彩陶。出土的碳化粮食标本有粟、黍、水稻、大豆、麻子，还有枣、野葡萄、桃等的果核，动物骨骼有家猪、羊、牛、狗、鸡、鱼等的骨骼及河蚌的壳、鹿角等。墓地一般处在聚落周边，竖穴土坑，排列有序，单人仰身直肢葬，没有或极少随葬品，显示了严明的墓葬制度。巩义双槐树遗址出土有桑蚕雕品，荥阳青台遗址、汪沟遗址均发现了丝绸纺织品遗迹，[4]说明这些

---

[1] 国家文物局考古领队培训班：《郑州西山仰韶时代城址的发掘》，《文物》1999年第7期。

[2] 许顺湛：《郑州西山发现黄帝时代古城》，《中原文物》1996年第1期。

[3] 郑州市文物考古研究所：《郑州大河村》，科学出版社，2001年，第167～170页。

[4] 张松林：《荥阳青台遗址出土纺织物的报告》，《中原文物》1999年第3期。

聚落桑蚕养殖、缫丝纺织的手工业十分兴盛。上述情况佐证了农业经济的繁荣和社会文明的基本形态。

彩陶作为图文的实物载体，在具有文化性质的同时，关键在"明"，这是社会文明的根本所在。彩陶的古易思想、天文学、数学和历法成就为仰韶文化遗址提供了历史背景和社会文明的意义，反映了早期的中华文明特色。彩陶是远古时代比较系统的图文载体，它所记载的古易、天文、数学和历法等方面的内容体现了社会文明应该且必须具备的硬件，并且都有较好阐释，证明彩陶图文是甲骨文之前的原始文字。彩陶图文不仅有象形、指事、会意、假借的文字法则，还有组合、连缀的章法，具有比较规范的书写法式。

彩陶古易具有朴素的唯物辩证法思想，奠定了中华文明的思想基础，其中的"中文化"内容蕴含了"中华""中国"名称的精髓。关于数学内容，彩陶记载非常丰富，如数字形式、九宫格洛书、三角数理、几何数学、三角算术等并建立了相关的数学法则。彩陶的天文学成就也是相当突出的，立杆测影、日时法则、二至点、黄道、黄赤夹角、朔望月和比较明确的火星记载。根据彩陶记载，历法内容为人宗，研究表明这些历法属于阴阳合历，有周天历度、朔日、朔望月、大月小月、十二月制、闰月、平年闰年、节气等历法制度，并有明确的四季、二分二至四立的节气划分。彩陶历法是中华农耕文明的重要标志，一部彩陶历法代表了中华文明的历史高度，展示出中华文明的历史轴线。彩陶文化建立的一套中华文明的话语体系，塑造了中华文明的早期形态，丰富了中华文明的文化内涵，指明了华夏文明的发展道路，对世界文明产生了深刻影响。

历史非虚无，有很多的研究方法，得其法者才是正解。中华文明是有思想的伟大文明，中华文明探源在与时俱进的同时，应该具有中国特色（中国化）的方法和观念。彩陶研究也应如此，这样才能正确解读彩陶的中华文明话语体系，使中国文字、农历、《道德经》的有关章节、《易经》、《洛书》、杨辉数学三角等诸多传统文化有了祖源。

全星同志的《中华文明源说——中国彩陶图文释义》依据考古出土的彩陶实物，以彩陶图文为支撑，对古易、天文、数学和历法等内容进行全面的系统的表述和论证，观点鲜明，论证坚实，为彩陶研究开了一个好头，是难得的中华文明探源佳作。是为序。

2023年7月8日

本序作者介绍：

王承哲，河南省社会科学院院长、研究员。第十四届全国人大代表，中宣部文化名家暨"四个一批"人才、国家高层次人才特殊支持计划哲学社会科学领军人才，中央马克思主义理论与建设工程重大项目首席专家，中国社会科学院大学博士生导师，河南省和郑州市国家级领军人才，《中州学刊》主编。

凡　例

一、中国彩陶于1921年由瑞典考古学家安特生在河南省渑池县仰韶村遗址考古调查时发现。黄河中上游地区彩陶分布广泛，是彩陶发展的鼎盛区域。彩陶图形稳定，传承有序，具有思想性和文化系统性。本书以彩陶为图文载体，阐发古易思想、天文、数学和历法等文化内涵，论述彩陶图文与历法的社会文明的历史意义。

二、彩陶从公元前7000年—前5000年在黄河流域和长江流域的几个地区分别起步，在公元前5000年—前3000年进入鼎盛时代，除个别地区之外，又在公元前3000年—前2000年逐步衰落并最终消失不见。彩陶主要有三个发展中心：黄河中上游地区、黄河下游地区和长江中游地区。

三、本书正文分为八章，章下设节，每节内容以一、二、三等序号标示，分别论述，相关图表随文插入。

四、插图以照片为主。彩陶是特殊的图文载体，本书尽可能多角度、全方位展现陶器的形状特征和图文的面貌特色，拉近阅读者与远古历史的距离，使其感受伟大文明的光辉和文化亲和力。

五、插图以章为单元统一编排序号，由"图号+图名"组成。如"图2.3 贾湖遗址带纹彩陶"，"图2.3"为图号，为第二章第3幅图，"贾湖遗址带纹彩陶"为该图的名称。

六、本书选用的彩陶标本，以考古出土文物为优先，并在原彩陶编号前面以中文特别标注遗址名称。如"彩陶钵（大河村F1:26）"在原编号前加"大河村"的遗址名称，注明其来源，以示资料的严谨性。

七、彩陶标本的来源和参考文献，采用脚注的形式注释。一般以发掘简报、发掘报告为主，如《郑州大河村》《华县泉护村——1992年考古发掘报告》；其次为近年出版的彩陶图录，如《中国出土彩陶全集》《中国史前陶器》；再次则为相关的论文、论著，如

《彩陶·中华——中国五千年前的融合与统一》《史前中国的艺术浪潮——庙底沟文化彩陶研究》。

八、本书的遗迹单位符号和编号，依据国家文物局颁发的《田野考古工作规程》。比如：T—探方（探沟）、H—灰坑、F—房屋、M—墓葬、W—瓮棺、G—沟等，采用其第一个字的汉语拼音的大写声母表示。堆积单位指所谓的文化地层，自上而下依次编号，即①、②、③等。堆积单位编号纳入遗迹单位编号中，比如：H1①系指灰坑H1填土第①层；器物编号则表示该器物出土的地点，比如：鼎（H1①:1）系指该鼎出土于遗址H1①内。

九、本书内容涉及古易思想、天文、数学、历法等方面的原理、法则、概念等学科内容和专业术语，展现了中华文明源远流长、博大精深的历史魅力。抛砖引玉，此"砖"只为大家提供一个研究和认识远古彩陶的新视角新方法。

目录
Contents

第一章
绪论

　　彩陶是我国远古时期思想文化的物质载体，其古易思想直接催生并深刻影响了中华文明的起源与初步发展。20 世纪 20 年代初，瑞典人安特生在今河南三门峡市仰韶遗址首先发现彩陶，之后随着仰韶时期遗址的大量发现，许多有识之士将彩陶文化看作是探索中国文化源头的主要对象和研究目标，但彩陶文化的源地、性质、内涵与承续等诸多问题，是困扰学术界难题，可谓"天书"。本文从彩陶文化"中国化"着手、并以"彩陶图文"的文化视角对中华文明起源及初步形成进行初步探讨。

第一节
彩陶既往研究成果概述

中国彩陶文化源远流长，新石器时代中期的裴李岗文化已有彩陶出土，新石器时代晚期（仰韶文化）彩陶盛行约 2000 年之久，在龙山文化时期，我国西北部的马家窑文化区仍然流行彩陶。概括而言，这种现象反映了彩陶文化的萌发、盛兴和衰落，但仰韶彩陶文化则是中华远古文化的显著特色。中国彩陶自被发现之后，以彩陶为主要特色的新石器时代晚期文化遗存，分布整个中国，深刻影响了我国远古的历史和文化。因为典型精美的彩陶是新石器时代晚期遗址的显著特色，河南省渑池县仰韶遗址为最早发现地，故新石器时代晚期文化被称为"仰韶文化"，这个历史时段称为仰韶时期或仰韶时代。彩陶的发现使彩陶研究蔚然成风，兴盛为学术热潮。在美学艺术、意识形态等方面都有所探讨，总体来讲，对于彩陶的文化内涵和性质、研究方法和成果尚显简单肤浅，没有比较坚实的学科理论作为支撑，众说纷纭、鲜有定论。

一、我国彩陶的发现与分布区域

裴李岗文化主要分布于以嵩山为中心河南省区域内，有舞阳贾湖、大岗，长葛石固，新郑裴李岗，登封双庙，郏县水泉，汝州中山寨等遗址[1]，其中的舞阳贾湖遗址，距今9000 年左右，出现了日、目、齿、一、二等刻符文字，还制作了许多五孔、七孔的鹤胫骨笛及三叉形牛骨响器。这些文化内涵，证实了人们对自然世界与自己生活生存的环境是有认识的，具有了朴素的"古易"思维，掌握了基本的历法、音律知识，种植水稻、粟、黍等粮食作物，驯养猪、牛、羊、鸡、狗等家畜，说明裴李岗文化时期古中国的农业文明在

---

[1] 袁广阔：《河南史前彩陶》，河南美术出版社，1996 年，第 7 页。

世界文明发展史上居于领先地位。"目"是观察和研究自然的重要器官和工具，是人们认识世界及其周边环境的基本方法。"日"是太阳，是人们生活生存的自然环境与光、热的来源，是人们形成宇宙观和思想意识的本体。刻符文字和乐器实物是人们对历律知识的深刻认识，展示了卓越的科技水平成就。

与此同时或稍晚，由于颜料的发现和使用，陶器彩绘开始出现，河南贾湖遗址、甘肃大地湾遗址、陕西北首岭遗址、浙江桥头遗址等都先后出现了绚丽的彩陶。这些彩绘一般施于陶鼎、陶钵、陶盆的口沿外侧以及陶壶的肩部，分为红彩、黑彩两种，图案简单，仅有宽带纹、平行条纹、三角纹、菱形纹、太阳纹等。在大地湾、北首岭遗址一些彩陶带纹上，还使用了简单的刻画符号（↑、丨、／、＋等）指示历法的元日、立春等节点，表述历法的纪年。这些彩绘先画在陶器的坯胎上，晾干后入窑烧制成为彩陶。经过高温，彩陶的图形更加清晰且不易脱落，颜色鲜艳却不失真。出土的彩陶实物即使经历了六七千年甚或八九千年的时光浸润，仍能完美如初，灿烂若新。彩陶美观实用，显然是被作为敬奉天道、趋吉避凶的礼制用器，彩陶纹饰也就逐渐被赋予以特别的精神内涵。

仰韶时期彩陶盛行，包含有彩陶的考古学文化有：黄河流域的半坡文化、庙底沟文化、大河村文化、大汶口文化、马家窑文化等；长江流域有大溪文化、屈家岭文化、石家河文化等；北方及东北的红山文化也有不少彩陶出土。

二、既往研究成果概述

一直以来，彩陶被视作"天书"，考古学界处在弧边三角纹、旋纹、玫瑰花瓣纹、菊科花瓣纹及点、线等现象的宽泛研究[1]，也有相关美术史的探论，并没有触及彩陶文化的实质和内涵，对彩陶研究显得谨慎了许多。对"彩陶是什么，为什么流行"的关键性问题并没有深度论述，处于茫然的探索之中。

最早将彩陶的一些图案与"太极"相联系的，可能是搞美术史研究的雷圭元先生[2]，明确指出石家河遗址彩陶纺轮图案具有"太极阴阳"内涵的美学观。在当时的社会政治和

---

[1] 苏秉琦：《关于仰韶文化的若干问题》，《考古学报》，1965年第1期。
[2] 雷圭元：《中国图案作法初探》，上海人民美术出版社，1979年。

强烈的疑古思潮环境下，敢于提出这种观点是需要极大勇气的。近年来随着考古新发现和彩陶文化研究的深入，一些文化史学者如张其成[1]、蒋书庆[2]、陈望衡[3]等逐渐注意到彩陶图案的"阴阳"内涵对中国文化的重要价值，进一步加深了彩陶内涵与中华文化渊源的认识。但因为时远代隔，加之现代思想观念、研究方法等诸多方面的局限，彩陶研究并没有实质性的突破，可谓进入了"柳暗"而未见"花明"的瓶颈阶段。

三、研究彩陶图文的期待

仰韶文化时期，彩陶已成为盛行的文化传媒载体，记载了丰富的古易思想、数学、天文学、历法学等内容的图文典籍，明确的"中华""中国"名称，初现了"中华文明"文化特色的印记[4]，中国历史进入了元典文献的图文阶段。彩陶是中华文明历史源远流长的最早见证，是中华先人赐予我们的珍贵遗产，是中华民族文化自信、文明自信和历史自信的活化石。彩陶没有西来，也不是失落的文明，而是中华文明的组成部分。因此，彩陶图文是成熟的中华图文元典。本书讨论的彩陶图文也以仰韶时期为限。

彩陶不仅是日常生活器皿，还是祭祀、礼仪的礼制用品，它的图文还是传授文化知识的读本。彩陶图文承载了敬天奉神、祈福纳祥、记事述功与文化传媒的特殊意义，虽然也有艺术价值，但其图文（文字）价值更为重要，中华文明由此进入了可靠的信史时代。

中华文明起源研究是中国考古学肩负的一项科研重任。研究中华文明起源最直面的难题就是彩陶文化，在中原文化的发展序列中它处于裴李岗文化与龙山文化之间的中间链条，正是中华文明起源阶段的关键时段。彩陶为什么出现并盛行、在中国文明起源中扮演了什么角色，"中华文明探源工程"对此并没有讲得清楚、说得明白，这实际上对中华文明起源研究造成了直接的根本性的影响。就是说，"中""中华""文明""源"等实质性问题做得不精细扎实，许多研究还处在考古资料的"型式"与比对分析，中华文明的发生原理、

---

[1] 张其成：《阴阳鱼太极图源流考——兼与郭先生商榷》，《周易研究》1997年第1期。

[2] 蒋书庆：《破译天书——远古彩陶花纹揭秘》，上海文化出版社，2001年。

[3] 陈望衡：《史前中华阴阳观念的萌生》，《江淮论坛》2013年第4期；《华族开始的标志——仰韶文化的审美意义》，《艺术百家》2013年第4期。

[4] 索全星、赵金光：《说彩陶图文元典，论中华文明特色——从"中华""中国"彩陶名称谈起》，《华夏源》2022年第4期。

运行的动力机制等关键性问题并没有完美答案。王仁湘先生近年撰文反思，彩陶"惠及我们当今的科学与艺术，我们却将它们产生的时代划归野蛮时代，也许是我们的归纳法则有缺陷，抑或是别的什么原因左右了我们的思维"。[1] 所以重新认识彩陶势在必行，也是我们的责任。

为什么研究彩陶，作者在此还要说明一下。在著作《中华文明本源初探》[2] 时，中国考古学大约有 90 年的发展，但文明研究受西方标准和疑古思潮影响颇深，仅以历史文献与考古资料为基础勾勒出中华文明起源和发展的基本梗概和脉络，要系统地阐明之却十分困难，难以突破社会文明的"文字"这个关键性标志。当时考古界把彩陶作为陶器纹饰和艺术品看待，如"花瓣纹""菊科纹""鸟纹""弧边三角"等，对其文化内涵一无所知。《中华文明本源初探》书中提出了"华文化"概念，有了彩陶古易、历法、文字以及大河村文化为"华文化"的初步认识，在"满天星斗"文明多元一体的学术潮流中，这样的"中原中心论"显得异花独放、不入格调。在之后的《华夏文明起源的考古学观察》[3] 一书中，进一步明确了这个认识，强调了彩陶文化的重要性，也有了"华文化"的大致时间段，基本明确了华夏文明起源和发展的方向和道路。有过这些经历和体验，深知探源中华文明的最大症结是彩陶文化的认识和研究，以彩陶历法 [4]、彩陶图文 [5] 为突破，展现中华文明的特色，中华文化和中华文明的源流顺畅了，脉络贯通了，有了柳暗花明的感觉。

殷墟甲骨文的发现和研究，为商代文明提供了文献佐证，考古实物和历史文献相结合的"两重证据法"成为考古学研究的重要方法。彩陶作为远古图文，也是珍贵的图文文献。通过这些工作，深感考古资料和研究之重要，必须要以中华文化的思想和方法展开研究，才是正确有效的研究方法。夏商周是比较成熟的国家体制，社会文明毫无疑问，新石器文化晚期的仰韶、龙山时代成为中华文明起源和发展的关键时段，对彩陶文化的研究，必将为世界揭示一个精彩的中华文明的样貌。

[1] 王仁湘：《彩陶：史前人的心灵之约》，《大河上下——黄河流域史前陶器展》，文物出版社，2015 年 12 月，第 14 页。

[2] 索全星：《中华文明本源初探》，科学出版社，2014 年。

[3] 索全星、刘文科：《华夏文明起源的考古学观察》，科学出版社，2020 年。

[4] 索全星：《彩陶历法的闰月制度的象数研究》，《河南博物院院刊》2021 年第五辑。

[5] 索全星、赵金光：《说彩陶图文元典，论中华文明特色——从"中华""中国"彩陶名称谈起》，《华夏源》2022 年第 4 期。

第二节
彩陶图文的内涵

文化是人们认识客观世界和人类社会的思想系统，属于意识形态的范畴。那么"文化"就要有实物载体以呈现。中国文化也不例外。

一、彩陶图文的认识

彩陶作为远古时期人们学习的范本和人神沟通的礼制产物，其图形甫一诞生就有表述、祈祥、避灾的精神内涵，客观上成为思想文化传播的物质媒介。彩陶图文从简单的带纹到繁复的图形与图案组合，这是社会文明元素由少到多、由量变到质变的过程。彩陶之所以是文明社会的载体，是它反映了人们的世界观、价值观和认识世界的方法论，客观记载了早期中华文明的思想文化和社会实践活动。彩陶图文的颜色层次、一笔一画，规范而有条理，绝非任意散漫之作，是有缜密思想意识的文献经典。因此彩陶是一种早期文字载体，应称为彩陶图文。

陶为载体，具有物质性；形色为彩，书写为文，凝化为意识形态。故有藏象于器、文以载道之说。《易经·系辞》云，"形而上者谓之道，形而下者谓之器，化而裁之谓之变；推而行之谓之通，举而错之天下之民，谓之事业。"因此对彩陶研究须在"形色"层面的基础上，探求"形而上"的意识形态，即所谓的"道"。那么，这个"道"是什么东西呢？现在看来，主要包含思想的、哲学的、科学的、天文历法以及社会伦理等文化内涵，其中对于哲学、科学（天文学、数学）和天文历法的内容最多，阐述的也比较具体而翔实。这些文化知识不仅是现今人们日用而不知其根源的常识，而这些文化知识却深刻地体现了中华古易思想的内涵。

彩陶图文，记事物、阐事理、化人心、变世俗，成为引导社会时尚的正能量，所以应用许多美学艺术形式加以表现，让人喜闻乐见、潜移默化，从而实现社会进步和社会文明。通过学习、祭祀和礼仪规范，不断塑造社会的道德文明，实现文明制度的传播传承。对中华文明来说，思想文明即道德文明，道为德基。"道"是抽象的，中华先贤通过创制历法并建立了一套历法制度系统，将天文学、数学、古易思想容纳在历法中，为农业生产提供科学依据，提高了农作物产量，推进了社会生产力发展，成为经济繁荣和社会稳定的可靠保障。在距今 6500 年以前，社会生产力低下，中华历法是促进农业生产发展的法宝，衡量社会文明（华夏与蛮夷）的重要标志。彩陶历法不仅是最早的文本载体，还是集中华思想和先进科学的人类优秀文化成果。那时的"天下"，许多古国和部族一旦掌握了历法，就为社会生产力注入了发展的动力和活力，实现了文明社会的跨越。所以说，彩陶历法是中华社会文明的重要标志。有学者说古埃及、苏美尔的历法也在公元前 3000 年使用[1]，实际上，中华历法至少在公元前 4500 年已有完备可靠的彩陶记载，应该是现今有实物文献、有据可征的最早历法。

阅读彩陶图文，我们能够感受到远古彩陶散发而出的强烈的中华传统文化基因。这个探索过程是困难重重的，因为时光荏苒，沧海桑田，如今物是人非，却倍感生疏……回望审识彩陶，我们不仅要减少和避免现代思维的影响和干扰，还要有客观、全面、历史地还原彩陶时空属性的定力。文献记载，夏《连山》、商《归藏》、周《易经》统称为易，这是先秦三代传承相延的易文化，其核心是太极阴阳、天人合一的思想，以此上溯彩陶文化也包含了这样浓厚的思想观念。因此彩陶文化是夏商周三代易文化的思想根源，可称为古易，其主要物质载体是彩陶，因此又可称为"彩陶古易"。[2] 彩陶古易内涵丰富，其核心是古易思想和中文化，以阐发天道公德（主要体现是历法）、积极致力于天人合一的人文社会建设，推动人类社会可持续发展。古易文化源远流长，在裴李岗文化时期就有了中国特色文化的古易、历法等口语相传的心法形式，文字记载隐约可见但不系统。彩陶古易上溯有源，

---

[1] 雅瑟主编：《中华万年历全书》："公元前3000年，生活在两河流域的苏美尔人根据自然变换的规律，制定了时间上最早的历法，即太阴历。……公元前2000年左右，古埃及人根据计算尼罗河泛滥的周期，制定了太阳历，这是公历最早的源头。中国的历法起源也很早，形成了独特的阴阳历法。"认为"传说，在黄帝时代就有了历法，但不足为凭"。把夏代的历书《夏小正》成书"不晚于春秋时代（公元前8世纪至公元前5世纪）"。言语之间极大地低估了中华历法对世界历法起源的价值贡献和历史意义。

[2] 索全星、刘文科：《华夏文明起源的考古学观察》，科学出版社，2020年，第93、383页。

自有发展，延续井然，即古易→彩陶古易→易。彩陶古易是彩陶图文记载的中华元典文献，为中华文明起源准备了思想基础。现在看来，彩陶古易是朴素的唯物辩证法思想，在当时具有积极的进步意义，为中华文明开源、形成和发展起到了至关重要的作用。因此，解读彩陶，就是研究中华思想之源、探索中华文明之本。

老子《道德经》"众妙之门"、"道"即相当于此，正是"道之为物，惟恍惟惚。惚兮恍兮，其中有象；恍兮惚兮，其中有物"。[1]这似乎是针对彩陶古易的描述，或许老子在写《道德经》之前应是研读过类似彩陶"古易"的读本，不然《道德经》这部古典文献怎会留存了许多远古时期的思想文化信息（有关内容将在书中介绍）。打开彩陶这把人类智库的锁钥就在于中国传统文化自身。王仁湘先生称赞为"史前中国的艺术浪潮"，并有著作专门论述。[2]彩陶古易是现存最古老的中华文化元典文献。它为中华文明起源奠定了思想基础，是《易经》《道德经》的祖源。中华文明一旦有了彩陶古易的思想基础支持，就显得神气十足，它的起源问题、运行机制和持续发展就会勃发活力、生机盎然。不论是中华传统文化研究，还是中华文明起源研究，如果疑古、切断了与彩陶文化的联系，那将是危险的。

二、法阴阳和术数

彩陶图文一器一个主题，主题一般绘在器物的腹部，口沿及唇部多为义理。天道尚圆，周而复始，古人"藏象于器"，故以陶器作为图文载体，以"象数理"的图文形式阐述"天道"主题。天道就是日月星辰与自然世界存在法则和运行规律。许慎"六书"的象形字为"象形者，画成其事，随体诘诎，日月是也"，是对象形字的解释。一个"画"字，指明象形字"图"的本质。天文天象和历法是彩陶图文的主要内容，因此彩陶图文的"象"应是天象和历法。天文天象和历法都是天道的组成，中华先人还把数学算术也纳入天道之内，以几何坐标形式表述时空循环的宇宙体系，故有"象从天出""道从天来"之说。

汝州洪山庙遗址陶缸（M1W91:1）腹部残存的彩绘日、月两个图文，红色圆形的太阳、白色弯如眼眉的月亮（弦月是月相最富特性的现象），记述了太阳、月亮在天空周而复始

---

[1] 〔东周〕李耳著、〔北魏〕王弼注：《老子道德经·第二十一章》，《二十二子》，上海古籍出版社，1986年，第3页。
[2] 王仁湘：《史前中国的艺术浪潮——庙底沟文化彩陶研究》，文物出版社，2011年。

运行的客观现象，生动地表明"日月谓之易"、日月恒常的思想内涵（图 4.6）[1]，表达了阴阳合历的历法思想。这样"日""月"形象成为后世甲骨文、金文"日、月为明"的演变范式和"文明"的思想原旨，展示了"图文"向文字发展的基本方向。

彩陶是一种"图文"文本，由文字元素构成的。彩陶图文是以大量写实图形对事物、事件进行客观表述的文化行为。这与裴李岗文化（如贾湖刻画字符）零散字符相比，它的表述功能有了极大的进步。彩陶图文出现了一些文"字"元素，因为"字"的数量不多就以谚语的形式辅助记忆和表述。数目字有点、线段或几何图形等表现手法，如许多彩陶以Ⅲ、Ⅲ、ⅢⅢ指代历法"五日为候，三候为气，六气为时，四时为岁"[2]的节气制度。这种线段式数字，应是远古筹算算术的写实。因为彩陶图文，我们知晓了许多数学知识均具有"中华"特色和印记，如大河村文化郑州市内的西山、白庄、站马屯、大河村等遗址盛行九宫"洛书"合月纹，表述历法每月"十五"和"中气"，指代月亮圆满的特殊天象，即朔望月的"望"。由此可知"洛书"在距今 5500 年前已是常用算术。"象""数"表述形象直观，并以义理进一步概括归纳，展现的图文内容清楚而明白。这个义理就是所谓的"古易"，反映了中华古代的世界观和哲学思想。

"中国"源于创制天文历法的科学成就和践行社会文明之始，"中华"则是对日月光华历法"中气"法则的天象表述，正是"中华文明"的原初标志。由历法成就、地理指代到典范社会文明的演变过程，展现了"中国""中华"名称的深厚内涵。一般来说，造纸术、指南针、活字印刷和火药被称为"四大发明"，是古代中国对世界近现代文明发展的伟大贡献。其实，早在远古时期中华文明就有了先进的天文学、天文历法（中华历法）和数学成就，这些学科和历法（中华历法）制度才是中华民族（当时已有"中华""中国"的名称）对世界文明的最伟大贡献。从彩陶历法看，郑洛地区为建立历法制度、规范图文和先进文化传播起到了积极作用，同时为社会文明实践和经济繁荣发展贡献卓越，成为经济繁荣、文化先进的文明中心，史称"大同"社会。在郑州大河村、西山、站马屯和白庄遗址的中华"洛书"图文备受推崇，直接阐明了"天下大同"的社会文明思想，这是彩陶图文中华文明的最早记载。

---

[1] 河南省文物考古研究所：《汝州洪山庙》，中州古籍出版社，1995 年。本文所采洪山庙遗址用图，均自《汝州洪山庙》。

[2] 〔唐〕启玄子，王冰注：《黄帝内经素问·六节脏象论》，《二十二子》，上海古籍出版社，1983 年 3 月，第 886 页。
    这是远古流传下来的历法谚语，西安半坡文化、郑洛地区的大河村文化遗存有较多的彩陶图文记载。

郑洛地区流行的六角星合月图文，洛阳伊川、偃师出土的"中国"图文，是"中华""中国"名称的直接来源。探源"中华文明"，就要搞清楚"中""华""中华""中国"这些元素的内容、内涵，它是如何形成和发展，明白古代"中华""中国"为什么是遐迩闻名的文化圣地和后世追慕景仰的"大同"盛世，才能使中华民族和炎黄子孙真正树立起民族自信、文化自信和文明自信。彩陶图文 "法于阴阳，和于术数"[1]，不仅是中华思想和社会实践的文明概括，也是中华文明产生和形成的重要标志。

---

[1] 〔唐〕启玄子、王冰注：《黄帝内经素问·上古天真论》，《二十二子》，上海古籍出版社，1983 年 3 月，第 875 页。"上古之人，其知道者，法于阴阳，和于术数，食饮有节，起居有常，不妄作劳"。对于彩陶，"法于阴阳，和于术数"则是图文的大道本质和义理范式，"食饮有节，起居有常，不妄作劳"就是社会文明体制下人们的幸福指标和生活状态。历法与相关的制度体系，表现为文字文献与社会制度规范，体现了基本的也是最核心的社会文明标志。

第三节
关于中华文明的认识

文明，是现今世界上热度最高的词语，相关的阐释非常之多。恩格斯在研究文明起源时，参照西方历史和发展提出了"国家是文明社会的概括"的思想[1]，还论述了原始社会、奴隶社会、封建社会、资本主义社会和共产主义社会（包括社会主义社会）的发展阶段，这也是我国学者对文明社会认识的理论依据。因为有许多的解释，关于文明起源就有许多不同的认识和观点，特别是中华文明的起源。

一、中华文明起源研究的概况

考古学关于中华文明的起源，认为文明是社会发展的高级形态，国家是文明社会的概括。[2]一般以城市、文字、冶金术三个要素作为衡量标准。夏鼐先生在《中国文明的起源》[3]的著作中以城市、金属、文字三要素论述中国文明起源，将中华文明向前推进至商代。当中国经历100年的考古学发展和实践，特别是有21世纪初期的"中华文明探源工程"成果，使得中华文明起源的"文明之源""历史之问"日渐紧迫。在经验与教训之下，许多学者提出了对中华文明起源的看法[4]，归纳了一些原则，但没有文字、历法的标志，体现不出中华文明的特色。要说这个文明是"中华"的，靠的是"文字"功夫，这是关键性的。冯时先生在澎湃新闻网的159-2期文汇讲堂，作《从天文学起源论证中华文明有

---

[1] 恩格斯：《家庭、私有制和国家的起源》，《马克思、恩格斯选集》第4卷，人民出版社，2012年，第176页。

[2] 恩格斯：《家庭、私有制和国家的起源》，《马克思、恩格斯选集》第4卷，人民出版社，2012年，第176页。

[3] 夏鼐：《中国文明的起源》，文物出版社，1958年7月。

[4] a 王巍：《揭示中华文明起源、形成、发展的历史脉络——中华文明探源工程》，《人民日报》2022年07月04日09版；b.赵辉：《中华文明起源与早期发展的总体进程》，《人民日报》2022年08月08日11版。

8000年历史》[1]的报告，认为中华文明起源有道德、知识、礼仪"三本"，"发展农业，形成了天文学、数学、力学，天文为源"。论述了中华文明体系即道德体系、知识体系、礼仪制度，是因于个体的文明，才形成群体的文明，最后形成社会的文明。提出先人早已完善的文明理论，我们抛弃传统而重建一个文明理论来研究自己的历史，没有必要。指出研究中华文明必须回归己身文明概念体系。冯时先生的意见颇有见地。

《道德经》"执古之道，以御今之有。能知古始，是谓道纪。"[2]这是距今2500年前《道德经》里的老话，对今天的中华文明研究尚有现实的指导意义。所谓的"古之道"，具体而言，就是伏羲、神农以及黄帝时代的"大道"和国策。我们须要弄明白"古之道""今之有"。论东周，有大量的先秦典籍，说当下，也有现实的社会感受，"今之有"，这个不难。说"今之有"不难，是相对的，系统的文献也仅止于商代甲骨文，其实也是十分的艰难。"古之道"对先秦似乎是很遥远的事情，犹如飘忽天际的云烟，虽然文献毁佚，但因口语相传，还是能够知其大略。许多学者由于"疑古"和西方文化影响，迷失了"今之有"，更不知"古之道"，这样如何能够探源中华文明。由于考古工作，彩陶的内容展现了"古之道"的本质和内涵，为我们提供了"执古之道，以御今之有"的锲机。因此，"今之有"的哲学、天文、数学和历法等核心文化正是彩陶图文记载的中华文明数千年以来遵循的"古之道"，人们关心的"我是谁，从哪里来，向哪里去"的历史问题有了彩陶答案。发现彩陶图文，这是中国文化、中华文明和世界文明历史的重大事件。

二、中华文明是社会科学的典范

"文明"一词，最早见于我国2000多年前的《周易》文献，应是一个历史性的词语，可算是最早的关于中华文明的标准。

1.天人合一的文明观念

《周易》贲卦象传有"刚柔交错，天文也；文明以止，人文也。观乎天文，以察时

---

[1] 冯时：《从天文学起源论证中华文明有8000年历史》，澎湃新闻网，2023年1月4日发布。

[2] 〔东周〕李耳著、〔魏〕王弼注：《老子道德经·第十四章》，《二十二子》，上海古籍出版社，1986年，第2页。"视之不见，名曰夷；听之不闻，名曰希；搏之不得，名曰微。此三者，不可致诘，故混而为一。其上不皦，其下不昧，绳绳不可名，复归于无物。是谓无状之状，无物之象，是谓恍惚。迎之不见其首，随之不见其后。执古之道，以御今之有。能知古始，是谓道纪。"

变；观乎人文，以化成天下"。"天文"即天道，是日月星辰的自然之道，它有阴阳化合、和谐有序、周回不息的德性。天道的德性用于人的心性修养和人类社会发展就是"人文"，人文的价值在于塑造和建立人类的"文明"社会，并以此把人和人类社会与弱肉强食的动物界相区分。显然这是对人类社会"文明"的定义和阐释。

"天人合一"就是天文到达人文的最佳方法，这是社会文明的标志。"天"就是自然界，"人"就是人类，"合"就是要能够相互理解、相互包容，"一"就是化合为一体，达到至高臻美的境界。人文的基础是自然之道，天文即自然之道的根本。人们道法自然、天人合一，形成人与人、人与自然的共生和谐的思想和社会秩序，即是人文。人文的最高境界便是文明。[1]这种至高臻美的共同体意识，应是人类社会生存和发展的核心价值，是早期的国家意识，奠定了原初中国的雏形。实际上彩陶图文记载的"中国""中华"名称及有关古易思想与天文、数学、历法等知识，佐证了中华文明的事实。

《周易》乾卦文言的"见龙在田，天下文明"，指出了道德君子、圣贤人物总结归纳并传播的"人文"思想、科技文化及典章制度是形成文明社会的必然结果，体现了杰出人物对建设文明社会的积极作用。中华先人认为，天文是人们思辨天道、掌握时间、季节变化的工具参考，当天文上升为天人合一的"人文"阶段即历法时，就是人类社会的"天下文明"。先秦贤哲追崇"修身齐家治国平天下"就是远古"中华"精神的家国情怀的缩影。这种伟大的思想是有明确的深刻的彩陶文化根基，就是说中华文化的宇宙观、唯物辩证思维及一系列天文、数学、历法、社会典章的制度体系在仰韶时期已初步完备并记载于彩陶图文，展示文明社会的应有特征。

2.图文典籍灿烂的文明社会

"文明"的本义是文采靓丽的样子。先说文明的"明"字，本义为太阳、月亮的光芒，也有专指农历十五的月亮一说，是古天文学的文字取象的会意字。文明的"明"显然是引申义，指的是高尚的思想和道德，即"明"什么，怎样才算"明"。"文"是动物身上鲜艳美丽的斑纹初文，人猎之为衣饰或仿之纹身。后另造"纹"字，"文"则专用于人的文化知识和活动，即人文。文明的"文"则是文字，是其引申义，指典范制度和道德文

---

[1] 陈来：《中国文明的的哲学基础》，《中国高校社会科学》，2013年第1期。

章 的 文 字 载 体 ， 这 是 意 识 形 态 的 "人文"范畴。《礼记·大学》讲"大学之道，在明明德，在亲（新）民，在止于至善"。《道德经》五千言就是讲"道"和"德"两个内容，道指自然之道，德是人伦（人文、人道），亲（新）民并止于至善。"德"是高尚的，教化人们守正相善。达到"明德"目的，就要有文献典籍的遵循依据，

图1.1　彩塑人头像（北首岭T3③:5）

以规范人们生产生活，文字记载是必须的。

我国远古时代，距今6000年、5000年的时候没有纸张，一般是把文字刻在龟甲兽骨上，或书写印制在陶器（经过陶烧成为彩陶）上，这样记载的文字就不易损毁和脱落。在考古发现中，彩陶是最早的实用性图文载体，记载了系统而完整的古易思想、天文、物理、数学和历法内容，它是中华文明特色的元典文献，包含了深厚的"人文"性质。作为最早文献典籍的彩陶图文，记载的古易思想、数学、天文历法等相关内容，比如历法，经历6000多年的时光，展现了图文到文字、简易到复杂的历法体系，这个伟大的发明在今天还深刻影响着我们的生活。因此，彩陶以丰富的考古实物、实证了中华阴阳合历是世界最早的历法，彩陶图文是中华文明的重要标志。

3.最早的"中华"民族的文明社会

"民族"一词是近代"民族主义"思想的产物，在古代中国，"人""族""类"等文字是有"民族"内涵的词语。"中华民族"概念由梁启超在1902年提出[1]，近似于古代"华族""华夏""中国人"。古之君王圣贤"修身齐家治国平天下"，"天下"是指中华文明的覆盖范围，一般是"华夏蛮苗""中国戎夷五方之民"等，大约相当于现在中国的范围或更大一些。那么，君王圣贤之人凭哪些方法使得天下文明、万众归心呢，那

---

[1] 梁启超：《论中国学术思想之变迁之大势》，上海古籍出版社，2006 年 7 月。

就是伟大的思想、先进的科学技术和优越的社会制度。西周青铜器《何尊》铭记载的"中国"名称，被认为是最早的实物文献，这是不准确、不严谨的学术用词。其实最早的"中华""中国"名称，在彩陶图文里早有明确的图文记载，那才是最早的"中国"文献记载。因为那时"中国"文化繁荣、农业手工业发达，社会制度"大同"，彩陶图文记载的天文、数学、古易、历法等内容都具有

图1.2　"中国长年安泰"图文彩陶豆（灰嘴遗址）

深刻的"中国特色"，《道德经》"道生一"的片段、《尸子》的宇宙观概念、立杆测影的圭表、九宫格"洛书"、还有几何和三角形数学，这些都是"中华"的思想和"中国"的制度。所谓的大汶口文化、红山文化、凌家滩文化、良渚文化、屈家岭文化（石家河文化），并非不强权（凌家滩遗址、良渚遗址出土的大量的斧钺），而是"威权专制"的社会，缺少文化发展的群众基础，没有道德思想和制度的理性约束，这些文化要么自生自灭，要么被中原文化所融合。

4.大同中华的文明典范

彩陶图文记载，中华远古的人们尊信天道，奉行古易思想，运用天文学、数学成就，创制了中国特色的历法及其社会制度体系，促进生产力发展，经济繁荣兴盛，"中华"之地呈现和谐美好的"大同"盛世。"大同"中华因此声名远扬，是"天下"人们向往的理想社会，也是最早的文明社会。彩陶之所以广泛传播，正是它记载的古易思想和历法图文，承载了中华文明的典章制度，彰显了中华文化强大的影响力。彩陶图文作为记录原初中国信息和表达思想的文字介质，中国文字系统的源头，历经2000多年之久，不仅对中华文明的形成、传播传承具有不可替代的历史作用，而且对世界文明的发展产生了深远的影响。古易思想体现了中华文明的世界观和文明初心，是其赓续不断的精神动力，决定了华夏文明的发展方向；彩陶历法融合了中华先人的伟大智慧，从天文到人文，为中华文明经济繁荣、社会稳定

提供了重要的制度保障。

文明是文化的高级形态，它包含了思想、制度、社会政治的精神文化和生产生活的物质创造，且能够传承和发展。因为彩陶的考古发现，我们知道了"图文"，进而知道了古易、天文、数学和历法，知道了中华古人的世界观、价值观和认识自然世界的方法论，因此提高了研究中华先人的生产生活、农业经济、桑蚕丝绸、家畜饲养、城邑聚落等文化形成的质量。中华历法认为是战国时期的产物，因为彩陶历法的实证，这种谬说已成过去式。以前《尚书》记载的尧历、舜历被"疑古"忽略的历史，都在彩陶文献里得以印证。反观苏美尔历法确是彩陶历法的复制版本，而复制版本因不知历法原理而缺失了许多严谨和实用价值。

中华文明从自然文明、思想文明，再到社会文明，不断延伸、传承和发展。历史的车轮滚滚向前，文明的历程也在进步发展。我们看到，古易思想演进、编写为《周易》《道德经》，成为唯物辩证法的滥觞；曾经风靡一时的彩陶历法成为人们日常的计时工具；神秘的天文、象数知识奠基了科学（天文学、数学、历法学）的基础；彩陶历法的气候学原理成为气象学、环境科学的前身；曾被认为是艺术的彩陶纹饰，原来是比甲骨文更早的图文元典，是实证中华文明形成的文字标志；褪去图文的彩陶图案，仍然以艺术、装饰和徽标符号等文化现象，对我们现在的生活产生影响。彩陶太多的文化内涵超出了我们的认知视野，怪不得之前的中华文明探源研究争讼纷纭，难达共识，因为要说明白"我是谁，从哪里来，为什么"的问题，只有彩陶能够讲得清楚。归根结底还是认识彩陶的问题。鉴于此，我们须以中华文明特色的文化思维和方法，认真补上彩陶这个基本课题。彩陶的古易思想、天文学、物理学、数学和历法成果是中华文明的特有的文化基因，在中华文化的历史长河中，都有至少7000年的文化传统，文字和历法的生命力更其强大。天文学、数学和历法我们日用而不知，它的根源在于中华文明的彩陶图文。中华文明之初设置了"文明以止"的目标和方向，中华民族自然就是一个奋发向上、自强不息、具有凝聚力的伟大民族。

第二章

彩陶图文

　　文字是人们交流思想情感和传递文化信息的语言符号，是一种叙事达意的特殊的文化载体。中国文字就是"中文"。《说文》"史，记事者也，从又（手）持中"。所以古代史官以中文记载国家大事，中国是有近万年文字历史的伟大民族，目前具有系统且规范可以释识的文字，是比甲骨文还早的彩陶图文，距今7000年前。彩陶图文记载的古易思想、天文、数学与历法内容，是中华文明的重要标志。

第一节
中国文字源流

中国是有近万年文字历史的伟大民族。裴李岗文化时期贾湖遗址、桥头遗址已有文字刻符、彩陶图文出土，仰韶时期发展为系统且规范可释读的彩陶图文。彩陶图文上有源头，下有商代甲骨文承续，为中华文明传承发展做出了不可磨灭的历史贡献。

一、我国文字史简述

中国文字起源很早，在距今约9000年，贾湖遗址的龟甲、骨笛、陶器上发现了"目""日""齿"等象形文字刻符和彩陶带纹，浙江桥头遗址出土了彩陶的图文符号，这些考古发现不断夯实中国文字萌芽的证据链；大约8000年，甘肃大地湾遗址、陕西北首岭遗址有了图画式带纹彩陶，经过长期发展，在距今约6800年演变为文化信息储量丰富的彩陶图文载体。

《尚书·序》记载："古者伏羲氏之王天下也，始画八卦，造书契，以代结绳之政，由是文籍生焉。"说明伏羲时代已经有了文献记载的"书契"。"书契"是书写文字的两种方法，"书"是书写、绘画，工具是毛笔、颜料；"契"是刻画，使用的是刻刀和锋利尖锐的硬物。按许慎《说文解字·序》将文字划分为"文""字"两段的标准，并以"六书"法造字，彩陶图文属于"文"的阶段。

据文献记载，黄帝时期仓颉发明形声字，应是古文字研究学者的期待。彩陶图文已经有了成熟的古易思维、象形、会意、指事等造字法则和篇章的表述形式，并对天文学、数学及历法成就进行真实记载，促进了中华文明的不断发展，开创了中华文明的新局面。

殷商甲骨文全盘继承了彩陶图文的文化成就，对图画进行了抽象和符号化的升级改造，出现了大量的形声字体，是中国文字发展的新阶段。彩陶图文是中国文字发展的重要阶段，为殷商甲骨文找到了源头，是中华文明形成的重要标志。

二、我国文字的起源与初步发展

在考古发现的可见的文化遗址遗迹，中国文字的起源和发展贯穿了新石器文化时期，这是一个由萌芽到形成的过程，经历了由文化到文明的历史跨越，代表性的文字是仰韶文化时期的彩陶图文。这些遗址有代表性的是，早期的河南许昌灵井遗址第⑤层，新石器文化中期的舞阳贾湖遗址、浙江省义乌桥头遗址，新石器文化晚期（仰韶文化）的半坡遗址、北首岭遗址、大河村遗址、西山遗址等，是彩陶图文成熟阶段，也是彩陶传播最广泛的时期。

1.许昌灵井遗址第⑤层文化

许昌灵井遗址第⑤层，属于橘黄色粉细砂层，个别地方偶有粗砂级物质，厚约55厘米，叠压在坚硬的第⑥层钙板层之上，地层十分明确。[1]该层文化内涵较为丰富，出土有较多的打制石器、细石器、早期陶片、小鸟雕像、钻孔的鸵鸟蛋壳饰物以及人为带进来的赤铁矿和大量以奇蹄目为主的动物化石。经检测，其时代处在距今1.35万年左右，据此考古工作者将这层定格在细石器文化时期。细石器文化遗存在郑州李家沟遗址南区第⑥层、新郑裴李岗、舞阳大岗都有发现，这是中原地区旧、新石器时代的过渡文化。古人对红色有特别的偏好，灵井的赤铁矿石与"山顶洞人"墓葬散置的赤铁矿粉应是相同文化信仰的表现，说明他们之间有着亲密的联系，或许是"中国红"最早的胎记。

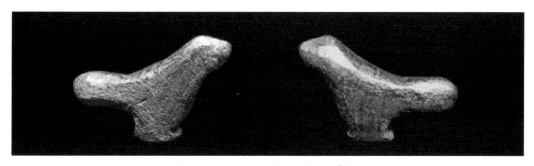

图2.1　小鸟雕像（灵井遗址第⑤层）

[1]　a. 河南省文物考古研究所：《河南灵井旧石器时代遗址2006年发掘报告》，《考古学报》2010年第1期；
　　 b. 李占扬：《河南灵井"许昌人"遗址考古发现与探索》，《华夏考古》2009年第3期；
　　 c. 李占扬、赵清波、李雅楠：《灵井许昌人遗址2014年发掘简报》，《华夏考古》2016年第1期。

　　灵井遗址第⑤层还出土的一件小鸟雕像（图2.1），展现了细石器时代人们丰富的精神文化追求和对美好生活热切的期盼。这件小鸟雕像表面光滑，呈灰褐色，局部显示清晰的雕刻痕迹，角质已经石化，有很强的吸水性。身长2.1厘米，高1.2厘米，厚0.6厘米，保存十分完整。小鸟雕像系鹿角经加热处理后，使用细石器的雕刻工具精心雕刻琢磨而成。翅膀部位的刻线寓意羽毛，细腻入微，栩栩如生。足部前后两端刻有对称的凹槽，形成很平的底座。这件小鸟雕刻不仅可以平稳地站立于平面之上，还能使其转动，说明当时人类已经熟练掌握了重心平衡的原理。小鸟雕像雕刻手法精湛，鸟身线条简洁流畅，形态完美，灵动可爱，具有强烈的艺术感染力，是远古人类与自然界鸟类和谐相处的一幅美丽画卷。

　　2.舞阳贾湖遗址与义乌桥头遗址

　　我国象形文字最早见于新石器时代中期的裴李岗文化贾湖遗址。贾湖遗址种植水稻、粟、黍等农作物，还饲养猪、狗、羊、牛等家畜，居住区外辟设专门的墓区对死者进行礼葬，出土了世界上最早的可演奏的七孔骨笛，重要的是在遗址内发现了最原始的文字刻符。目前这些文字刻符有16例之多，分别刻于14件龟甲、骨器、石器和陶器上，据研究应与象形文字起源有关。[1]其

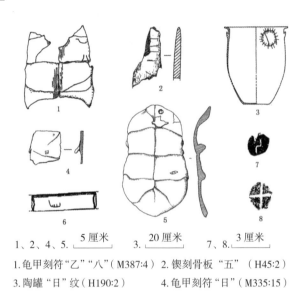

1、2、4、5.└─5厘米─┘　3.└─20厘米─┘　7、8.└─3厘米─┘

1.龟甲刻符"乙""八"（M387:4）　2.锶刻骨板"五"（H45:2）
3.陶罐"日"纹（H190:2）　　　　4.龟甲刻符"日"（M335:15）
5.龟甲刻符"目"（M344:18）　　6.骨笛刻符"齿"（M253:4）
7.长条石刻符（H141:1）　　　　8.陶坠刻符（T108③B:2）
图2.2　贾湖文字刻符（贾湖遗址）

中约有10个刻符可以释读，分别是一、二、五、八、甲、乙、日、目、齿等（图2.2），应是最早的独体象形文字，距今8600—8000年间，是目前世界上已知最早的文字刻符，是殷商甲骨文的祖源。贾湖文字刻符意味着中华先人走出了结绳记事的洪荒时代，进入了"书锶"文字的新时期，就像在幽幽深夜中点亮的一盏明灯，照亮了中华文明的一片天地，徐

---

[1]　a. 蔡运章、张居中：《中华文明的绚丽曙光——论舞阳贾湖发现的卦象文字》，《中原文物》2003年第3期；

　　b. 袁广阔、马保春、宋国定：《河南早期刻画符号研究》，科学出版社，2012年，第17—25、177—193页。

徐开启了博大精深的华夏文明的历史帷幕。

贾湖文字的数量不多，从"目、齿、日"三字看，属于单体象形字，仅有"六书"中象形、指事两种。按许慎《说文解字》分类属于"文"，说明文字还处在萌发阶段，这与当时的社会生产力水平相适应。"日、目"二字与殷墟甲骨文几乎一般无二，难以想象的是，贾湖刻符比殷墟甲骨文早了整整5000多年。"目"字刻写于一块完整的龟甲右中部偏下，应是名词"眼睛"，也有"看""观察"的引申之意，强调用眼睛看或观察世界的重要性，指示了认识世界的态度和方法。这块"目"字龟甲，可用成语"一目了然"概括之。刻符中有光芒四射太阳的图形和"日"字，认识了太阳是发光发热的天体，对人类和自然环境有深刻影响，说明人们已注意对太阳的观察和研究，使用了简单历法。据此可以说明，中华传统文化的根基是唯物辩证的，用现代观念来讲也是科学的，正因为其源头清正、活水汩汩，中华文明才能生生不息，发展壮大。对裴李岗文化的社会我们可能还缺乏深刻的认识，除了贾湖文字刻符、骨笛、墓葬等礼制与文化外，它的乳钉纹陶鼎、石磨盘、齿形镰等应是中国文化"藏象于器"产物。石磨盘由磨盘和磨棒组成，磨盘近似椭圆形平面，底为四枚矮柱足，有天道四象之意，磨棒圆形柱状，有"中"的形象。古易思想、天文历法是掌握了的，主要是口语相传的心法形式。裴李岗文化比较古老，发现的字符又少，许多文化现象并不太清楚，局限了我们的认知，期待有更多的考古发现来佐证。

 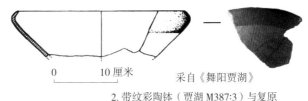

采自《舞阳贾湖》

1. 带纹彩陶三足钵（贾湖 H135:3）   2. 带纹彩陶钵（贾湖 M387:3）与复原

图2.3 贾湖遗址带纹彩陶

除在河南舞阳贾湖遗址之外，浙江省义乌桥头遗址发现了定居的环壕聚落和种植的稻谷，出土了石器、陶器等生产工具和生活器皿，有些陶器加饰红色陶衣。彩陶壶（桥头H98②）上刻有类似八卦的符号（图2.4:1）；一块红衣陶片，画有乳白色的太阳纹、圆点线纹、对顶三角等图文（图2.4:4）。光芒四射的太阳纹，与大河村遗址的太阳图文一样，对顶三角与彩陶的交午图文也是相同的，按彩陶图文解释为"太阳""日"和"日

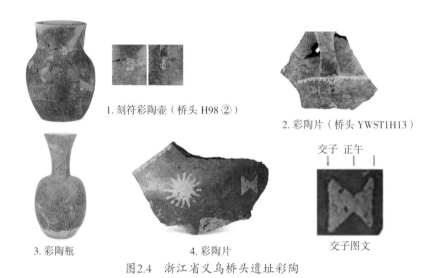

1. 刻符彩陶壶（桥头 H98②）　　　　2. 彩陶片（桥头 YWST1H13）

3. 彩陶瓶　　　　　　4. 彩陶片　　　　　　交子图文

图2.4　浙江省义乌桥头遗址彩陶

中""正午"，取象于太阳本体和变化特点，这与图像的本义应是符合的。据碳十四年代测定处在7985±50（T1⑥）、8090±45（T1⑦），校正年代距今约9000至8500年[1]。

裴李岗文化时期晚期，在甘肃大地湾、西安北首岭等遗址出现了使用研制矿物颜料图画或书写简单线条的带纹，装饰在陶盆、陶钵、陶碗的外侧口沿。由于矿物颜料的发现和使用，及至仰韶时期逐渐形成重要的图文载体——彩陶。

3.仰韶时期的彩陶图文

仰韶时期，彩陶图文成为传播先进思想文化重要媒介，是文明社会的标志，因而风靡于世。裴李岗文化时期曾经潜育的古易思想、天文知识、历法和数学等文化成就得以记载、传播和发展，中华文明因此大放光彩。

相传我国曾有远古时期的《三坟》典籍传世，被奉为万世圭臬。汉代孔安国《书经序》说："伏羲、神农、黄帝之书，谓之《三坟》，言大道也。"《文心雕龙·原道》："炎皞遗事，纪在《三坟》，而年世渺邈，声采靡追。"说明南朝刘勰时《三坟》无传，文献失据。伏羲、神农、黄帝阐发易道、观象授时、发明文字、实行农桑等事迹，长期以来学术界视为传说，认为没有实物证据。现在来看，这些传说与考古发现的仰韶时期彩陶、农桑丝绸、聚落环壕和城墙的遗迹遗物契合无间。其中的彩陶作为历史文献，记载的古易思想、历法和数学等文化成就，展现了早期中华文明灿烂的样貌。

_____

[1] 蒋乐平等：《新时代浙江考古重大成果巡礼》，《中国文物报》2022年8月15日。

彩陶图文记载的许多内容，为古易（哲学）、天文、数学、历法等文化知识建立了基本的思想准则和制度体系。这些图文元典和文化知识，体现的是文明气象，展现的是中华风采，这与《三坟》"言大道"也是契合。"言大道"就是破除迷信、解放思想，以古易文化、遵循天道、奉行历法的新文化，规范人们的日常生活和生产方式，促进并建立适合农业经济发展的新的社会文明制度。彩陶的历史意义就在于"言大道"，实际上是一次深刻的社会革命。"大道"不朽，真理永恒，彩陶载体名副其实。依据考古资料，伏羲文化相当于裴李岗文化，在公元前7000年至公元前5000年间；神农（炎帝）文化相当于仰韶文化，处在公元前5000年至公元前3000年间；五帝时代（黄帝、尧、舜等），则处在公元前3000年到公元前2100年期间。因此传说的伏羲、神农时代应是真实的中华信史。

半坡遗址、姜寨遗址的刻画符号，是有深厚彩陶基础的影响较大的文字系统，应是"文"字的阶段（图2.5）。它比贾湖刻符添加了一个"形色"（图画）的文化背景，层次丰富了，形象生动了，这在文字初期阶段是必须经历的重要过程。以贾湖

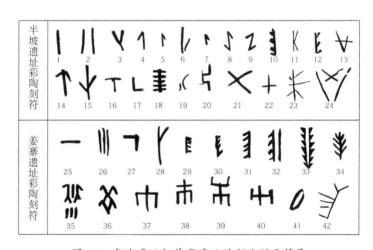

图2.5　半坡遗址与姜寨遗址的彩陶刻画符号

刻符与甲骨文直线发展的认识文字的思维，是不正确的。文字在仰韶文化时期确实进入了图文阶段，这是历史事实。唐兰[1]、郭沫若[2]等学者认为彩陶的刻画符号为中国文字的起源或原始文字孑遗，但由于脱离了彩陶背景而造成其文字意义茫然无知，不知其详。现实是，许多文化研究者的思想和方法没有跟着转变，执着地要找到象甲骨文一样锲刻文字，人为造成中国文字的"空白"期，使得中国传统文化的古易、天文、历法、数学等出现了断层，没有了根脉。其实，这些彩陶刻符是图文一体的，是辅助图文的，这样就使图文形意兼备，意义更

[1] 唐兰：《古文字学导论》，齐鲁出版社，1981年，第77、78页。

[2] 郭沫若：《古代文字之辩证的发展》，《考古》，1972年第3期。

加深刻、明确，呈现了鲜明的中华文化特色。古语云"偏毂不可转，只翼不可翔"，单纯研究彩陶刻符困难特别多，因为缺失了文字的大半信息，还谈什么研究，就像双轮车只有一只轮子，怎么负重前行。

仰韶大河村文化 、庙底沟文化时期，彩陶图符趋于统一，刻符少见或不见，古易思想、天文学、数学已臻成熟，形成了公认的中华特色的世界观（时空观）、人生价值观和社会"大同"观，建立了"中华（中国）"文明的社会秩序和制度体系。这个时期，影响和指导人们生产生活的，是记载于彩陶上的古易思想和历法，彩陶作为先进思想文化的载体和媒介在中国广泛传播，蔚然成风，甚至远播异域他乡。

许慎《说文解字·序》记载，"仓颉之初作书，盖依类象形，故谓之文。其后形声相益，即谓之字。文者，物象之本也。字者，言孳乳而浸多也。"这段文字是讲，苍颉造字是对先前的象形文字作了整理研究，创立了"形声"造字法，使得文字更具实用性和传承性，标志着中国文字进入了发展的新阶段。从文字史学方面讲，"文者，物象之本"应该就是彩陶图文。彩陶的许多图文元素、单元和组合都成为之后的甲骨文、金文的字根（偏旁、声符、意符）或象形字所借鉴，彩陶的象形、会意、指事、假借、叙事等的造字法则为甲骨文、金文所传承。黄帝史官仓颉的贡献，是在彩陶图文基础上创制了"形声"文字的造字法则，中国文字开始了由图文向符号化演进和变革。仓颉不是传说，而是真实的历史人物。

中国文字从初始的"文"推进到形声相益"字"的高级阶段，仓颉功不可没。仓颉的形声字法是中国文字发展史上的里程碑，奠定了中华文明的文字历史的基础。从文字的发展趋势看，文字的"文"阶段，不仅有如贾湖遗址的象形字，还应包括仰韶时期的"彩陶图文"。彩陶虽然主要以图文方式表述古易思想、天文天象和历法，作为当时盛行的文化传媒，它的艺术性和时效性，就像喜闻乐见的"小人书"，成为仰韶时代的文化符号，具有了"文字"的叙事功能。字画同源，彩陶除创立了象形、指事、会意、叙事等造字法则以及文字的书写范式，还为中国文字起源形成奠定了重要的思想基础。由贾湖遗址的刻符到图文书写，并且能够完整地铭功叙事，表达思想感情，应该是一种文化进步和文明现象。仓颉之前的文字称"文"，包括主流的彩陶和一些辅助的独体象形字，这是彩陶时代的文化特征。仰韶时期，彩陶图文及其并行的独体象形字和指事字，我们统称为"彩陶图文"。

第二节
彩陶图文

　　仰韶时期，人们使用白、黑或白、黑、红等颜料，把图画文字绘制在陶器的坯胎上，经过窑烧使之成陶，考古学称这种经过陶化的绘彩陶器为彩陶。彩陶经过窑烧陶变，一般不易脱落和变色，现在出土的彩陶还都有亮丽色彩，光鲜如初。绘制在陶器上的图画文字，我们称之为彩陶图文。彩陶是图文的载体。彩陶图文的颜色选择、图文格式、成象原理和表述内容都具有深刻的思想性、科学性，体现了对客观世界的认识和认知，展现了中华文明的世界观、价值观和方法论。一件彩陶就是一篇经典的叙事文章和一段文明智慧，一件件彩陶就汇集成一部伟大的中华文明元典文献——中国彩陶图文，这是中华文明的灵魂和初心。

一、图文元素

　　彩色书写和几何图形是彩陶图文的两个基本元素。

　　彩陶之所以称为彩陶图文，因为它是远古中华先人使用颜料书写绘画于陶器上的文体。阅读彩陶需要辩证色彩，识别阴阳，才能阐释其义理和文化内涵。目前，彩陶的颜料一般为黑、白、红三种色彩，黑、白是主色调，还有少量的黄彩、棕红色彩等，主要为矿物颜料。在一些遗址中发现有颜料研磨器、颜料调制杯等器具[1]，为我们获知颜料制作、调制及其成分提供了依据。这些研磨器和颜料杯实际上就是古代的文房工具——砚台（图2.6）。彩陶书写或绘画的工具现在还没有考古实物发现，推测应为木质的毛笔、排笔之类，这些木质工具耐腐性差，一般难以保存。

[1] 山东博物馆：《大河上下——黄河流域史前陶器展》，文物出版社，2015年12月，第207页。

1. 颜料研磨器（甘肃大地湾遗址）　　　　　　　2. 颜料杯（甘肃火烧沟遗址）

图2.6　彩陶绘画工具颜料研磨器和颜料杯

　　彩陶除了色彩之外，还有几何图形的点、线、面的基本元素。点、圆形、直线、曲线、三角形、四边形和不规则形，不规则形可视作任意形状（图2.7）。这些基本元素和形态的相互结合与作用，形成了点线面的多种表现形式。[1]这些图形实质是数学（几何）学科体系的认知和社会实践。

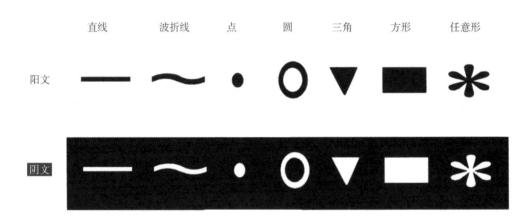

图2.7　彩陶图文书体的阴阳属性

　　彩陶图文大多绘在陶器的口沿、颈部以及腹部内外，以单彩、复彩和多彩，表现为线段、纹带、双层纹带和多层纹带的形式，形成一周循环的组合图文，表述复杂的思想文化内涵。古人制器尚象，选择陶器作为载体，是和陶器形状特征有关，圆腹空腔，上口下底，与宇宙现象相类似。利用陶器表述宇宙现象和历法内容，可用很少的图文元素就能把"周回不

[1] 王仁湘：《史前中国的艺术浪潮——庙底沟文化彩陶研究》，文物出版社，2011年，第168页。

断""空间""节制"等理念完美地表达出来，并且还十分自然贴切，恰如其分。

基本元素是彩陶图文的基础。基本元素是遵循古易思想、数理逻辑组成单元图文和组合图文，最终完成象数理一体的彩陶图文。单元图文来自于对事物本体的观察和认知，状物取象是彩陶图形的基本方法，在记事载物的同时表述了对客观事物形成和发展的理性认知。许多图文以黑彩实画或虚笔漏白的修辞手法，表述事物的"阴阳"属性、时空特征，体现的是"简易、不易、变易"的万物世界与人类社会的"道德"思想，反映了当时人们的世界观和价值观水平。

"知其白，守其黑，为天下式。"在白色底纹或黑色背景下，彩陶图文呈现的思想深刻、序列谨严的文化品质，给人一种特别古雅的艺术美感。品鉴彩陶要整体全面，不可偏执，方可得其奥义。彩陶是远古中华文化特定历史条件的产物，是弥足珍贵的元典文献，要在当时的历史语境下解读阐释其文化真谛，廓清中华文明起源的活水源头。如果生硬套用西方思维和文明概念，就会割断中华文化和社会文明的根脉。没有根源的文化更容易受不良文化的干扰、侵袭和伤害，中华历史文化和民族自信就无从谈起。基于此，我们要加强彩陶文物的保护和利用，进一步加大研究工作的质量，完成考古工作所赋予的历史责任。

二、单元图文与组合图文

彩陶图文是依据一定的古易思想、由单元图文组成的远古文体。单元图文是指单独表意的图文单元，是以彩陶基本元素为基础组成的表意的图文单元。单元图文，也可称为图文单元。图文单元一般以隔断、分隔、特别标记作为提示的符号个体。在彩陶语境下，有些基本元素本身就是一个图文单元，这样的基本元素可称为基本图文，如表述"数"的圆点、线段和三角形，表述空间、四向的空白方形等。由两个或两个以上的单元图文进一步的逻辑合成，就是一个组合图文。组合图文表述的图文内容更丰富更完整。彩陶图文是指以彩陶为载体、由单元图文或组合图文表述的历史文献。图文阐释的原则，应以主题思想明确、文句通顺、意思完整、符合当时的语言习俗和社会发展实际，如果有后期历史文化作支撑就比较具有说服力。依据这个原则，我们对彩陶图文进行如下阐释。

1.■■■■■，带纹，道法，又周天历度。象形，象道路形状，本义道路。"道"的彩陶初文，引申为自然世界的道法、法则、规律和原理等，这种"大道"精神融合于中华阴阳合历的历法之中。这一画带纹，概括了远古中华先人宇宙观和华夏民族的人文创造，开启和指引了人类文明的道路和方向。彩陶带纹即是图文元素又是单元图文，有窄带式、宽带式，还有黑彩、红彩形式，一般绘于陶器的口沿（沿内、唇部）和腹部上缘。有的口沿带纹以露地的空白相分割，表述时间计量和方向定位，展现时空理念（图2.8）。彩陶的许多经典图文布置于腹部，从形式看可视作带纹的延伸内容。彩陶带纹最早可上溯至裴李岗时代的贾湖遗址、大地湾遗址，据传与远古时期伏羲画八卦、制历度有关。彩陶带纹看似普通而简单，却是仰韶时期最为流行的一种图文，似很神秘。其实，这是几何数学体系下时空思维的世界观和方法论，构造了太阳、月亮、地球三位一体的年、月、日的人文历法系统，促成中华文明的萌发与形成，奠定了华夏文明的发展道路和方向。《周髀算经》有"古者包牺，立周天历度"的记载。南宋史学家、诗人陆游有"无端凿破乾坤秘，始自羲皇一画时"的诗句，概述了伏羲"一画开天"的无量功德。

1. 三足彩陶钵（西安市白家村遗址）

2. 彩陶钵（宝鸡市北首岭遗址）

3. 彩陶钵（荥阳市青台遗址）

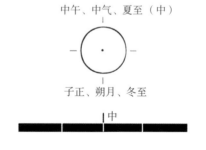

4. 周天历度的世界观和方法论

图2.8　带纹彩陶钵

2.炁，自然之气，是"道"的一种状态。炁有阴阳辩证的属性，是自然界运动变化的能量。空气、光电、动静、呼吸之气、云气、气候、时空、数理等，这是其的可见现象，还有与之共存的"炁"组成矛盾统一体。炁虽有运化万物之功，却是抽象的意识形态。彩陶表述也是以具象表意，时空显形，"道"理阐述，借以展现和塑造"有、无"的思想内涵。如桂花树遗址彩陶瓶图文以绳索表述其阴阳性和循环不断；兴乐坊遗址彩陶盆（09HTXT6H28②:3）图文以空白叶形（◖）凸显"人（时）"的时空交融一体；大河村遗址双联壶（大河村F1:16）图文以线段组合（每组三根平行线段）正向斜向有序的满布器表，表述炁的阴阳性、普遍性（图2.9）。

1. 彩陶壶（桂花树遗址）　　2. 彩陶盆（兴乐坊遗址）　　3. 双联彩陶壶（大河村遗址）

图2.9　有"炁"内涵的彩陶器

3.▲，三角函数。▲多与数量有关，认为立杆测影是打开认识自然世界的一扇大门，数是自然世界的根本，是"四时之终始，万物之祖宗"。宝鸡市北首岭遗址出土的叠塔状三角，不仅具有数理逻辑，还是宋代"杨辉三角"数学的滥觞。研究和继承远古华夏文化的成就，宋代学者的历史贡献比较显著。此外三角还有指示、提示、强调的意义。

4.▲，二分之一。象形会意，数一居中分开为二，几何分数。彩陶图文▲是"三角＋丨（中）"，表述立杆测影，数自天来的数学观念。中华先人认识世界的传统方法，如"执两用中""一分为二"。立杆测影是发现并运用勾股定理的科学实践，其源头应该在旧石器时代的晚期。《道德经》："多言数穷，不如守中。"

5.◖、◎、□，空间、无。◖、◎，象洞穴形，孔声，本义洞穴、窨穴。引申为没有，空洞，空虚，类似"炁"。彩陶图文一般表述空间的意涵，用于"无""空间"分别对应"有""时间""数"等古易的思想概念。□，象方（房）形方声，本义房屋，远古多为坐北朝南向。借为方形的，又引申为方向（四向）、方内空间（上下四方曰宇）。有的在□内加线形"◖"表意，成为◖字进行表述。由◖到◖，表述无、空和没有，这是数学"0"

的初字。

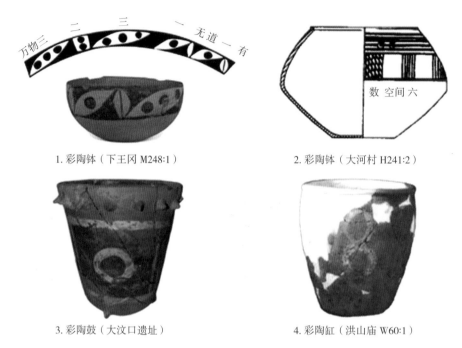

1. 彩陶钵（下王冈 M248:1） 2. 彩陶钵（大河村 H241:2）

3. 彩陶鼓（大汶口遗址） 4. 彩陶缸（洪山庙 W60:1）

图2.10 彩陶"空白"图文

6.线段数字、圆点数字、三角数字等。远古中华先人以古易思想认识自然世界，数学是最基本的方法。彩陶图文记载的数学知识非常丰富，认为"数乃万物之母"，有○、一、二、三……九的自然数，实行十进位制，运用三角形算术、勾股定理和加减乘除四则运算，将数分为"奇数""偶数"，传说的《河图》《洛书》已有图文记载。关于数字，在彩陶上已有线段数字、圆点数字、三角数字（包括戳点三角）三种常用方式（图2.11）。此外依据彩陶的实际界面还有弧线式、混合式、符号指代等，阅读彩陶我们务须细心体察。

数字	零	一	二	三	四	五	六	七	九
线段式	○		‖‖	‖‖‖	‖‖‖‖				
圆点式					••••				
三角式		▲ ▼	▲▲ ▼▼	▲▲▲ ▼▼▼	▲▲▲▲ ▼▼▼▼	▲▲▲▲▲	▼▼▼▼	▼▼▼▼▼	

图2.11 彩陶数字的主要形式

黑红两色表述"奇数""偶数"，多发现于山东大汶口遗址及其周边，三角数字主要在半坡、北首岭遗址出土。淅川县下王岗遗址彩陶钵（下王岗M248:1）仅以 ▰、▰、▰ 和 ◖、◗ 五个图文表述了"天下万物生于有，有生于无，有无相生是为道"和"道生一，一生二，二生三，三生万物"的宇宙生成论和万物为数的数理范式。由此可知，老子《道德经》的这两则古典文献是对彩陶图文元典的传承和文字转述。

7. ▨，气数。取象三角为数，以规则的漏地折带纹贯穿成气，象形会意。阴性折带如人体脉络贯通器表一周，三角为数，相连不断。这也是"玄"图的一种，看三角为数，天地皆数，看露地则一气曲折贯通。会意，气、气数之意。又引申为历法的气候、节气（图2.12）。

1. 彩陶钵（正宁宫家川遗址）　　2. 彩陶壶（西安半坡遗址）　　3. 彩陶缸（临潼姜寨遗址）

图2.12　彩陶"气数"图文

8. ▨▨，中气，图文组合。彩陶折带图文与"丨"组合，会意，特别强调"中气"之意。《说文》："丨，上下通也。"万物有"中"不失衡，气节通畅可活。不论历法、人体等都以"中气"为贵。北首岭遗址、大地湾遗址、圪垯川遗址出土有完整的彩陶图文（图2.13）。

1. 彩陶壶（北首岭遗址）　　2. 彩陶缸（甘肃圪垯川遗址）　　3. 彩陶壶（大地湾遗址）

图2.13　彩陶"中气图文"

9. ∣、♦，"中"字初文。∣，象木棍形，本义木棍，因测影立杆之杆而为"中"。《说文》："上下通也。引而上行读若囟，引而下行读若退。"∣在《说文》时已退出文字应用，只以符号存录。♦，会意指事字，会意中心、以木杆中点指事。《说文》：中，"内也。从口、∣，上下通"。据此，有半、平等、符合、中心、中央等义项，还引申为规则、法则。"中"除上述之外，还有▶、／、✒、•等不同形式的表述。

10. ▶，象形，为旗帜之形象，"中"字之初文。侧重于气象、风向的测定，图文表意也多与此有关。▶是甲骨文"𣄰"字之衍变。甲骨文常见"立中，亡风"的辞句。商代甲骨文的"𠂤""𣄰"和西周《何尊》铭的"中国"还留有浓郁的彩陶遗风（图2.14）。

1.何尊（西周）

2.《何尊》铭拓本及"中国"名称

图2.14　《何尊铭》与记载的"中国"名称

11. ／、✒，中，多为叶形图文标注。✒在许多历法图文的倾斜隔断内，作为黄赤夹角的指示符，表述与节气成因相关联。

关于"中"，它是一种直杆木棍，是远古时期测日影、定方位、验风向的多功能天文仪器。俗称立杆测影。立杆测影和定风向都有"中"字起源的彩陶图文支持。"中"在彩陶图文中，书写方式多，内涵比较丰富，体现了"中国文化"的核心要

彩陶图文	甲骨文	《说文解字》	楷书
		古文	
		小篆	中
		籀文	

图2.15　中字的演变

义和中华文明特色的别样风采（图2.15）。商代甲骨文"ф""⬚"比较流行，保留了浓郁的彩陶图文遗风。《说文解字》仅录"丨"的字体，释"上下通也"，但对"中"字另外解释，有"内也。从口、丨，上下通也"，表明汉代"丨""⬚"已退出主流文字的应用范畴。彩陶历法流行于黄河中下游地区，郑洛地区的四季与节气最为典范，农业经济因此繁荣，故嵩山被视为经济文化之"中"心，美誉"天下之中"，尊荣"中国""中华"，盛名海内外。《尚书》记载，尧舜禹时期将"允执厥中"作为重要的治国理政方略，中华文明特色的"中文化"蔚然盛行。

12. ⬚，圭表、日晷。象物形，取象"表+圭盘"形，测量日影的天文仪器。图文组合，本义日晷，亦称圭表。表为木杆，俗称"中"，长度八尺。圭盘木质长方形，盘面刻有度量日影的横线，以度量时节变化。引申为法则，多见于郑州、洛阳地区的仰韶文化遗址，大河村遗址晚期有较多的圭表图文，如彩陶钵（大河村F1:26）、彩陶背壶（大河村T33①:5）的圭表图文，说明天文、历法的科学性（图2.16:1、2）。湖北宜昌柳林溪遗址出土的陶晷仪（柳林溪IAT0916⑧:120,报告称支座）圆面上刻写有图文，其外周有八组圭表图文，与下方子午图文，表述日时法则的历法元素与四向八方的方位（图2.16:3）。[1]据图文语境，许多圭表图文与"丨"（中）的意思等同，说明"丨"（中）是⬚的原始形态，故而互用。⬚的彩陶图文还有一些变形图式，阅读时应谨慎辨识。

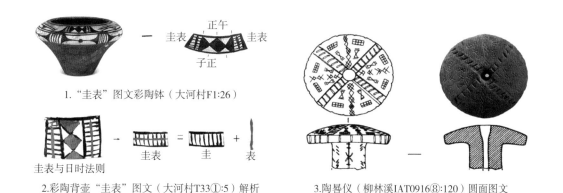

1."圭表"图文彩陶钵（大河村F1:26）

圭表与日时法则
2.彩陶背壶"圭表"图文（大河村T33①:5）解析

3.陶晷仪（柳林溪IAT0916⑧:120）圆面图文

图2.16　大河村遗址、柳林溪遗址"圭表"图文解析

---

[1] 周国平：《柳林溪遗址出土的刻划符号及其初步研究》，《2003三峡文物保护与考古学研究学术研讨会论文集》，科学出版社，2003年7月，第118页。

13. ▬，弯曲圭表，当下，现今。一般与空白四方、竖式圭表组合，表述时空或宇宙概念。如彩陶钵（大河村H241:2），彩陶罐残片图文。

14. ✪、⊘，《洛书》图文。相传远古伏羲时代流传下来的数学算术，数理深奥，十分神秘，古称"洛书"。一般认为"九宫格"就是《洛书》。《洛书》的"十进位"制，数列数理应用，均居于世界数学理论研究和应用的领先地位，是我国远古数学成就的代表性成果。远古统治者赋予《洛书》以政治色彩，"五"居中位神化为"中央"核心，认为"五"与周边数字相合就能产生巨大能量。《洛书》的神秘之处，是她为"中国""中华"之源提供了数学理论依据，并因此创建了一个"中华"古国，她是有史可考的祖国。因此，中国在地理上居物华天宝的"天下之中"，文化上尊信古易思想和中文化，历法讲究阴阳合历和"中气"，社会制度力行"大同"文明，并以"中华"盛名古今中外。彩陶图文已有明确的《洛书》记载，在郑州大河村、西山、站马屯、白庄等遗址都有彩陶实物出土。这些《洛书》图文借用洛书纵横斜数列之和为十五，与合月纹组合，表述历法的十五日、望日、满月和中气等历法内容（图2.17）。

彩陶洛书

彩陶洛书

洛书（九宫格）

彩陶罐（郑州白庄遗址）

图2.17 彩陶洛书图文解析

15. ◣◢、◤◥，交午图文。交午图文是指对顶三角形成黑白相间的方形图文。交午图文最早发现于浙江义乌市桥头遗址的一块彩陶残片上，以乳白色画成。交午图文是历法"日时"法则的图文说明。以黑夜白昼在图文的位置不同，又可分为：◣◢即立式，◤◥即横式。日中是可立杆测影确定的，一个日中的周期便是一日。日中一半（半夜、夜分）就是一日之始。古人将一日分为子丑寅卯、辰巳午未、申酉戌亥十二个时辰，一个时辰相当于现今的两个小时，正午式侧重于一日之中，子正式强调一日之始。历法以日时为首。日时定则月时朔日（初一）定，月时朔日（初一）定则岁时元日（正朔，一年之始）定。交午图文的本义为"是"（昰），为日时法则，一般为一天的中午（正午），特指一日之始。此外，还有引申义"旦复旦"（一天又一天）、历法的"正朔"、交接、连续和借用"五"等义项。日时是最基本的历法元素，彩陶以记载历法为大宗，所以日时是比较常用的彩陶图文（图2.18）。

交午图文是有几何数学原理支撑、基于立杆测影天文学实践的结果。"洛书"是中华文明神秘的数学算术，中心交点为数字"五"，交午图文因此派生（图2.19）。实际上，除了交午图文之外，还有三角数理、四季图式、六角星、八角星、折带等均具有数学内涵。

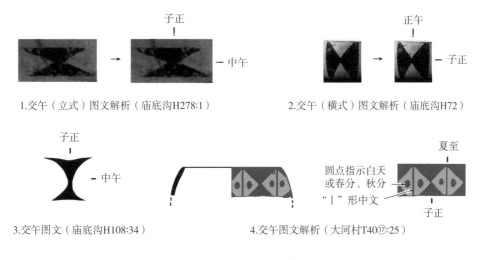

1.交午（立式）图文解析（庙底沟H278:1）　　2.交午（横式）图文解析（庙底沟H72）

3.交午图文（庙底沟H108:34）　　4.交午图文解析（大河村T40⑰:25）

图2.18　交午图文解析

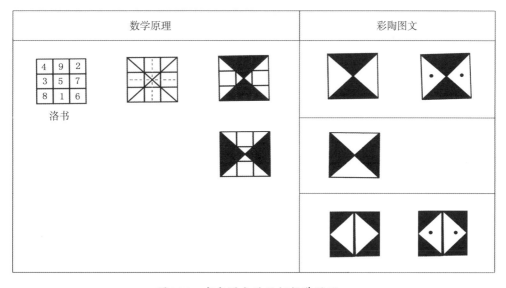

图2.19　交午图文的几何数学原理

陕西省陇县原子头遗址、内蒙古自治区清水河后城嘴遗址的彩陶交午图文（图2.20）。内蒙古后城嘴遗址彩陶钵为交午图文的立式、横式两式交替并用，以"日复一日"的历法现象，表述一天又一天、一年又一年的生活场景。西方人认为是马赛克，我们的文明说、那是生活的一段写真。

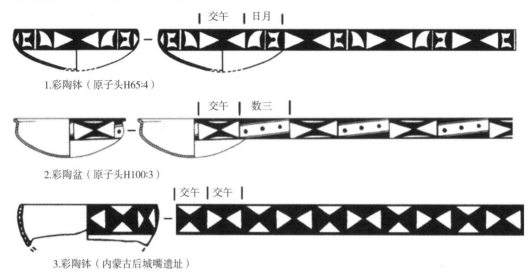

1.彩陶钵（原子头H65:4）

2.彩陶盆（原子头H100:3）

3.彩陶钵（内蒙古后城嘴遗址）

图2.20　彩陶交午图文（陕西原子头、内蒙古后城嘴）

河南省三门峡市庙底沟遗址的彩陶钵、彩陶罐，也有交午图文表述，加强了文字的语言性质。彩陶钵（庙底沟02SHMT41H278:1）、彩陶罐（庙底沟02SHMT26H113:1）的交午图文与历法岁制有关，那么它应是岁时元日（初一）之意，即年月日处在同一天的"正朔"吉日（图2.21:1、2）。彩陶钵（庙底沟02SHMT2H72:6）的交午图文与其左侧覆月相组合，就有月制朔日（初一）之意（图2.21:3）。彩陶钵（庙底沟02SHMT1H9:83）的交午图文与前者比则要简略的多，仅用毛笔写出，由此可知这个图文是"wu"的读音，符号已具"⊠"的特征，符合音义形相同假借的条件（图2.21:4）。较早的湖南澧县彭头山遗址出土一件棒形石挂件（彭头山T3④:1），上端对钻一孔并凿有系绳的凹槽，下端刻画一个"⋈"符号（图2.21:5）。穿孔（日）与⋈形成时空关系，表述以立杆测影得日中（中午）知子时的中道思想，是日时法则的图文记载。[1]日时法则在我国新石器时代的贾湖、桥头等遗址都有比较明确的记载，有近万年的悠久历史，既是语言的表述，也是天文历法的基础。

[1]　a.湖南省文物考古研究所、澧县文物管理所：《湖南澧县彭头山新石器时代早期遗址发掘简报》，《文物》，1980年第8期；b.刘志一：《湖南彭头山刻符考证》，《江西文物》1991年第3期。

交午（立）式

1.彩陶钵（庙底沟02SHMT41H278:1）

2.彩陶壶（庙底沟02SHMT26H113:1）

交午（横）式

3彩陶钵（庙底沟02SHMT2H72:6）

4.彩陶钵（庙底沟02SHMT1H9:83）

图2.21　庙底沟遗址的"交午"图文

彩陶交午图文的演变，甲骨文有"五""午"[1]两个基本文字（图2.22）。五是"五"的数字，是自然数的中数，音、义与交午图文相通，故扶正假借为"五"，属于假借字。午字保留了◁▷的形态并做了圆笔处理，上面"中"的"｜"或"╋"，仍为测影定日的本义。金文出现了似有象"杵"形之意的"午"字，属象形会意。

彩陶交午图文	▧	▧	⋈			
甲骨文午	⁸	一期 前7 29・3 合7707	⁸	一期 铁 77・1 合6081	⁞	四期 后下 38・8 合34621	╋	金文 召卣二
甲骨文五	≣	五期 林 1・18・13 合38421	✕	四期 后上 26・6 合34083	✕	一期 铁 247・2 合17076	⁸	三期 戬 6・13 合26995

图2.22　彩陶交午图文与甲骨文"五""午"

[1] 马如森：《殷墟甲骨文实用字典》，上海大学出版社，2008年6月，第319页"五"、第330页"午"。

16. 𝒳，背月交午图文，会意夜半、夜分、交子。特指交子、子正。郑州大河村遗址晚期的彩陶交午图文很有特色，把一日时辰变化和一日之始的天文学依据讲得清楚明白。这时的日时法则，如彩陶罐（大河村W11:1）交午图文已简化为"𝒳"，虽仍是重要的历法元素，却已经没有任何的附加提示，变的更加抽象（参见图7.107）。

背月交午　　　　　上弦月　　　　　　下弦月

1.彩陶罐（大河村W11:1）背月交子图文解析　　　　2.背月交子图文数理解析

图2.23　彩陶罐（大河村W11:1）背月交午的图文解析

彩陶罐（大河村W11:1）的𝒳图文，是交午图文符号化的结果，表述前夜、后夜的月亮相交为一日之始。𝒳图文传播西方后借为字母"X"，这是文字学研究的一段趣谈。大河村遗址的𝒳图文彩陶非常之多，在当时应是规范的应用文字。圭表是测日影、定方位的仪器，测定日中，便可确定日时长度。中华先人规定，一日时间以昼夜为周期，夜半（夜分）为一日之始。"日中"即中午可立杆测影获得数据，以"执两用中"可知夜半（夜分）为一日之始。日时法则不仅有古易思想内涵，还有坚实的天文学、数学的知识支撑。这是以已知探求未知、以简易解繁难的科学方法。从裴李岗文化开始至今，大约9000年古中国区域都是采用"中华日时法则"。据此可知，彩陶的广泛传播不仅是社会生产生活的需要，更是中华文明的传播（图2.23）。

17. ▨、▧，交午图文，会意，是白天黑夜为一日的历法日时法则的一种图文表述。它们以日、月交合图文取象、几何数学为数理，指明了交午图文的内在意涵。

陕西省西安市半坡遗址彩陶盆（半坡P.1126）交午图文[1]，与规范式的略有差异，背月上下交合，并添加了四个指事图文，上部圆弧纹、下方为一覆式月芽，以指示夜晚，两侧加绘"日"字表述白昼（图2.24:1）。庙底沟遗址彩陶钵（庙底沟02SHMT62H569:4）的日时法则图文，在横式交午图文的基础上，上下部各为圆弧、覆月，两侧以海内露白表述白

---

[1] 陈星灿主编：《中国出土彩陶全集》第6卷，科学出版社、龙门书局，2021年10月，第27页。

天，中间以圆点指示交"五"（图2.24:2）。这里需说明的是"白"字的本义，应是太阳光明与太阳有关系。现在"白"是指事字，以"日"上一撇指示白天，有白天为太阳光明的义项。

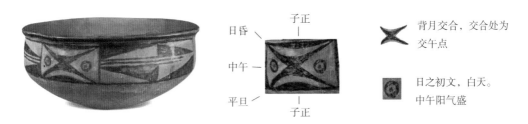

1.彩陶盆（半坡P.1126）日时法则图文解析

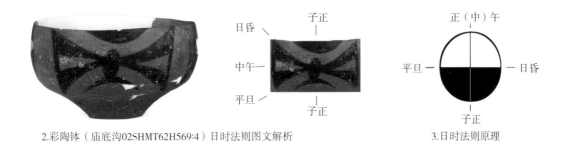

2.彩陶钵（庙底沟02SHMT62H569:4）日时法则图文解析　　　　3.日时法则原理

图2.24　彩陶日时法则图文解析

18. ◤◢与 ◀▶、◆→，气候阴阳消长图文。常与中气化合图文进行组合，以"折矩法"数理表述气候的形成变化现象。

◤◢图文标本见于彩陶盆（半坡P.1126）（图2.25:1）。图文以四分二合的几何数学原理，划分一日阴阳变化之机。一日四分：夜半子正时刻为一日之始；太阳将出为平旦，平旦为早晨卯时；太阳中天即中午，一日之中；日落时刻天将入暮为昏，俗称黄昏，指西时。图文表述"子→卯→午→酉→子"一日周期的阴消阳长的变化规律。这个图文也实用于一年四季的气候变化。

◀▶、◆→，也是气候阴阳消长图文，只是作了子午倒换，保留了阴阳消长图文的内核（图2.25:2）。

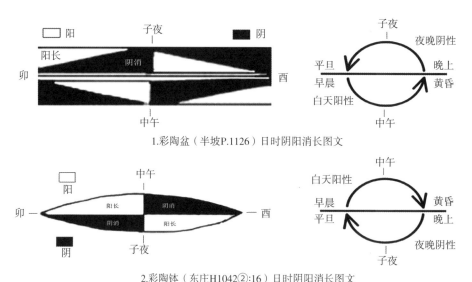

1.彩陶盆（半坡P.1126）日时阴阳消长图文

2.彩陶钵（东庄H1042②:16）日时阴阳消长图文

图2.25　阴阳消长图文解析

19. ，岁余。这是"圆点+鱼尾"单元图文，应是一条鱼简化而成。圆点是"日"字初文，鱼尾则是岁余、岁差的意思。据此思路，还创造了岁余动物骨节尾巴（会意"节气"）的符号。不论是鱼尾巴还是动物骨节的尾巴，都说明了古人已掌握了岁余的常数，表述"年有余"之意（图2.26）。甲骨文的"尾"字是" "[1]，可见彩陶的

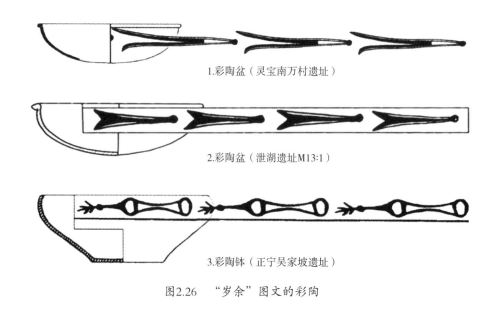

1.彩陶盆（灵宝南万村遗址）

2.彩陶盆（泄湖遗址M13:1）

3.彩陶钵（正宁吴家坡遗址）

图2.26　"岁余"图文的彩陶

[1] 马如森：《殷墟甲骨文实用字典》，上海大学出版社，2008年6月，第200页"尾"字。

"岁余"图文造字法为甲骨文的"尾"字提供了方法指导。《说文》："尾，微也。从倒毛在尸后。古人或饰系尾，西南夷亦然。"尾为会意字，指尾巴。把倒写的毛字加在尸（尸为人）后，倒毛表示下垂的尾巴。

20.　⬭、▽，骨节，引申气节。象形，象骨节，本义中空的骨节，骨、冎的初文，引申节气。于省吾："字本象骨架支撑之形，其左右的小竖划，象骨节转折处突出形。"[1]《说文》："冎，剔人肉，置其骨也。象形。头骨隆也。"甲骨文"冎"有"〿""〿"。[2]由此看来，彩陶是由具象骨节到抽象、并向数字化会意发展的趋势，应是形声会意兼有的图文，引申为气节。彩陶"▽"是"三候为气"的节气谚语的数理化概括，除此还有数四、数五的表述。另外节气表述，还有历法元素与"丝线+点"交结，也是会意节点之意，这是以丝线、绳索打的结。

彩陶盆（大河村T54⑤:8）[3]，泥质灰陶，敞口、折沿，斜沿面小圆唇，折腹，下部斜直或屈腹内收，小平底。口径17.4厘米，残高7.2厘米。绘黑彩。沿面书画四道一组的线段一周，上腹饰三道一组斜线与上下界线相交，交结处为半圆点。口沿四道一组的线段为数四，表述四季节气内涵。腹部三道一组斜线为数三，表述"三候为气"的历法特色，半圆交点指示节气时刻。图文里含有三角数学知识，源自半坡遗址的三角气数。由此我们大致知晓，由彩陶节气图文到甲骨文的演变过程，甲骨文是承续了彩陶图文的造字法则、文字成果的文字系统，运用形声法造出了更多的文字，从图文到文字符号，成为中国文字发展历史新的里程碑（图2.27）。

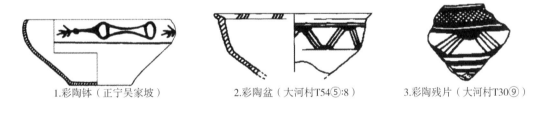

1.彩陶钵（正宁吴家坡）　　2.彩陶盆（大河村T54⑤:8）　　3.彩陶残片（大河村T30⑨）

甲骨文"冎"：〿、〿　　演变：⬭ → ▽ → 〿

4.彩陶节气到甲骨文"冎"的演变

图2.27　彩陶骨节、节气与甲骨文"骨"字

[1] 于省吾：《甲骨文字释林》，商务印书馆，2012年12月，第368页。

[2] 马如森：《殷墟甲骨文实用字典》，上海大学出版社，2008年6月，第104页"冎"。

[3] 郑州市文物考古研究所：《郑州大河村》，科学出版社，2001年，第236页。

21. ▱、▓，节气、节气点。图文组合，指事，取象竹节、骨节以圆点、短横杠指事。竹节中空以圆点（或红色圆点）指示"气"，竹节间隙填入数字并在上面以短横杠（或红色短横杠）指示节点。这类图文多分布于郑州、洛阳地区，把象、意、理融合于图文之内。如大河村遗址彩陶

1.彩陶钵（大河村F1:26）

红杠，节点　　　　红杠，节点

节气　　红点　　数四、四季、
　　指示中气　四时成岁

2.节气、节点图文单元

中气　中气　中气

节令　节令　节令

3.节气、节点取象原理

图2.28　彩陶节气、节气点图文

钵（大河村F1:26）的节气表述（图2.28），节气、中气概念非常明确。一般每月有二气，节气在月首，在月中的称为中气。节气是不同气候的变化、交替，中气是指相同气候持续和发展。彩陶以"三""四""五"的数字表述节气，一般是"五日为候，三候为气，六气为时（季），四时为岁"的历法谚语。这样的谚语，在远古时期口语相传，约定俗成，人尽皆知。在安阳遗址也以横式子午表述节气之意，上下以空白、"O"或云气标示"气"。[1]

22. ▢、▭，开光，开天光。图纹元素，一般为圆形、椭圆形的轮廓，也有方形、叶形的，其中的空白内书写表述的内容，是彩陶常见的修辞方法。因为内容多为天文历法及"大道"法则，故谓之"开天光"。根据图文语境，多借为黄道、平年等内容。如三门峡庙底沟遗址彩陶盆（庙底沟02SHMT38H408:42），椭圆形开光（引申为黄道）内绘写出四季图文，是"开光+四季"的单元图文，表述"四时（季）为岁"的历法概念；秦安大地湾遗址彩陶盆（大地湾QDTG3④:1），椭圆开光（引申为黄道）内两点表述夏至、冬至，中间扁圆图文表述阴阳属性和易变（图2.29）。明清时期的瓷器上，也很盛行这样的图式，是传统绘画艺术的传承，以人物故事为主。

[1] 中国社会科学院考古研究所安阳发掘队：《安阳鲍家堂仰韶文化遗址》，《考古学报》，1988年第2期。

1.彩陶钵（庙底沟02SHMT38H408:42）

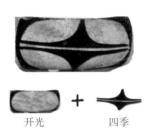

开光　　　　四季

2.彩陶盆（大地湾QDTG3④:1）

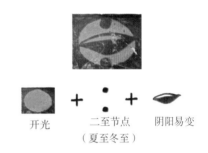

开光　　二至节点　阴阳易变
　　　　（夏至冬至）

图2.29　开光图式的彩陶

23. ⊙，日字图文。"日"字初文，本义太阳。⊙，象形指事字，太阳圆形，中间圆点指事。立杆测影以太阳为准则，彩陶历法以昼夜为一日之时，子正时刻为日时之始，正午为一日之中。日时以表（日晷）测定，引申为"今日"时间。又引申为有太阳的时间为白天、白昼。日为万物之本、万物之宰，奉为日神，祭之以礼。又古易思想认为，事物的阳性或阳性方面。

24. ☀，日字初文，同⊙。象形，像太阳发光之形。其字形可溯源于裴李岗时代，锲刻、书写两种笔体在河南贾湖遗址、浙江桥头遗址都有龟甲、陶器载体出土。仰韶时期，大河村遗址第三期出土有可复原的彩陶钵残片，为嵩山地区盛行的六角星图文提供了创意思路。

"日"字在裴李岗文化时期已有图象记录，是陶器、龟甲两种载体。这两种载体有很好的耐腐性。这个时期的"日"字多为单体象形字，文字的初期特征比较明显。仰韶文化时期，彩陶载体得以继承和完善，以颜料、砚石、毛笔为书画工具，形成比较规范的具有章法的彩陶图文，具有强烈的思想文化和叙事性。"日"字的规范性说明各区域的思想文化在不断的趋同和融合（图2.30）。

裴李岗文化时期				1. 陶罐（贾湖 H190:2） 2. 龟甲（贾湖 M335:15） 3. 陶片（桥头遗址）
	1	2	3	
仰韶文化时期（彩陶图文）				4、5. 陶片（大河村 T11④A、T23③） 6. 陶背壶（大河村 F32:8） 7. 陶碗（庙底沟 H569:3）
	4	5	6 7	
商代（甲骨文）				8~11. 马如森《殷墟甲骨文实用字典》第 158 页"日"字
	8	9	10 11	

图2.30 早期"日"字的演变情况

25. ⊕，太阳光芒，引申日华，引申中华。象形会意，由"●（太阳）+六芒星（光）"组成，像太阳光芒，本义。六芒星，即六角形，指上下四方，古代谓之"宇"。❀是古人对太阳自然现象的感性认识，⊕则是对自然现象的理性认识，是深层的哲学宇宙观思想，成为中华文化的代表性符号。这是中华先人构建太阳系天文科学知识的实物佐证，是"中华"名称的图文徽号。目前，考古发现的⊕符号仅有长葛石固遗址彩陶钵一件[1]（图2.31）。

网纹　　　　　交午　　　　六角星（日华）

图2.31 彩陶钵（长葛石固遗址）图文解析

---

[1] 河南省文物考古研究所：《河南史前彩陶》，河南美术出版社，1996年，图见第94页。

26. ⊛，同⊛。象形会意，由"☉（太阳）+六芒星（光）"组成，像太阳光芒，本义。多与合月图文组合，参见⊛。

27. ☽月。独体象物字，像月牙形，本义月亮，名词，泛称。[1]《说文》："月，阙也，大阴之精，象形。"又表述月时，即朔望月周期，约29.53日。历法月时又有具体的表述，以合月图文作为主题范式，现在讲就是意符。《周髀算经》："故日兆（照）月，月光乃出，故成明月。"这个记载，印证了彩陶图文月亮、月时成像的天文学依据。

28. ☷，朔望月，月亮的朔、望、晦的变化周期，月时法则。象形会意，"上弦月+望月+下弦月"组成，以交午、丝线连接。有的朔望月图文以"☖""●""╬"标注望月。

29. ☽，月时，侧重于晦月。两月相合、中间空白，表述无日的天象。

30. ☉，月时，泛称朔望月。由"☽+●"组成，会意，两月相合内一中点。圆点为中点，会意望月。另有☌为朔望月的变体。

31. ☷，月时，侧重于望月。由"☽+☷"组成，会意，两月相合中间内置九宫格，表述历法月时十五，每月十五日晚上月亮最圆。九宫格，远古所传"洛书"，横列、竖行、对角三数之和为十五。

32. ☷，月时，侧重于月亮圆满时刻、望月、月华。由"☽+☷"组成，两月相合、中间内置太阳六角形光芒，又日月光华，有月华、中华之意。中心☉为"日"字之初文；六角形，阴阳六合之象。这个会意图文，基于月亮是太阳光反射的物理现象而创造的，是一组具有科学价值的图文。古人认为，日月交合是天地自然的大吉之象，望月是最佳时刻，称之为"花好月圆"，又称"月华"，雅称"华月"。其中有天文学、古易思想的内容，除了历法月时意义，也是最早具有"中华"意义的彩陶图文。在天者莫明与日月，日月合文，是明字的取象会意原理。"中华"图文流行于大河村文化遗存的中晚期，洛阳王湾、巩义双槐树出土有完整的彩陶钵、彩陶罐，其他遗址（如郑州大河村、建业壹号城邦[2]、荥阳青台、长葛石固、西干沟、偃师高崖、巩义伏羲台[3]、孟津小潘沟）多为彩陶残片，有的在其外缘画有发光的射线。依据上述"中华"彩陶图文的分布范围，大致限定了"中华"古国的区域（参

---

[1] 马如森：《殷墟甲骨文实用字典》，上海大学出版社，2008年，第164页。

[2] 索全星、刘彦峰、秦德宁：《郑州市发现一处仰韶文化晚期遗址》，《中国文物报》2009年7月10日第4版。

[3] 河南省社科院河洛文化研究所、河南省巩义市文物保护所：《河南巩义市洛汭地带古代遗址调查》，《考古学集刊》1995年第9集。

见图8:1）。可见，中华古国大约与大河村文化区域相当。"中华"名称由此而来，是当时"天下"所公认（图2.32）。

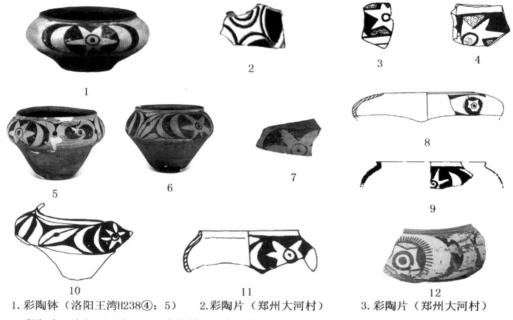

1. 彩陶钵（洛阳王湾H238④：5）　　2. 彩陶片（郑州大河村）　　3. 彩陶片（郑州大河村）

4. 彩陶片（洛阳西干沟）　　5. 彩陶罐（巩义双槐树H330:1）　　6. 彩陶罐（巩义双槐树H405）

7. 彩陶钵（荥阳青台）　　8. 彩陶钵（荥阳楚湾）　　9. 彩陶罐（巩义伏羲台FT:12）　　10. 彩陶罐

（偃师高崖）　　11. 彩陶罐（孟津小潘沟H45:8）　　12. 彩陶钵（郑州建业壹号城邦T1010⑤：3）

图2.32　大河村文化的"中华"图文

33. ⟨图⟩，大月小月。这是"大月＋交午＋小月"的大月小月图文，取自泉护村彩陶盆（泉护村 HH116①:13），大月之下以点指事。此外还有 ⟨图⟩ 的大月、小月图文，在阅读图文时需要注意辨识。

34. ⟨图⟩，中国，图文组合。由"□＋↑"，古中国。空白四方表述范围之内，↑表述中心、中央，其意为中央范围的区域，天下之中，特指中国。四方之外则为"四方之民"，即指四夷。所谓"天下"就是"中国戎夷五方之民"，中国居天下之中，文明之核心。《礼记·王制》："中国戎夷五方之民，皆有姓也，不可推移。东方曰夷，披发文身，又不火食者矣。南方曰蛮，雕题交趾，有不火食者矣。西方曰戎，被发衣皮，有不粒食者矣。北方曰狄，衣羽毛穴居，有不粒食者矣。"[1]见"⟨图⟩"图文组合。

---

[1] 陈戌国点校：《周礼·仪礼·礼记》，岳麓书社，1989年，第333页。

35. ▐，中气月，图文组合。▐是"月+中"的单元合文，表述中华特色历法的节气制度的"中气"。这个"▐"取象旗帜，因旗帜除为部族的标识外，在远古还用于测验风向和风力，旗、气音谐相通。中华历法一年十二月历制，是由朔望月月制的"中气"原则决定的。在庙底沟遗址历法图文中，以"▐"（中）和"☾"（月）的合文作为月制"中气"的特别标注（图2.33）。"☾▐"显然是历法月制"中气"的彩陶图文表述。历制规定，月时必有"中气"，没有"中气"的月份为闰月[1]。仰韶时期图文盛行，但"▐""☾"是图文不多的"字"，十分珍贵。"☾▐"图文的分布区域主要处在三门峡庙底沟、华县泉护村等遗址，这是我们要注意的。彩陶图文是中国文字形成和发展的重要阶段，记载的古易思想、天文、历法、数学等先进文化都具有鲜明的中国特色，这些文化特色成为源头阶段的中华文化与中华文明的标志。古易思想、天文、历法、数学等先进文化恰恰奠基了灿烂的中华文明，而西亚、西方的阴历、阳历则是中华历法的分解应用。西方阳历有"月"而无月制，阴历有月制而无太阳年周期，反观中国历法取自天文和自然法则，是阴阳合历，达成"天人合一"的最美愿景，是诸历的母体。

1.历法图文彩陶盆

2.历法图文彩陶盆

月 中

"☾+▐"，合文，中气月。

3.中气月标注

1、2采自高润民《中国史前陶器》第273页

图 2.33 彩陶历法"中气"图文

36. ▟，闰月，图文组合。由"中气月+无中气月+中气标注"，会意闰月，"☾▐"为中气月标注。

中华历法采用的是朔望月、中气月的十二月历法制度，即每个月必须要有"中气"的。在闰年的年份，图文画出双月，以"▐"（中）和"☾"（月）表示前面为常规的朔望月（包含中气）、其后面的则为闰月的特殊月制。无中气的月份是不能单独为月，规定这个无中

---

[1] 〔汉〕班固：《汉书·律历志上》，中华书局，1964年，第984页。月时"朔不得中，是谓闰月，言阴阳虽交，不得中不生"。

气月则为"闰"月，只能成为其前面月分"闰某"月。按照历法原则每隔两年多些的时间就会有个"闰某"月。 是彩陶盆（庙底沟02SHMT21⑧:33）腹部的图文组合的闰月，由中气月、无中气月（闰月）和中气月标注组成（图 2.34:1）。前一个有圆点的月表述正常的月份即中气月，后一个则是无中气的月，它们之间以圆点做共有标识，并以" "加注说明。参照整体图文，这是表述闰月的图文，即前月为"某月"，后面的则为"闰某月"。闰月也可以并列双月表述，前者为中气月，后者为前者的闰月（图 2.34:2）。

"中气月"标注

中气月 闰月

彩陶盆（庙底沟02SHMT21⑧:33）

前月为中气月 闰月

彩陶盆（庙底沟02SHMT38H408:44）

图 2.34 彩陶历法闰月法则图文

37. 、 ，火。像火焰形，本义是火。"火"字初文。《说文》："火，燬也。南方之形炎而上，象形。" 为指事。借用星名，火星。

38. ▽，数根，引申为"帝"。由"▽＋丨"或"木＋▽"组成，象形会意图文。

这个字出土于汝州洪山庙遗址 W136，由陶缸、器盖组成，陶缸外腹部器表刻画一"▽"。陶缸泥质红陶，敛口，圆唇，斜沿外翻，腹壁略弧，深腹，小平底，略上凸。口径 18.2 厘米，底径 13.4 厘米，通高 26.7 厘米。肩饰三个鸟喙状錾。通体经过抹光。腹部所刻画的"▽"，系烧前在坯胎上刻就，刀法熟练，形体自然，十分工整。符号高 8 厘米，顶宽 5.2 厘米。在彩陶图文背景下，三角形是"数"的图文，北首岭三角、元君庙三角以及淅川下王岗的"道生一，一生二，二生三，三生万物"的数理图文，说明数乃万物之根本。▽，数根，象形会意。三角下相交延伸，会意生根、根本。三角形，数也，三生万物。"丨"，中字之初文，在此是对"▽"的根部进行会意指事。▽，"数根"又假借为"帝"之初文，天数之本象。或为形声字，木为树根柢，象形，▽数也，同树声。引申为"帝"字。甲骨文"帝"尚有彩陶时期图文的遗绪。因此"帝"字应与"花蒂"无关（图 2.35）。

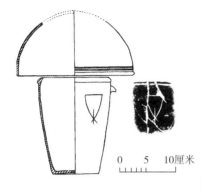

洪山庙W136，即瓮棺。上：泥质陶盖，下：陶缸。陶缸外腹刻画一"帝"字。

▽，数乃万物之根，象形会意，本义。▽，数根，象形会意。三角下相交生根。三角形数也，三生万物。丨，中字之本文。或形声丫为树根木柢，象形，▽数也，同树声。引申为"帝"字。

《殷墟甲骨文实用字典》"帝"字：
左图采自《汝州洪山庙》第43、46页

图 2.35　陶缸（洪山庙 W136）图文释读

39. ✋丫，手执木耜耕作。"手耜"图文书写在一件陶缸（洪山庙 W104）外腹处，由手掌图文（右手掌濡彩拍印的痕迹）、耜形图文构成，系一篇记事写实性图文。耜形纹应是甲骨文"丫"，独体象物字，即古耜字，一般认为是当时常用的农业生产工具——木耜。[1] ✋，象形，像左手形，本义手，即"手"字。✋与"耜"组成动名词。"手耜"就是手执木耜在田中耘作劳动，记述死者生前是一位生产劳动能手（图 2.36）。

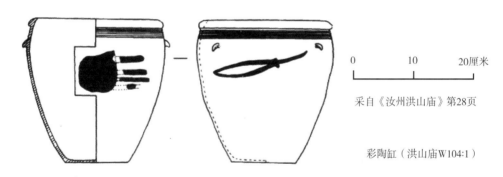

采自《汝州洪山庙》第28页

彩陶缸（洪山庙W104:1）

图 2.36　"手耜"字纹陶缸（洪山庙 W104:1）

40. 🐢🦌◉🙂，图文，猎人在一天中捕获了一只龟和鹿。"人龟日鹿"图文用一个人、龟、鹿和两个日字符号叙述了一位机智的猎人，在一天之内，捕获鹿和龟的动人故事，时间、人物、事件三要素俱全。这件"人龟日鹿"图文陶缸内盛装的是一位年龄在55—60岁之间的男性，彩陶记载的内容可能就是他的重要事迹。发掘报告称之为"狩猎图"，是非常准确的概括。[2] 这些彩陶图文具有了文字记事的语言功能，为研究当时社会性质、文字起源和

---

[1] 袁广阔、马保春、宋国定：《河南早期刻画符号研究》，科学出版社，2012年，第 196 页。

[2] 河南省文物考古研究所：《汝州洪山庙》，中州古籍出版社，1995年，第 38 页。

意识形态等方面具有重要的学术价值。"断竹，续竹；飞土，逐宀"是《吴越春秋》记载的一首只有八字的歌谣，描述远古先民制作竹弓、射弹逐兽的狩猎场面。这种叙事方式何尝不是"人龟日鹿"情景的再现（图2.37）。

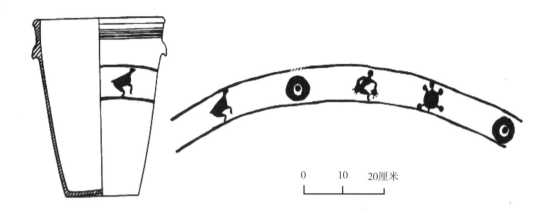

图2.37　"人龟日鹿"字纹陶缸（洪山庙 W42:1）

41.🚪　户。字像单扇门户形，本义单扇门。古代一家称户，又泛指人家。《说文》："户，半门曰户。"今陕西省有户县。彩陶图文借为"天门"，比喻天地沟通的门户。"🚪"体现了当时社会生产力发展水平、居址状况，仰韶文化聚落的许多房址早期为半地穴，中期、晚期最好的是地面方形房屋和排式连间房屋，房门都不宽大，应是🚪的门。列🚪成排，聚族而居，是人们真实生活的写照（图2.38）。

1.彩陶簋（西关堡遗址）

2.彩陶罐（大河村遗址H28⑧:10）

🚪象单扇门户形，本义单扇门。《说文》："户，半门曰户。"又一家称户，又泛指人家。彩陶图文借为"天门"，指天地沟通的门户。

彩陶图文"户"：🚪　　甲骨文"户"：

3.彩陶图文、甲骨文"户"字

图2.38　彩陶图文、甲骨文"户"字

42. ，数字一，又表述道，指事物内在规律、道理、规则等。马如森《殷墟甲骨文实用字典》：“符号标示字，积画为字，表示数字，不定指某种事物。本义数一。”《说文》：“一，惟初太始，道立于一。造分天地，化成万物。”由数学原理引申为“道”“万物”等，如九九归一。空无到有的物质显性，数一为始。参见淅川下王岗遗址彩陶钵（下王岗 M248:1）图文。

43. 、三，数字三，又表述极多，引申为万物。《说文》：“天地人之道也。从数三。”《说文解字译述》“三，象征着天地人之道，上一横为天，下一横为地，中间一横为人。有此三者，万事万物由之而生。指事字，抽象的道理，用现成的数目字表示，而三抽象符号组成。”参见淅川下王岗遗址彩陶钵（下王岗 M248:1）图文。

44. ，时，约为现今的一季。远古时间度量，三个月，如“六气为时，四时为岁”。引申为时间概念。又其象形，象司晨的雄鸡，借以表示时间。两“”相合或相对即倍时，则为彩陶的、、四季图文。

45. ，时，图文组合。会意，由“●＋)＋”图文构成，表述日月交合的时间概念。这样图文与节气相关，有的置入圆形或椭圆形开光内表述二分二至的节气。是对的深度阐释，体现了中华先人深刻的古易思想、时空观。《尚书·大禹谟》：“时为天道。”有关图文的彩陶大多制作精美，典雅大方，图文缜密，彩陶盆（大地湾 Q.D.F1:4），应是用之观摩学习或祭祀礼仪的标本和礼器。

46. ，四时（季），“四时为岁”。

47. 、，四时（季），图文组合。取象“开光（黄道）＋四时”，象形会意图文，本义“四时为岁”。

开光即像太阳黄道轨迹的椭圆形，有周年历度之意。有些彩陶减省了椭圆开光，仅以“四时”图文表述。彩陶以历法内容为大宗，所以彩陶有很多“四时”图文的表述（图 2.39）。

1.
开光+四时（季）
2.
开光+四时（季）+中点
3.
斜向四时（季）+丨（中）
4.
斜向四时（季）+二至节点（夏至、冬至）

图 2.39　四时（季）图文的范式

48. ⬭同⬬、◖◗，黄道。象形会意，像太阳发光的道路。图文单元。

49. ⬡、⬢，闰年。图文组合，本义"以闰月定四时成岁"。⬡见于青台遗址彩陶钵残片，由"黄道＋四季＋中＋闰月"构成，"中"与四季的指示点以红色特别标出。⬢见于西山遗址彩陶钵（西山 T5141:4）、大河村遗址、点军台遗址，由"黄道＋四季＋衡＋闰月"构成。《尚书·尧典》："期年三百六十六日，以闰月定四时成岁。"

50. ◖，平年。象形会意，由"黄道＋二至节点"表述，本义是太阳与地球公转运行一周的轨迹为黄道，日影在地面夏至最短，冬至最长。两点为夏至、冬至，是历法上最重要的两个节点。有的彩陶图文仅以上下两点表述，阅读时须要细心体察。此外还有"⬗"，也是表述平年的图文。

51. ◖，闰年。象形会意，由"黄道＋二至节点＋月（闰月）"而成，图文组合。"黄道＋二至节点"表述平年，平年多了一个月（闰月）就是闰年。

52. 𝟖、玄。由两个◯图文上下交合而成。◯为空、无，微小，万物生发之本，亦为玄。"玄"的初文。洪山庙遗址的彩陶缸（W60:1）白彩书写"𝟖"，是"◯"上下交合的图文，类似现在数字"8"，为空空之意，表述"玄之又玄"的古易思想。白彩书写即已达意（图:4）。《道德经》第一章："玄之又玄，众妙之门。"

53. 🐟、◁，鱼。象鱼形，有头、鳍、身和尾。本义是鱼，名词。《说文》："鱼，水虫也，象形。鱼尾与燕尾相似。"又远古鱼部族徽号，仰韶早期兴起于陕西西安、宝鸡一带，使用阴阳合历，许多彩陶鱼图文包含古易思想、历法常识的隐语[1]，强盛时期文化影响至甘肃、

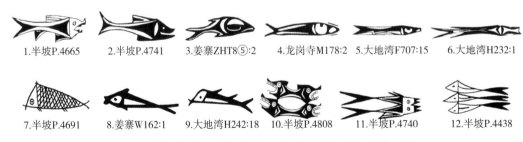

| 1.半坡P.4665 | 2.半坡P.4741 | 3.姜寨ZHT8⑤:2 | 4.龙岗寺M178:2 | 5.大地湾F707:15 | 6.大地湾H232:1 |

| 7.半坡P.4691 | 8.姜寨W162:1 | 9.大地湾H242:18 | 10.半坡P.4808 | 11.半坡P.4740 | 12.半坡P.4438 |

图采自《彩陶·中华：中国五千年前的融合与统一》第80页

图 2.40　"鱼"图文的彩陶范式

---

[1] 陈星灿主编：《中国出土彩陶全集》第 6 卷，科学出版社、龙门书局，2021 年 10 月，第 18、19 页。

青海等区域。如 ![鱼图], 眼睛是"日"字、鳃是"月"字的初文, 鱼身画以网纹, 鱼鳍以数字"二", 显然是通过现实生活的鱼表述更为深刻的思想感情（图 2.40）。殷商之时, 鱼部族是商代重要的贵族集团成员, 有许多青铜器存世。西周时有鱼伯国, 陕西宝鸡市茹家庄、竹园沟村、纸坊头村等处发现了古鱼国宗族墓葬, 出土铸有"鱼伯""鱼伯作器""鱼伯自作用簋"等青铜器铭文。又星象名称。

54. ![齿图], 齿, 齿序。象形, 象牙齿形, 本义牙齿。牙齿排列有序, 引申为序列、规则。《说文》："口龈骨也。象口齿之形, 止声。凡齿之属皆从齿。"裴李岗文化贾湖遗址骨笛刻符"齿"（贾湖 M253:4）, 是目前所见最早的"齿"字。在半坡彩陶盆（P.4808、P4665）也见有彩陶图文的"齿"字。这与甲骨文形成"齿"字的演变链接（图 2.41）。

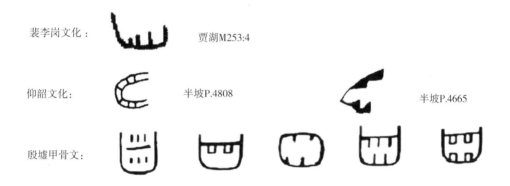

图 2.41 "齿"字的文字演变脉络

55. ![网纹图], 渔网, 天网（道法秩序的自然法则）。网, 象形, 像渔网形, 本义渔网。"网"字初文。渔网因用线绳结织而成, 是撒网渔猎的工具。《世本》记载, 伏羲时大臣芒氏作网, 教民渔猎。引申系统、道统, 纲领等义项。又为道法秩序的自然法则, 提示人们予遵循。彩陶网纹, 深刻反映了道与自然法则的广大、神秘, 认为道是自然世界的最高法则。彩陶图文的网纹, 音近"王"声, 常与无限法力、神秘力量的事物、人物有关, 是很有特性的图文。我们以庙底沟遗址的 3 件彩陶钵为例, 说明道法的节制思想和岁历制度, 都是自然法则的组成部分。彩陶钵（庙底沟 02SHMT37H114:14）腹部有"网＋空间"的单元图文（图 2.42:2）, 说明节制观念也是普遍存在的自然法则, 如竹节、莲节、历法节气等。彩陶钵（庙底沟 02SHMT37H114:25）巨大的网纹内包含了椭圆开光的有二至二分的岁历图文, 是"网＋岁时"的单元图文, 展现中华历法的法则和本源（图 2.42:3）。

1.彩陶钵（02SHMT26H111:6）

2.彩陶钵（02SHMT37H114:14）

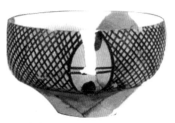

3.彩陶钵（02SHMT37H114:25）

网，象形，象渔网形，本义渔网。引申为系统、组织、网络。又为道法秩序的自然法则，提示人们以遵循

《道德经》第73章：勇于敢则杀，勇于不敢则活。此两者，或利或害。天之所恶，孰知其故？是以圣人犹难之。天之道，不争而善胜，不言而善应，不召而自来，繟然而善谋天网恢恢，疏而不失。

图 2.42　"网"字图文彩陶钵（庙底沟遗址）

彩陶图文的"网"字是象形文字，商代甲骨文则是形声字，以交股"五"兼作声符，尚有象形图文的遗留，并且规范简化，进一步符号化。相比彩陶图文，甲骨文的"网"字的义项缩小了，趋于现实生活，减失了强大的神性和皇权。战国时期出现了网的形声字，《说文解字》则是象形、形声兼有。网字的演变如下图（图 2.43）。

彩陶图文	甲骨文	战国	《说文解字》	楷书
			古文　　小篆	

图 2.43　网字的基本演变

56.　，石钺，王。独体象物，像装有木柄的石质斧钺形状，本义斧钺，远古农具。因斧钺常做打仗的兵器，象征军事指挥权，又引申为国家首领。阎村遗址的鹳鸟石斧图文，其石斧已有"王（皇）权"之意，石斧形状画作近椭圆形，木柄上有"×""▨"等的饰笔（图 2.44）。椭圆形石斧比拟"黄道"，绑缚之处作四点有四向（或四季）之意，▨纹表述法力强大外，其音近"王"声是斧的音符，凡此都具"天道"之意志。从石斧到"王"字，其间是有演变的过程。甲骨文"王"字诸家释说不同，有字下像火苗形，古旺字，像大人形象等。[1]

1.石钺（伊阙城遗址M9:5）　2."钺"图文（阎村遗址）　3.甲骨文"王"字（采自马如森《殷墟甲骨文实用字典》）

图 2.44　斧钺与"王"字的演变

57. ⊡▨，中国王，图文组合。由"⊡"（中国）＋王（网）"组成，会意。"中国"图文彩陶豆在伊川县的水寨遗址、白元遗址，偃师市的灰嘴遗址出土 3 件[2]，这是最早"中国"的彩陶记载（图 2.45）。彩陶豆泥质红陶红衣，腹部绘上下两层各六组黑彩图文，图文组合"中国王"构成。"⊡"为方框（四方）与"中"字合成"中国"彩陶图文，"王"为网纹谐音会意，有强大兴旺的义项。图文以历法形式周回不断，故有"中国长年安泰"之意，正是尊行天道、历法图治的农耕文明社会和国家认同的客观反映。这是最早"中国"名称的彩陶图文记载，为我们认识"中国"提供了元典文献依据。

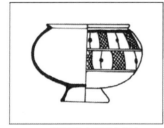　　

1.彩陶豆（伊川水寨）　　2.彩陶豆（伊川白元）　　3.彩陶豆（偃师灰嘴）

图 2.45　"中国"图文彩陶豆

[1] 齐文心：《王字本意试探》，《历史研究》1991 年第 4 期。

[2] a.洛阳市第二文物工作队、伊川县文化馆：《伊川土门、水寨新石器时代遗址调查简报》，《中原文物》1987 年第 3 期；
　　b. 2021 年 10 月 2 日参观洛阳博物馆，展览的伊川白元遗址出土的一件彩陶罐与水寨彩陶豆极似；c.高润民：《中国史前陶器》，东方出版社，2016 年，第 204 页第 603 号图彩陶豆，为偃师市灰嘴遗址出土。

伊河处在中岳嵩山西侧的洛阳市境内，是洛河支流，向北汇入洛河。白元、水寨、灰嘴3处遗址和本文的土门遗址均处在伊河的东岸，古称"伊川原"。伊河之"伊"，乃由 ⻖（尹）→ ⻖（伊）演变，甲骨文的本意为手执"中"的人，指懂得天道、德高望重的智者，是"中国人"的形象特征，后来引申为官员（君主）、治理、开始等义项。《史记·周本纪》将伊河、洛河视为古代"天室"（天地之中）的地理标识，是"南望三涂，北望岳鄙，顾詹有河，粤詹雒、伊，毋远天室"的形胜之地。从历史文化意义和文明探源层面来看，"中国"图文陶豆是一件彩陶珍品，比《何尊》铭"中国"的记载更为重要，进一步校准了原初中国的历史方位，将"中国"历史的轴线向前延伸了3000多年。中国文化始于尊奉天道，成于历法（中气），以黄河中下游的郑洛地区最合历法法度，以嵩山为"天地之中"，经济文化引领"天下"，创制"大同"盛世，"中华""中国"也就成为"中央之国"的名称。有此一节，"中华文明"成为后世景仰追慕的社会文明范式。

在此做一些考古发现的延伸，使"中国"历史的脉络更为清晰、完整，中华文明源远流长、博大精深、伟大卓越，是有历史文献、真实文物佐证的文明古国。

新疆维吾尔自治区民丰县尼雅遗址出土一件织锦护臂（M8:15），锦面圆角长方形，白色绢缘，缝缀六条白绢系带，长18.5厘米，宽12.5厘米，系带长21厘米，宽1.5厘米。[1]护臂面锦为织锦，以宝蓝、草绿、绛红、明黄和白色等分别显花，织出星、云纹及孔雀、仙鹤、辟邪、虎等瑞禽瑞兽纹样，"五星出东方利中国"小篆文字从右至左分布于护臂锦面（图2.46）。

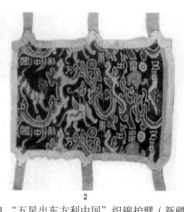

1. "五星出东方利中国"织锦护臂（新疆尼雅遗址M8:15）

2. "五星出东方利中国"织锦护臂（局部）采自《文物》2000年第1期

图2.46 "五星出东方利中国"织锦护臂（尼雅遗址 M8:15）

---

[1] 新疆文物考古研究所：《新疆民丰县尼雅遗址95MNI号墓地M8发掘简报》，《文物》2000年第1期。

锦面有文字和瑞禽瑞兽纹样上下两组。据文献和考古发掘，尼雅遗址原为西汉时期的古"精绝国"[1]，东汉后期为鄯善所并，后受魏晋王朝节制。"五星出东方利中国"缪篆体文字。缪篆，介于隶篆之间，是汉代摹印的书体之一，也是汉王莽时期的六书之一。缪篆由秦代"摹印篆"发展而来，因书体屈曲缠绕，有绸缪之意，故名之。这种字体一直沿用至魏晋南北朝，对于"五星"织锦的断代也有一定的佐证作用。据《史记·天官书》记载："五星分天之中，积于东方，中国利；积于西方，外国用者利。"[2]织锦护臂的白、绿、蓝（黑）、红、黄五色纹样，依次对应金、木、水、火、土五星，五星汇聚即是吉兆。"中国"一词是指中原和中原王朝，这是自上古沿袭下来的称呼，彩陶"中国"应是其名称来源的实物佐证。

58.　，禾。象形，像禾初成苗状，本义。《说文》："禾，嘉谷也。二月始生，八月而熟，得时之中，故谓之禾。"禾苗彩陶图文分布于大河村文化遗址，处于遗址的晚期地层。后庄王遗址陶碗除禾苗图文外，还写出去"云气"状的图文，表述庄稼耕种、收成都与历法节气有紧密的关系（图2.47）。

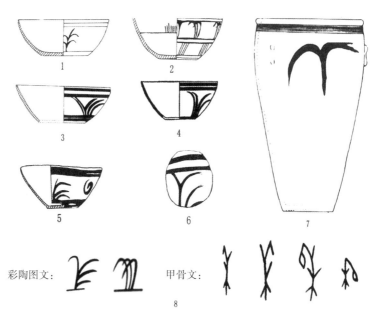

彩陶图文：　　　　　　甲骨文：

8

1~4.陶碗（大河村 T62⑤:2、M19:1、H229:1、H229:10、HT54③:15）
5.陶碗（后庄王遗址）　　6.彩陶片（秦王寨遗址）
7.陶缸（洪山庙M1W59:1）　　8.彩陶图文与甲骨文"禾"

图 2.47　禾苗彩陶图文与甲骨文"禾"字

59.　，庄稼结果实。会意字，以"禾"与籽实构成，图文组合，本义庄稼的籽实。引申年成、年。《说文》"年，谷熟也。从禾，千声"。"　"彩陶图文分布于大河村文

[1]　〔东汉〕班固：《汉书·西域传》，《二十五史》，上海古籍出版社、上海书局，1986年，第360页。载有"精绝国""户四百八十，口三千三百六十，胜兵五百人"的体制规模，设置都尉、左右将和译长各一人。

[2]　〔西汉〕司马迁：《史记·天官书》，《二十五史》，上海古籍出版社、上海书局，1986年，第169页。

化遗址，处于遗址的晚期地层（图2.48）。

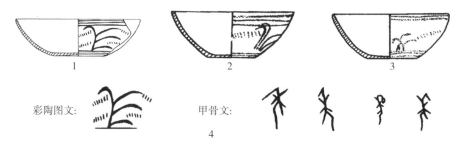

1、2、3.彩陶碗（大河村H81:36、H78:26、H107:2）　　4.彩陶图文与甲骨文"年"字

图2.48　彩陶图文与甲骨文"年"字

60. ，丝。象形，像蚕丝形，本义。今"丝"字为复体，单体多为部首偏旁，表示与丝麻相关。又指像丝的物品。《说文》："絲，蚕所吐也。从二糸。""糸，细丝也。像束絲之形。"糸、絲都有细小之意。古时也以"丝"为微弱的计量单位。徐锴《说文解字系传》注："一蚕所吐为忽，十忽为丝。糸，五忽也。"

彩陶图文的"丝"表现为具象字形，表述蚕丝的本义。比较明确的是三条或两条倾斜的细线，置于图文的间隔内，有红、黑两种色彩。这是最早关于"丝"的图文，说明中国先人早在5000多年前已经养蚕缫丝纺织，应是繁荣的农耕文明社会。1981年至1987年底郑州市文物考古部门在荥阳青台遗址的4个瓮棺内发现了丝绸纺织品遗迹，其中还有浅绛色的染色丝绸，说明纺织手工业十分发达[1]（图2.49）。结合图文主题，"丝"为引申义，有联结、联系、综合的义项。

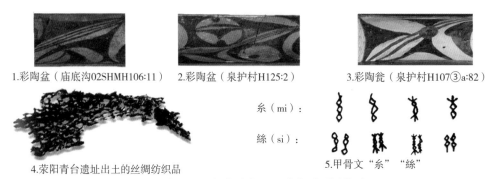

1.彩陶盆（庙底沟02SHMH106:11）　2.彩陶盆（泉护村H125:2）　3.彩陶瓮（泉护村H107③a:82）

糸（mi）：

絲（si）：

4.荥阳青台遗址出土的丝绸纺织品　　5.甲骨文"糸""絲"

图2.49　彩陶图文、甲骨文的"丝"字

---

[1] 张松林：《荥阳青台遗址出土纺织物的报告》，《中原文物》1999年第3期；张松林、高汉玉：《荥阳青台遗址出土丝麻织品观察与研究》，《中原文物》1999年第3期。

61. ▶️，丝结。以丝结（节）联结历法元素，以圆点指示，会意，引申节气。图文分布范围较广。（图2.50）

1.彩陶盆（大河村2014W189:2）

2.彩陶罐（蔚县三关遗址）

丝线
圆点，指示丝结，引申节气。

5.节气（丝结）图文解析

3.彩陶盆（桃源2016H190:1）

4.彩陶盆（柳林县杨家坪遗址）

图 2.50 节气（丝结）图文解析

62. ＜＝，蜥蜴。象形，像蜥蜴形，本义蜥蜴。彩陶图文以阐释"大道"。每爪三趾，四爪十二趾，应十二月时。体腔中空，应物象空间。长尾可自断而生，生活之道。蜥蜴名称，名实相副。洪山庙遗址有泥塑形象、杨官寨遗址有彩陶图文。

63. ❖，方位图表。像"米"字形，表示南、北、东、西四方与东南、东北、西南、西北四向。早期多在盆沿等部位，后期为图文。方位图表是许多图文基本的框架格式，具有几何数学原理，类似于"洛书"模式。

64. ～～，数表、常数度量。会意，由"数＋庹尺＋圆点"，庹为人展臂之长，圆点为指事，表述数量单位。也有可能取象"尺蠖"。目前发现的数表，有4、13、24、25、28、29、30等（图2.51）。因此，《尚书》《史记》等历史文献记载黄帝统一度量衡，应该是历史事实。

数25

庹尺 ← → 红圆点

1.数25（大河村F1:26）

2.数24（大河村F1:26）

3.数29（大河村F19:1）

4.数30（大河村F20:38）

图 2.51 庹尺数表（大河村遗址）

第三节
彩陶图文与商代文献形式

中国文字从萌发、演变和形成，至今已有 9000 多年的悠久历史，经历了刻画（裴李岗文化）、彩陶图文（仰韶文化）、彩陶图文与锲刻（龙山文化、夏代）、甲骨文与金文（商代）、金文（西周）等早期文字的发展阶段，各个阶段都有其显著的特色，彩陶图文是仰韶时代的特征。彩陶图文比较贾湖文字刻符，大大提高了形象化和语言表述功能，加强了记事、述功、阐道的系统性和传媒性质，促进了社会文明的普众化程度。彩陶图文"图"有物象元素，"文"有数理主题，是中华文明特色的时代标志。彩陶图文的语言化变革是我国文字发展史的重大事件，具有划时代的意义，标志着中华文明发生和初步发展。

一、彩陶图文的文献价值

彩陶图文是仰韶时代的文化代表，具有时代特征。相传《三坟》典籍是伏羲、神农时期的古书文献。如果属真，大概应是彩陶图文之类，称其为"言大道"的典籍，相比彩陶图文确实有些类同。大河村文化晚期图文衰微，文字开始变革，在考古发现上有迹可寻，洪山庙遗址就是一个很好的代表。这与大河村文化社会文明发展和务实型社会建设相适应，文字得以新生，曾经盛行的彩陶图文进入了历史时期。

彩陶盆（山西省吕梁市方山县采集）[1]，泥质红陶，口沿平折，下腹斜收，平底。口径 38 厘米，高 24 厘米。器形匀称，器表光滑。口沿及唇部黑彩窄带纹一周表述"天道"循环，陶器上腹绘黑彩两组纹饰一周，一组为眉月、背月与合月的纹饰，表述平年的义项，

---

[1] 王炜林主编：《彩陶中华——中国五千年前的融合与统一》，陕西师范大学出版社，2020 年，图见第 276 页。

一组为平年加闰月，表述闰年的义项，并在闰月月相的圆点上画一段水平直线做出"衡"的特别标示。这是一篇介绍平年、闰年的历法图文（图 2.52）。

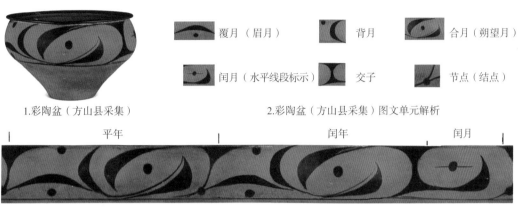

1.彩陶盆（方山县采集）　　　　　　　　2.彩陶盆（方山县采集）图文单元解析

覆月（眉月）　背月　合月（朔望月）

闰月（水平线段标示）　交子　节点（结点）

平年　　　　　闰年　　闰月

3.彩陶盆（方山县采集）图文展开

图 2.52　彩陶盆（方山县采集）平年、闰年图文

彩陶背壶（大河村 F32:8）[1]，口沿外表涂赫红色，肩腹部施白色陶衣，绘黑、红两色构成图文，自上而下可分五层（图 2.53:1）。第一层，口沿赫红色，天极浑然。第二层，露白圆形一周，中间贯之以宽带纹，宽带纹为"道"，寓意万物以道为统属，是时间、空间的自然状态。宇宙从"无"到"有"，因道而孕育生成万物。第三层，日、日时的图文构成，表述"天文"之大成。◉为"日"字初文，象形指事，本义太阳（图 2.53:2）。▨为圭表图文，远古天文测日仪器，由圭盘和表（立杆）组成（图 2.53:4）。▧为日时，是表述昼夜法则的图文（图 2.53:3）。昼夜图文以菱形表示，菱形角所在有子正、卯正、午正、酉正等时辰，子正为一日之始，午正为一日之中，历法以纪元。圭表与日时图文合成即"晷"的初文，日晷是计时工具，这是 5000 多年前已使用"日晷"计时的图文记载。第五层与第三层图文基本相同。第四层，是线形"中气"与数字节气图文。底部二条黑色线段（阴）夹一红色线段（阳），表述阴包阳、阴阳和合、阴阳生生的哲学思想，因而"道生一，一生二，二生三，三生万物"。三线段中间红色属阳，为中道也为中气，万物生长的能量，其上以数目字"三""四"标示节气。从历法角度应是"五日为候，三候为气，六气为时，四时为岁"的气候法则。彩陶背壶总体的图文，记载了中华文明从"天文"到"人文"的

[1] 郑州市文物考古研究所：《郑州大河村》，科学出版社，2001 年，第 216、217、218 页。

一个发展过程，彩陶图文记述了中华文明的古易思想、数学、天文与历法的系统成就，这是社会文明存在的实证。

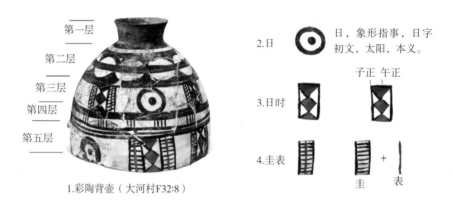

第一层
第二层
第三层
第四层
第五层

1.彩陶背壶（大河村F32:8）

2.日　日，象形指事，日字初文，太阳，本义。

3.日时　子正　午正

4.圭表　圭　＋　表

图 2.53　彩陶背壶（大河村 F32:8）

关于"月"字，我们可以从庙底沟遗址彩陶盆（庙底沟 02SHMT11H29:19）[1]获得一些信息和认识。这件陶盆泥质黄陶，敛口，折沿圆唇，上腹鼓圆，下腹斜收，平底。器残，可复原。口径 31.7 厘米，底径 12.4 厘米，高 14.2 厘米（图 2.54）。唇部涂黑彩窄带纹一周。上腹绘黑彩右向弯月图文一周，可复原 12 个，表述一年 12 个月。这与大河村遗址彩陶钵画有 12 个光芒四射的太阳图文相比较。"（"（月）演化为甲骨文的"月"字。名词，独体象物字，像月牙形，本义是月亮。[2]《说文》："月，阙也，大阴之精，象形。"

月的初文，象形，本义月亮。图文引申为月时

图 2.54　月字图文彩陶盆（庙底沟 02SHMT11H29:19）

[1] 河南省文物考古研究院：《华夏之花——庙底沟彩陶选粹》，上海古籍出版社，2013 年 6 月，第 158 页。
[2] 马如森：《殷墟甲骨文实用字典》，上海大学出版社，2008 年，第 164 页。

"▜"（中）是商代甲骨文"中"字字形之一，是"中"字源于旗帜、旗杆说的重要依据。需要说明的是，"中"是中国名称的核心，它的内涵是复杂的。仅彩陶关于"中"的表述就有象物的"丨""▜"，指事兼会意的"▾"，还有会意的点、线段等图文，内容丰富多彩。有了彩陶，我们对"中"的认识就会更深刻。所谓"中"是一种直杆木棍，为远古测日影、定方位、验风向的多功能天文仪器。俗称立杆测影。"中"是中国文化的重要内涵，体现了中华先人的宇宙观和认识世界的方法论，并展开了一系列社会实践和创新，从而创造了伟大的中华文明。这些彩陶的"中"字都与天文历法密切相关，体现了"中文化"的核心要义和中华文明特色的别样风采，为"中国""中华"名称来源赋予了彩陶文化特色。

甘肃省天水市秦安大地湾遗址出土的女人头像彩陶瓶（大地湾 QD0:19）[1]，器口部位捏塑一位齐耳短发的女人头像，眼、鼻、嘴、耳和面容五官俱备，耳孔以孔洞表示，相貌恬静端详（图 2.55）。瓶身通体饰黑彩图文，图文上、中、下三层，每层绘两组四季历法图文，单元图文以倾斜的细线相分隔。远古中国人以天文、数学和古易思想发明历法，用以规范人们的生产生活，民殷国富，社会和谐，"大同"中国，盛名天下。女人头像表示人口繁盛，安居乐业；头顶圆形为瓶口，头顶为天，寓意智慧聪明自天；腹部三层四季历法图文象征风调雨顺、社会文明。这件彩陶瓶使人联想到女娲抟土造人、伏羲周天历度的远古传说，发明历法是古易思想、天文、数学等多项科技成果的产物，是中国人对世界文明历史的一项伟大贡献，是文明历史的标志。

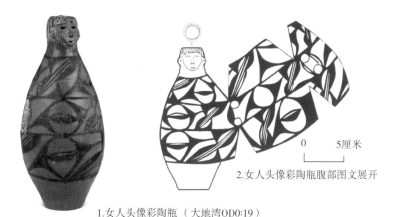

2.女人头像彩陶瓶腹部图文展开

0   5厘米

1.女人头像彩陶瓶（大地湾QD0:19）

图 2.55　女人头像彩陶瓶（大地湾 QD0:19）

---

[1] 甘肃省文物考古研究所：《秦安大地湾——新石器时代遗址发掘报告》，文物出版社，2006 年 4 月，第 153 页。

以洛阳王湾遗址六角星图文（王湾 T238 ④ :5）为例（图 2.56）[1]，两侧为峨眉月相合，中间黑色椭圆为望月。望月为六角星组合图文，中心的圆圈、圆点为太阳（"日"字的初文），六角形则为其光芒，这光芒与黑色背景齿合，则寓意阴阳抱合一体的满月。东汉天文学家张衡《灵宪》记载，月光生于日光所照，魄生于日之所蔽，是说月球本身并不发光，月光是日光的反射。六角星图文正是远古中华历法学家对朔望月形成的天文学认识，这种认识即使在现在也是十分科学的。望月为历法"十五"，也是"中气"。六角星图文几何学应是两个正三角形的组合，一般来讲一个三角 60°，则六个为 360° 与"岁"的历法数接近。六角星图形取象雪花的六角形体，雪花（华）为天生。望月如天花（华）盛开。历法"十五"的月相受阳光照耀而圆满，为阴阳之气六合，中国文化谓之"华""華"。"华"源于天文历法，天文指满月、望月，历法指中气。月圆时刻称"月华"，俗语"华好月圆"，也称"中华"。除了天文历法的意义，六角星的象数原理是两个正三角形的合文，六角度数与圆周度数等和，这与中国"大同"社会的政治理念相契合。

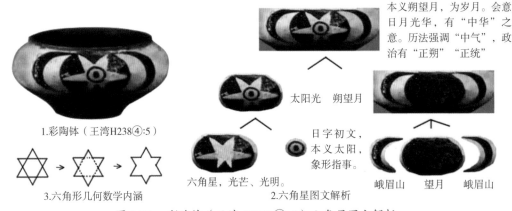

1.彩陶钵（王湾 H238④:5）

3.六角形几何数学内涵

六角星，光芒、光明。

2.六角星图文解析

太阳光　朔望月

日字初文，本义太阳，象形指事。

峨眉山　望月　峨眉山

本义朔望月，为岁月。会意日月光华，有"中华"之意。历法强调"中气"，政治有"正朔""正统"

图 2.56　彩陶钵（王湾 H238 ④ :5）六角星图文解析

《周礼·夏官司马》记载"河南曰豫州，其山镇曰华山"[2]，嵩山古称"华山"，又称中岳，号称"天地之中"是有深厚的历史积淀。商末西周时期有"华邑"，今尚有东周时期的华阳城遗址 [3]，六角星图文彩陶即为"中华"之源的实物佐证。在洛阳伊川县水

[1] 北京大学考古文博学院：《洛阳王湾——田野考古发掘报告》，北京大学出版社，2002 年。图见于彩版三及封面。

[2] 孙诒让：《周礼正义》，中华书局，1987 年，第 2654 页。

[3] a. 郑州市文物考古研究院等：《河南新郑市华阳城遗址的调查简报》，《中原文物》2013 年第 3 期，第 4—21 页。

　　b. 郑州市文物考古研究院等：《河南新郑华阳城遗址东周遗存的调查与发掘》，《考古》2013 年第 9 期，第 24—39 页。

　　c. 索全星、刘文科：《寻找中华文明的"华源"圣地——河南新郑华阳城遗址》，《大众考古》2016 年第 12 期，第 25—32 页。

寨[1]、白元、偃师市灰嘴等遗址出土的"中"字纹历法彩陶豆，有祈愿"中国长年安泰"之意，是最早"中国"的图文记载（图2.45）。中国文化始于尊奉天道，成于历法（中气），以黄河中下游的郑洛地区最合历法法度，天人合一，"中华""中国"也就成为"中央之国"的称谓了。

从彩陶图文、历法看，黄河中下游区域的"文明"程度较高，思想讲究"中道"、历法以"中气"为特征，文明也以"中"为特色，嵩山及其周边地区居于"天下"的地理中心，有发达的农业、家畜饲养、丝绸纺织，经济文化繁荣，被视为"天地之中"，因而有"中华""中国"的名称。所谓女娲"抟土造人"之说，应是给人以文字、历法，重塑人们的思想，改善生产方式和生活习惯，提高生产力，使人类社会有序发展，这是早期中华文明的文明特色。另外还有女娲炼五色石补天的传说，也应是中华阴阳合历发现岁差后，采用"闰月"制度的神话表述，五色石应是采用阴阳五行推算闰月的法则。伏羲、女娲则是杰出的历史人物，发明原始文字、历法，教化文明，是中华文明的缔造者。

二、"人面鱼"图文与道德觉悟

"人面鱼"是十分神秘的彩陶图形，对它的解读很多，此不详细叙述。需要讲明的是，人面鱼是对智慧思想的记录，体现了人们正确的世界观和文化知识成就。本质是"道""德"的觉悟。

以半坡遗址彩陶盆（半坡P.4666）为例，鼻子为准则，双目为平准，口含子午，嘴两侧、头顶上方的角形，都以短线段标注数目（常数），运用三角数理探析其中的道法规律。"人面鱼"的内容就是《道德经》所展现的"道德"要义。甲骨文虽无"道"字，但金文"道"则以"行+首（人面）"为字法，注重人的思想和智慧。甲骨文"德"字，由"丨+目+行"，"丨"是"中""一"都有"中（大）道"之意，所以奉行中道的人和行为就是"德"（图2.57）。

道、德的文字演变

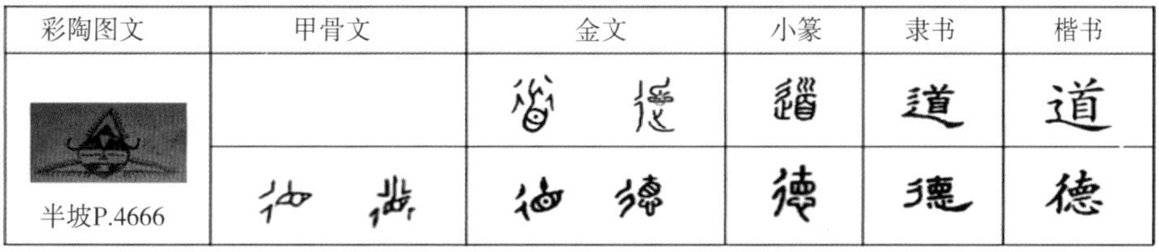

彩陶图文	甲骨文	金文		小篆	隶书	楷书
半坡P.4666		沓	德	䩢	道	道
	㣚	㣚	德	德	㥁	德

图2.57　人面鱼图文与"道""德"内涵

---

[1] 洛阳市第二文物工作队、伊川县文化馆：《伊川土门、水寨新石器时代遗址调查简报》，《中原文物》1987年第3期。

"│+目"是甲骨文的"直"字，目字上面一个"│"，表述目视而直行（图2.58）。

楷文	甲骨文
行	京都二五四一　甲五七四　甲七〇三　前七·三二·二 佚四一五　河四三四　粹一三　后二·二·一二
直	佚五七　乙四六七八　前六·七·三　掇一·五四九 乙六三九〇　京都三二四五　德之重文

图 2.58　甲骨文的"行""直"

仓颉发明"形声相益"的造字原则，深受彩陶图文"古易"思想影响，为象形文字进一步发展找到最佳的方法论指导。这个"声"即是字的读音，也是人们交流的语言，充分表达了人们语言交流思想感情的特定媒介需要，使得象形文字绝地复活，成为传承华夏文明最重要的文化载体。文字还有一个生命点是从彩陶直接承续的，那就是用毛笔书写，这样文字就有锲刻和书写两种方式。比较而言，彩陶是一种平面传媒，信息元素繁杂，无法注入表音元素，语言化是彩陶图文的致命硬伤。仓颉的文字改革将形、意的二维体系推进到形、意、声的三维体系，"形声相益"的构字法使得象形文字逐步开始走向成熟。中国象形文字是以一体为形式，象形为根，会意、形声为内涵的文明智慧成果。

我国文字语言化变革是社会文明发展的产物，现代社会学研究把文字起源作为文明社会产生的一项重要指标，但考虑到中国文明起源的综合情况，应在距今7000年的新石器文化晚期为宜，彩陶图文是代表。仓颉造字指的是"形声字"，已是彩陶图文后的黄帝时代。中原彩陶的落幕标志着中国文字得到了复活和极大发展，中华文明开始了一个新阶段。

三、中华、中国的名称

彩陶图文应是当时规范文字，具有了语言表述功能，许多文本都因后期文字转换而得以传承。如青台遗址彩陶片的"平年、闰年"图文（见图5.12），就是历史文献"四时为岁"和《尚书·尧典》"期三百有六旬有六日，以闰月定四时成岁"的闰年法则的元典文献；青台遗址、大河村遗址的气候图文陶钵（如大河村 F1:26 等），三、四、五等线段数字，就表述了秦汉文献记载的"五日为候，三候为气，六气为时，四时为岁"的气候法则，是仰韶时期流行的历法谚语，所谓的经文。大河村文化与"立杆测影"图文，由原始的"丨"发展为"圭表（日晷）"，说明天文研究的进步和发展。关于历法的图文文献，丰富翔实，系统规范，清楚明白地展现了许多世界领先的天文学、数学知识、历法技术、历法成就，这是中华文明最为坚实自信的文化根脉。

彩陶记载的"中国""中华""洛书"的图文文本，为中华文明的信史时代提供了图文文献佐证。"洛书"图文有郑州大河村、西山、白庄、站马屯遗址，为"中华"的思想形成提供了数学原理；"中国"图文彩陶豆出土于伊川县水寨、白元遗址和偃师市灰嘴遗址，有"中国长年安泰"之意，是最早记载"中国"的图文典籍。"中华"内涵的六角星图文，分布于嵩山周边的在郑州大河村、建业壹号城邦、荥阳青台、巩义双槐树、洛阳王湾、长葛石固等遗址，有些还在外缘标出光芒，说明"华"是月亮受日光照射的满月的特殊天文现象，也是历法"中气"的历象。"中国""中华"名称的来源，与中华先人尊信天道，以嵩山为"天地之中"和历法图治的人文精神有深刻的渊源。因此，"中国""中华"和"洛书"的彩陶图文，丰富了仰韶时期历史内涵，为深刻认识中华文明起源及其初步发展提供了共时的彩陶文献依据。

四、商代的主要文献形式

仰韶时代晚期与龙山文化早期的社会大变革时代，正是黄河中下游地区的彩陶图文日渐衰微的空当时段，与时俱进，"形声字"应运而生。文献记载，仓颉是形声文字变革和推行的代表性人物。《荀子》："故好书者众矣，而仓颉独传者，一也。"形声字的发明使文字获得了新的生命力，进入了"字"的新阶段，但龙山时代、夏代、商代的很长时期，客观地说应是文、字的并行阶段。

在商代，商王及王室贵族都使用甲骨文占卜贞询，但社会媒介除金文外，还并行图文、陶文，说明商代由于仪礼、载体、受众的不同，采用的文字形式也不尽相同。

郑州商城南顺城街 H1 铜方鼎（H1 上 :1），铸造精良，为青铜器瑰宝（图 2.61）。这样的瑰宝级文物满布纹饰却不见一"字"，其实这些所谓的"纹饰"就是远古仰韶时期常用的数理图文，显示了浓厚的中华"道统"文化特色和王权正统的国家象征。器身四面中间空白方形和左右、底层布满圆点纹饰带，是"天圆地方"之象（图 2.59:2），呈现了宏大的时空场景。中间四方空白是"无"的意象，寓意方正、正统；图文 A 为"九宫格"的《洛书》形象，强调"中道"思想；图文 B 为历法"二十四节气"数理表述；图文 C 则是一年 12 月的历法概念，包含了月、季、年的等量制度法规。如果 A＋B＋C，则形成图文 D，其合数即为 45，就是"洛书"自然数之和，也是"天道"之数。底层圆点图文带共有 72 个圆点，这是历法"七十二候"的象数。以往我们对这样的纹饰仅以"乳钉纹"概而言之，缺失了中华文化的深度认识，造成了许多历史文化的不自信。这件青铜方鼎图文，是可佐证中华历法的卓越成就，那些妄论"二十四节气"形成于秦汉之际的观点实在可笑至极。

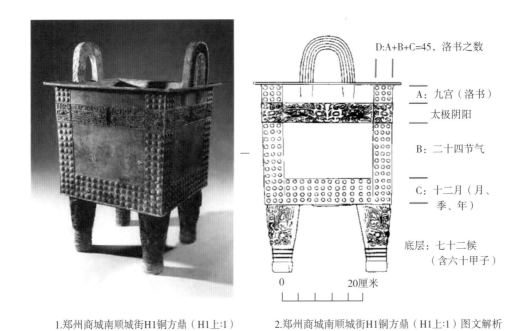

1.郑州商城南顺城街H1铜方鼎（H1上:1）　　2.郑州商城南顺城街H1铜方鼎（H1上:1）图文解析

图 2.59　郑州商城南顺城街铜方鼎图文解析

四川成都金沙遗址出土的太阳神鸟金箔图文（金沙 2001VQJC:477），时代属于商代晚期，也是具有浓厚的中华文化特色的典型（图 2.60）。这幅图文呈圆形，中部镂空，内径做出12 个旋翅，金箔缘面镂空四只朝外左向的三趾神鸟。古人认为，天道尚圆，周回不断。缘面盘旋四鸟，首尾连接，指代四季春夏秋冬。鸟名"三趾鸟"，传为太阳神。鸟头所向为时序，顺者长，逆者往。内径 12 旋翅转动，对应了一年 12 月的历法制度。

历法简图。
天道尚圆，周回不断，
外缘盘旋四鸟，首尾相连接，
指代四季，春夏秋冬。
鸟名"三足鸟"，传为太阳神。
鸟头方向为时序：
顺者长，逆着往。
内径十二旋翅转动，
对应一年十二月

太阳神鸟金箔图文（金沙2001VQJC:477）

图 2.60　太阳神鸟金箔图文解析

《左传·宣公三年》王孙满说："昔夏之方有德也，远方图物，贡金九牧，铸鼎象物，百物而为之备，使民知神奸。故民入川泽山林，不逢不若，魑魅魍魉，莫能逢之。用能协于上下，以承天休。"所谓的"远方图物"，是指远方各国向夏王朝贡纳方物名单的图文记载，以表示对夏王朝的臣服或认同。从郑州商城南顺城街出土的铜方鼎（H1上:1）图文、成都金沙遗址的太阳金箔图文，说明《左传》的记载是可信的。

此外在郑州小双桥遗址发现的朱书文字，约有 9 字之多（图 2.61），因用毛笔书写于陶器上故也称陶文。[1] 这些文字以毛笔为书写工具，颜料为朱砂，上与大河村文化的彩绘图案有渊源，下与殷墟的甲骨文一脉相承，进一步丰富了中国书写文字的历史。

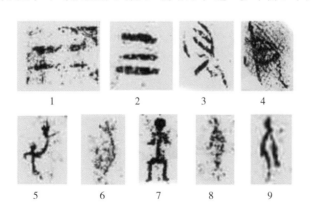

1."二" 2."三" 3."帚" 4."父"
5."走" 6."旬" 7."天" 8."东"
9."匕"

图 2.61　商代朱书文字（小双桥遗址）

[1] 宋国定：《郑州小双桥遗址出土陶器上的朱书》，《文物》，2003 年第 5 期。

五、甲骨文存储的彩陶图文信息

彩陶古易思想对中国文字产生提供了直接的方法论指导，不仅烙印彩陶图文，还在殷墟甲骨文上有许多遗留。我们以甲骨文"文""化"说明之，揭示文明起源及发展的内在因素（图2.62）。

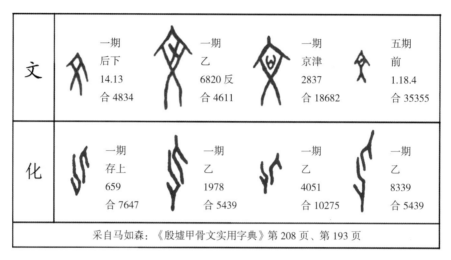

文		一期 后下 14.13 合4834		一期 乙 6820反 合4611		一期 京津 2837 合18682		五期 前 1.18.4 合35355
化		一期 存上 659 合7647		一期 乙 1978 合5439		一期 乙 4051 合10275		一期 乙 8339 合5439

采自马如森：《殷墟甲骨文实用字典》第208页、第193页

图2.62　甲骨文字"文""化"字义

"文"像人身有花纹，本意为文身。[1]《说文》："文，错画也。象交文形。"从"文"字的"乂"纹可知，这种"错画"应是彩陶古易的图形。"文"字的取象，自然受到彩陶古易图案的启发和影响。古人有纹身之俗，其"错画"即神秘的"太极阴阳"图形，希冀获得超自然力量或神佑。仰韶文化时期，陶器上绘画古易成为传播媒介，盛行于黄河流域的北方地区，并广泛影响长江中下游地区，是一次影响深远的文化革命。这种写出来的"古易"称为"文"。彩陶古易为中华文明初步发展提供了深厚的思想文化基础和社会文明发展的制度保证。

在陶寺遗址的一个灰陶绳纹扁壶腹部有用朱砂书写的至少两个文字，其中"文"字法度规整，形态完美，是比较成熟的文字形态，也是目前考古发现的最早的"文"字（图2.63）。陶寺的"文"与甲骨文相距大约1000年，一书一锲，但两字的形状和书写法式是一致的。这个"文"可以释读，某些专家认为中国历史有了文字，而可以释读的字早在彩陶图文里已经出现，如前文提到的"《""尸""日"等许多。

---

[1] 马如森：《殷墟甲骨文实用字典》，上海大学出版社，2008年6月第1版，第208页"文"字解读。

 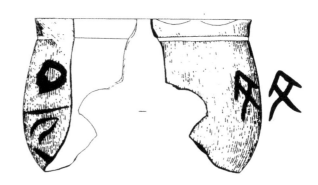

1. 陶扁壶朱书"文"字　　　　　　　　　2. 陶壶朱书文字摹本

图 2.63　朱书"文"字陶扁壶（陶寺遗址）

我们再看甲骨文"化"字，像二人相依之形状。《说文》："化，教行也。"许慎所指"教"当指"太极阴阳"，就是古易思想。甲骨文"化"字犹如运行的阴阳形态，指接受并遵行"古易"思想的人、氏族或部族即为"化"。后来演化为男人、改女人为"匕"，又释为武力征服的刀，偏离了文明的初心。

彩陶发现略晚于甲骨文，对彩陶的关注、解读和研究远远没有达到像甲骨文那样蔚然成风，大家辈出，相比之下彩陶研究显然冷落了许多，至于彩陶图文的认识更是少之又少。如何以中国文化视角去阐释多姿多彩的彩陶文化及其内涵，并使之与中国历史结合起来，却成了学术研究的重大课题。参照彩陶图文这个文化原点回望，那么甲骨文、《易经》、《道德经》等则成了早期中国文化的古典文献，彩陶图文才是研究中国思想文化的元典。总之，不论甲骨文、《周易》、《道德经》的思想内涵多么宏富，却并没有脱离"彩陶图文"的主题思想，如果说有据可征的中国文化之"源"，那应是"彩陶图文"，不是别的什么。

人心是最大的政治，共识才能团结前行，创造并享有美好的幸福生活，才是社会文明的根本。彩陶图文阐述天道、历法图治、化人化心以及礼仪典范，都是基于原初中国的文化共识。彩陶古易是中华文明起源、不断创新发展，连绵 6000 多年的思想动力驱动器。彩陶图文穿透了原始部族之间的厚垒坚壁，促进了生产生活的沟通交流，增进联络了相互之间的友情和感情，以"中国"文化为纽带将广大的中国区域凝聚在了一起。彩陶"文化"

的过程，被称为"文化浪潮"[1]，给从旧石器时代艰难走来的人们以坚强信心和努力生活的积极性，用现代话语来讲，就是普及了古易思想和历法知识，为人们提供了正确的认识自然世界和人类社会发展的世界观和方法论。这是一次深刻的社会文明过程，促进了远古中国人民融合与统一。商汤盘铭"苟日新，又日新，日日新"，周文王《易经》强调自强不息、厚德载物，都是受古易理念影响而焕发新的革命思想，从而推动华夏文明不断向前发展和进步。

六、彩陶图文的中国特色

两河流域古苏美尔文明、非洲古埃及文明只是记载使用了历法，有说也是阴阳合历。即是有，它也不应比中华历法早。没有古易思想如何能有阴阳合历？又怎么能昼夜为一日？没有"中文化"又怎么确定日时法则？西方学者把中国彩陶作为美学艺术品或符号，实则矮化和抹杀了中华文明的历史贡献，直接造成古易、数学、天文和历法等中华特色文化茫然没有了根源。我国的一些学者风趋而随，是犯了人云亦云的误导。文明不是"神"创，也不是外星侵入，源自中华文明的"天文""人文"。我国学者对彩陶讳莫如深，在于不知道和不认识彩陶的中华文化内涵，也就不会认为它是珍贵的图文，其实"彩陶图文"恰恰是中华文明特色的标志。

从历史唯物主义观点出发，我们要在5000年前的历史条件下去分析、评价彩陶，而不应以秦汉时期或现在的思维去套用5000年前的情况，那只会是南辕北辙、缘木求鱼，得出的结论就经不起任何推敲。后期器物纹饰是文字盛行的文化状态下的现象，虽然也有图说、明理、铭功的意义，但文字的功能性已经弱化甚至多有丧失，装饰性更为强烈。彩陶距今7000年至5000年，文字初萌、字又稀少，图文承载了文字的历史意义。古传《三坟》典籍大概就是图文之类的文献，可惜失传了。彩陶之后（仓颉造字），图、文分离，图成为绘画和装饰，表意的"文"向"字"的方面发展，现在"图画""文字"分得很清，"字画同源"指的就是彩陶图文阶段。古有"刻舟求剑"的寓言，对彩陶也应该历史的看待，如果把彩陶等同于现代观念的艺术、纹饰，那把丢失的"剑"就难以寻找回来。问题是，彩陶表述的古易思想、天文学、数学、历法的内容清楚详明，系统完整，究明了中华文明许多核心问题，再说彩陶是"符号""纹饰"而不谈"图文"那就是别有居心了。

---

[1] 王仁湘：《史前中国的艺术浪潮——庙底沟文化彩陶研究》，文物出版社，2011年。

第四节
彩陶图文的历史价值和文化意义

彩陶图文是现今考古发现的并且可以释读的比较系统的元典文献，佐证了中华文明的真实性，是世界文明历史的重大事件，具有重要的历史价值和文化意义。彩陶图文的发现，解决了中华文明及世界文明探源的诸多疑难问题。比如语言的出现，文字、历法的产生，年月日时的历法原理，天文学、数学、气候环境学的成就等，都有了中华文明的答案。彩陶历法（农历的祖源）的图文记载，说明了早在距今 6800 年前中华先人已经使用历法指导农业、畜牧业生产，促进了社会经济文化的繁荣发展。中华文明的"大同"社会盛名天下，称颂千古。

一、彩陶图文的历史价值

大量丰富的彩陶实物，以图文范式展示了中华文明真实性和伟大卓越，凸显了彩陶图文独特的历史价值。

1. 彩陶图文是现今发现的比较系统的元典文献

彩陶是中华先人铭记事功、传递信息、交流思想、表达情感的图文载体。彩陶用图文范式——"图文"，展示了中华语言文字的早期形态。彩陶图文是继甲骨文之后又一种可以释读的最早的中华语言文本，它将中国文字的起源推进至仰韶时期。彩陶图文是元典文献，多方位、深层次展现和记录了远古中国的思想、数学、天文、历法、农业、丝绸纺织、社会制度等方面的历史文化成就，许多内容都得到考古实物佐证和历史文献的记载与传承，并深刻影响着我们现代的文化生活。

2.彩陶图文为中华文明研究提供文字依据

汉代《说文解字·序》将文字划分为"文""字"两个阶段，彩陶图文属于"文"。因此，彩陶图文比殷墟甲骨文原始、时代更早，为研究中国文字起源、由文向字演变提供了重要的实物资料。彩陶的许多单元图形具有象形、会意、指事等文字的基本性质，连缀成篇，是指导人们生产生活和文化学习提供典籍图书。洪山庙遗址"手耜"图文陶缸，手和耜是画成其物的象形字，表述了人们手执木耜田间劳动的场景。"手耜"文本显示了图文语言向文字语言发展的趋势。彩陶分布区域广阔，传播大道思想，化人化心，成为精神信仰，这是"文化"；普及历法，人们知道会用，提高生产效能，促进社会发展，这是"文明"。彩陶图文表明中华文明进入了信史时代。在黄河中下游的中原地区，彩陶文化存续时间有2000多年之久，影响深远，前所未有，是一次具有历史意义的文化革命，对塑造中华民族精神和引导中华文明历史发展方向，建功至伟。彩陶是远古时期极为珍贵的图文载体，记录了中华文明辉煌灿烂的一段历史——"大同"社会。因此，通过彩陶图文蕴含的社会文明信息，可以窥知中华先民博大宽广的精神世界和崇尚大同的思想根源，映照我们现今的社会生活和未来发展，增强历史文化自信，展现中华文明的无限魅力。

3.彩陶图文向前大大延展了中华文明的历史轴线

远古有《三坟》，世传为当时典籍。汉代孔安国《尚书·序》说："伏羲、神农、黄帝之书，谓之《三坟》，言大道也。"大道就是"天道"。南朝刘勰《文心雕龙·原道》："炎皞遗事，纪在《三坟》，而年世渺邈，声采靡追。"《三坟》无传，文献失据。伏羲、神农、黄帝阐发易道、观象授时、发明文字、实行农桑等事迹一直视为传说，这与彩陶图文、农桑丝绸、聚落环壕和城墙的仰韶时期考古发现契合无间。因此彩陶图文记载的古易、历法等内容，说明《三坟》"言大道"并非虚言，传说的伏羲、神农时代应是真实的中华信史。

4.彩陶图文佐证了中华文明的真实性

目前来看，中国文字由贾湖刻符[1]、彩陶图文、甲骨文的文字发展过程是完整的。中间只是缺失了彩陶图文与甲骨文过渡环节的文字载体的物质遗存，这个历史时段恰恰是五

---

[1] 蔡运章、张居中：《中华文明的绚丽曙光——论舞阳贾湖发现的卦象文字》，《中原文物》2003年第3期。

帝时代与夏代。从大河村遗址第四期起，彩陶明显衰落并淡出文化视野，但有《尚书》《史记》《五帝纪》《夏本纪》等文献记载，可知历史文化并无间断。彩陶图文因为是中华元典，使得我们能够走进或更加接近中华文明起源，从而对嵩山"天地之中"及"中国"本源的认识更为客观和真实。在历史文献缺乏和备受质疑的当下，考古出土的彩陶图文可佐证彩陶"中国"是中华文明的原点和华夏道路的发展方向。彩陶图文以天道人文精神为主要内容，展现的是一个真实的世界，说明"文明"的真实性，而西方的宗教思想信奉虚无缥缈的天神、上帝是对文明的迷离困惑。中华文明因为知其源而奋发向上，西方因不知其所以然而虔诚宗教。西方的上帝信仰更多的是中华文明的天道人文精神。这就说明中华文明的本源性，西方文明的次生性。

二、彩陶图文的历史意义

彩陶图文是早期中国文字的重要载体，它是中华民族文化基因重要环节和中华文明的重要标志。彩陶图文的发生是世界历史的重大事件，具有深远的历史意义。

1. 彩陶图文开启了中国特色的文字系统

彩陶图文是中国文字的起源和发展进入新的阶段，标志着中华文明实现了初步的社会统一与融合。彩陶图文是远古中国影响范围最广最早的文字之一，开启了人类图文语言记载历史文化的精彩篇章，真正进入了文字典籍的历史时代。彩陶图文是早期中国文字系统的优秀代表，它为甲骨文、金文、篆文、隶书等汉字书体的形成奠定了基础。

2. 彩陶图文为研究远古时代的社会情况提供了珍贵的历史资料

彩陶图文是古代先人绘制于陶器上的图文范本，可用作学习知识，又可生活实用，在特定场合又是礼仪用器和祭器。因此彩陶图文记载的思想、天文、数学、历法等方面的历史信息，是我们研究远古中国历史的重要文献资料。在远古时代这种图文记载尤其珍贵，十分难得。远古中国的古易思想、天文学、数学、历法内容以及"中华""中国"的名称等许多历史谜团，彩陶图文回答了"我是谁，哪里来，为什么"的历史之问，使中华本源大白于天下。

3. 彩陶图文为研究远古语言学提供了文献资料

彩陶图文是中国最早的分布范围广泛的语言文字之一，它为研究汉语的起源、演变和发展提供了重要的参考资料。彩陶图文出现的图文元素、单元、组合与用法，对理解汉语的语法和语义变化有着重要的启示作用。彩陶图文是中华语系的重要发展阶段，展现了中华文明历史的源远流长。

4. 彩陶图文对世界文字史的研究具有重要贡献

彩陶图文曾影响到罗马尼亚、乌克兰等东欧国家，彩陶图文是世界文字史的珍贵遗产，它的发现和研究对于理解人类文字发展的历史和演变具有重要意义。彩陶图文不仅反映了中国文字的起源和发展，也为世界各国的文字学研究提供了重要参考。

第三章

古易思想

　　中华先人在对日、月等天象及自然万物的观察和思辨，发现其中的阴阳属性，认为客观世界因"道"而形成共同体，"道法自然"是中华文明思想的根本。这种朴素的唯物辩证的思维模式即所谓的"易"。在远古的仰韶时期，彩陶图文记载了大量"易"文化的内容，故称为"彩陶古易"。彩陶古易是对自然世界的体悟和认知，包含了朴素的唯物辩证法思想，具有积极的进步的文化价值，初步奠定了中华文明的思想基础。只有有了文明的思想，才会进行文明社会的行动和实践。文明有了正确的思想指导，就会延续和发展。彩陶古易是商周之际《周易》、春秋时期《道德经》的思想祖源。彩陶古易是一个比较系统的思想文化体系，包含哲学、数学、天文、科技等文化内涵，其中的古易内容成为中华文明的思想基石。

第一节
古易思想

　　"古易"是一种朴素的唯物辩证法思想，源于对自然世界的客观认识。"易"是自然世界"生生不息"的本质，彩陶图文对于"炁""时空""数""中"等概念认识，概括了仰韶时期人们的基本思想。

一、关于炁的认识

　　依据彩陶，中华先人认为世界是物质的，它有阴阳两方面的属性，并有炁态、液态、固态三种形态。客观事物的阴阳属性是其不断变化的动因。基于地球是球体的认识，"炁"充盈天地，化育万物。人呼吸的空气、自然的风、云气、高温度的水蒸气，还有历法中气、中医脉气、农业地气、天气，等等，都是对"炁"的认识。古人认识"炁"从字面上看，有炁、气、汽、云、风、电等现象，"炁"是一个复杂的哲学认知。我们仅据彩陶作一些基本表述。

　　1975 年，浙江省长兴县电影院工地出土的一枚彩陶球，直径 4 厘米，现藏于长兴县博物馆（图 3.1）。[1] 这枚陶球泥质灰陶，白色地衣，器表绘制 12 个赭红色的旋云纹，分布规整。

俯视——正视

图 3.1　彩陶球（浙江省长兴县电影院）

---

[1] 陈星灿主编：《中国出土彩陶全集》第 3 卷，科学出版社、龙门书局，2021 年，图见第 84 页。

上下两极各一，中间每层是 5 个，两层共 10 个，整个球面 12 个卷云纹。卷云纹为"气"，以历法 12 个中气，表示云气变化有序，布满天地之间。彩陶球即有表述天地之炁，还有宇宙的时间、空间概念。现代科学认为地球表面以上有大气层，分为对流层、平流层，等等。

彩陶球是地球模型实物，这在仰韶时期并不少见。湖北省枣阳市雕龙碑遗址出土的彩陶球，[1] 直径 5.6 厘米，表面白色地衣，绘黑、红两种色彩，表述了地球的球体形状。上端有一极孔，中间有连续的子午（子午＋中）图文一周，极孔与子午图文之间绘黑色、红色相间的平行窄带纹（图 3.2:1）。还有一枚彩陶球复原直径 6 厘米，上部为红色、黑色相间的平行窄带纹，下部为网格纹（图 3.2:2）。结合彩陶语境，显然是对地球形状及其气候变化的建模认识，这与 12 个旋云纹彩陶球内涵十分契合。

1. 彩陶球（枣阳雕龙碑遗址）　　2. 彩陶球（枣阳雕龙碑遗址）

图 3.2　彩陶球（枣阳雕龙碑遗址）

彩陶双肩耳罐[2]，细泥质橙黄陶，敞口，肩弧形双肩耳，平底，高 10 厘米，腹径 12 厘米（图 3.3）。口沿内外绘黑彩弦点纹，溜肩鼓腹绘线段阴阳纹（四条一组）。这件陶罐采集于甘肃省永登县，属于马家窑文化马厂类型。这类线段组合的交错图文，表述天地间布满阴阳之气意涵。

图 3.3　彩陶罐（甘肃永登县采）

[1] 陈星灿主编：《中国出土彩陶全集》第 5 卷，科学出版社、龙门书局，2021 年，图见第 102、103 页。
[2] 高润民：《中国史前陶器》，东方出版社，2017 年 7 月，第 73 页图 242，该书图 239、图 240 与此大致相同。

大河村遗址彩绘双联陶壶（大河村 F1:29）[1]，泥质红陶，由两件大小相若的陶壶连接而成，腹部连接处有孔洞相通，鼓腹，平底，喇叭口，壶侧各附加一个拱形竖耳。高 20厘米，口径 6.4 厘米，底径 5 厘米（图 3.4）。器表通体施红衣，绘黑彩，左侧壶体画 14 周平行窄带纹，其间填绘两组三道斜线"⫽"；右侧壶体画 15 周平行窄带纹，其间填绘四组三道竖线"Ⅲ"。器物表面的三道斜线、三道竖线表示阴阳内涵，这与古人认为天地充满阴阳之"炁"有关。

图 3.4　彩陶壶（大河村 F1:29）

甲骨文"气"字就是"三"三道横线，上下两道略长表示天地，中间短道指示充满气体。左右 14、15 周的平行窄带纹是 29 数，与古人测知的月时 29.53 天相若，是月时天象的图文表述。中间圆孔（中气）连通表述同气连声，命运与共。双联陶壶造型典雅别致，美观大方，是古易思想与器物完美结合的文化艺术珍品。研究表明彩陶壶是举行婚姻合卺、部族结盟仪式的礼仪之器，这可旁证 F1 主人在聚落中的尊崇身份，是文明社会重要的实物见证。古代婚姻合卺、部族结盟是人生过程中的重大事件，以礼仪（祭祀、盟誓等）程序显示其庄严隆重并因此深刻影响一生一世。

陕西省西安市守真村遗址的彩陶罐[2]，泥质红陶，器表磨光，直口，小高领，溜肩折腹，下腹急收，小平底。口径 4.2 厘米，底径 6.8 厘米，高 7 厘米。领部一周有12 个穿孔（图 3.5）。器表涂黑彩，留白形成两周连续的窄带折纹。以黑彩反视，则为中间一道宽带黑彩图文，上下各为与之齿合的黑彩三角。从历法角度看，

图 3.5　彩陶罐（西安市守真村遗址）

[1] 郑州市文物考古研究所：《郑州大河村》，科学出版社，2001 年。第 215、216 页。

[2] 王炜林主编：《彩陶中华：中国五千年前的融合与统一》，陕西师范大学出版社，2020 年 5 月，图见第 56 页。

折带纹和三角则是"炁""数"的意象，罐领的穿孔则有 12 月历年岁制的表述。

　　中华先人以折带图文进行表述"炁"的阴阳属性和冷热变化现象。这类图文减省了"气"字的标识，主题仍是自然变化与气候冷暖，这与人们生产生活密切相关。彩陶折带纹既是历法气候的图文，也是中华先人重视人类生态环境的图文记载，可以说中华民族是世界上最早研究并关注气候影响人类发展的伟大民族。中华文明持续发展 6000 多年，与强调"天人和谐"观念不可分割。

　　彩陶盆（北首岭 77M20:8）[1]，泥质红陶，直口，竖领，鼓腹，下腹内收为小平底。口径 31 厘米，底径 11.7 厘米，高 24.1 厘米。下腹以上绘黑彩，中间折带纹一周，上下端各为与带纹齿合的三角纹。三角表述"数"，折带纹为"炁"，这幅图文则为"炁（气）数"的内容，这是中国文化的内涵（图 3.6:1）。

　　大汶口遗址彩陶壶[2]，泥质红陶，敞口，圆唇，高颈，肩部稍鼓，下腹内屈，平底。高 11.3 厘米，口径 7.3 厘米。沿下附立双耳（图 3.6:2）。器表红色陶衣，肩腹部绘黑彩，中间形成露底的折带纹一周，上、下黑彩则为齿合的八个三角纹。这也是表述"炁数"的彩陶图文。

1

1. 折带纹彩陶盆（北首岭遗址 77M20:8）

2. 折带纹彩陶壶（大汶口遗址）

2

图 3.6　折带图文彩陶器

[1] 中国社会科学院考古研究所：《宝鸡北首岭》，文物出版社，1983 年 12 月，第 98、100 页。

[2] 陈星灿主编：《中国出土彩陶全集》第 3 卷，科学出版社、龙门书局，2021 年，图见第 165 页。

山东省泰安市大汶口遗址的彩陶豆[1]，泥质红陶红衣，豆盘杯形，圆唇宽沿，上腹壁斜直，口部略小，喇叭形底。口径 17.7 厘米，豆盘腹径 18.5 厘米，圈足底径 15.2 厘米，高 20.1 厘米。腹部和圈足，各饰一周黑彩（熟褐色）宽带纹，上绘白色连续方形云雷纹（或称回字纹）。云雷纹规整不苟，含气运力，章法合度。黑彩带纹为"道"，云雷纹为"炁"显性状态，表现为气体、云彩、风动等自然现象。"炁"的自然现象和变化都是"道"的概括。口沿饰白彩底纹，黑彩绘出对顶半月和七道竖道四组一周。口沿白彩与腹部白彩云雷纹相同，也是"炁"的表述，其上绘黑彩对顶半月为朔望月的阴阳变化周期，与大河村遗址彩陶双联壶（F1:29）的图文义项相近。口沿底色与腹部图文同色，口沿图文颜色和腹部底色相同，形成阴阳属性的变化。

图 3.7　彩陶豆（大汶口遗址）

二、有、无与万物皆数

河南省南阳市淅川县下王岗遗址彩陶钵（下王岗 M248:1）[2]，腹部绘黑彩七组露底图文一周（图 3.8）。其中，叶形轮廓六组，两组一个圆点、两组三个圆点，两组较小的叶纹内一个绘竖线、一个为空白；另外一个露地方形内绘两个圆点。作为彩陶纹饰，这些图文十分简洁，清新明快，平淡而无奇，并没有什么特别之处。其实它是映照千古的老子《道

[1] 陈星灿主编：《中国出土彩陶全集》第 3 卷，科学出版社、龙门书局，2021 年，图见第 200 页。

[2] a. 河南省文物研究所等：《淅川下王岗》，文物出版社，1989 年；b. 王炜林：《彩陶中华：中国五千年前的融合与统一》，陕西师范大学出版总社，2020 年 5 月，图见第 262 页。

德经》的精彩片段，可谓之《道德经》彩陶图文版本。所以说《道德经》的部分内容是对中华远古文化的一种文字转换。《道德经》以老子算起，距离彩陶也有了将近 3500 年的历史洗练。

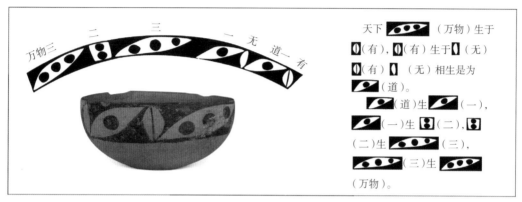

图 3.8 彩陶钵（下王岗 M248:1）图文述解

"万物三"与竖线、空白、"道一"作为一组合文，可以阐释《道德经·四十章》"天下万物生于有，有生于无"，"有""无"相生即为道，这是哲学范畴的宇宙生成的阐述。这句话王弼《道德经注》解释为："天下之物，皆以有为生。有之所始，以无为本。将欲全有，必反於无也。"指出宇宙本于"无"，无就是无极、浑沌状态，就是图文的"空"。我们可以这样来读：天下 ●●● （万物）生于 ◐（有），◐（有）生于 ◖（无），◐（有）◖（无）相生是为 ●（道）。我们看到，◐（有）、◖（无）应用了共用的语言修辞手法，明确阐述了宇宙生成 ◖（无）的思想。

一点、二点、三点与"万物三"又是一组合文，则是《道德经·四十二章》"道生一，一生二，二生三，三生万物"的"有"的义项，显然是以数阐道的彩陶图文。可以读为：● （道）生 ●（一），●（一）生 ◑（二），◑（二）生 ●●（三），●●（三）生 ●●●（万物）。同样，"道""一"共用 ●，"万物""三"共用 ●●，都采用了共用修辞方法。"道生一"与"万物三"图文是对哲学、数学"无限原则"的表述，这个记载将我国数学起源及数学成就（相关内容将在"数学成就"专章叙述）提早到了距今 6500 年前。依据杨辉三角释读这篇彩陶图文，则从"道生一"的一维上升到三维空间的理性思维，在哲学、数学之间不断转换，从而达到"万物负阴而抱阳，冲气以为和"的佳境，把"三生万物"在数理与现实生活结合得更加紧密（图 3.9）。因为中华古易思想，才有了最早的数学成就。周代称"数术"，列为"礼乐射御书数"六艺，秦汉称为"算术"。这样的图文具有了大道至简、易变万物的宇宙生成论述，彰显了彩陶古易深厚的思想文化底蕴。王弼《道德经注》、苏辙《老子解》不谙"数学三角"而对这句话阐释的如坠迷阵，说的并不明白。[1]

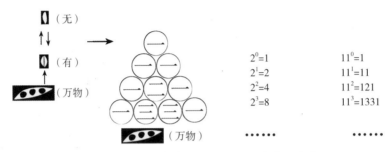

图 3.9　彩陶钵（下王冈 M248:1）数理解析

《道德经》的第四十章、第四十二章，原来是彩陶钵（下王岗 M248:1）图文的传承和文字转述，辉煌的中华文化源远流长让我们因此震惊不已，曾经的"中华""中国"又回到了中华文明的历史视野之内。从这一点看，应该感谢老子《道德经》，让我们看懂了"天下万物生于有，有生于无"，"道生一，一生二，二生三，三生万物"的彩陶版本，《道德经》这段记载可谓是"述而不作"、微言大义的典范，保留了许多彩陶图文的原始韵味。关于数的本源，中国哲学的认识是比较客观的，特别是距今7000年的彩陶版本。宇宙本源的"道"，在"无"的状态下是没有数的意义的。因为"无"是不存在时间、空间的，因此就没有数的问题。但"无"并非静止不动，在达到极静的状态要"物极必反"，即"反者道之动"，要反向运动和发展，从而形成"有"。"有"是时间、空间的结合体，是客观存在的事物，这是人的认知，就有了数的意义。

　　山东省济南市焦家遗址彩陶盉[2]，泥质黑陶，通体磨光，口微侈，圆唇，折腹，平底。高 12.7 厘米，口径 14 厘米，底径 9 厘米。口沿外壁施条状红彩，肩及上腹绘一周弧三角与红彩圆形＋三角相间的图文。弧三角为表述"数"的概念，即函数。数是"道"的表现形式，

---

[1] 王弼《道德经注》："万物万形，其归一也。何由致一？由於无也。由无乃一，一可谓无。已谓之一，岂得无言乎？有言有一，非二如何？有一有二，遂生乎三。"苏辙《老子解》："夫道非一非二，及其与物为偶，道一而物不一，故以一名道，然而道则非一也。一与一为二，二与一为三，自是以往，而万物生。虽有万不同，而莫不负阴抱阳，冲气以为和者，盖物生於三，而三生於一，理之自然也。"

[2] 陈星灿主编：《中国出土彩陶全集》第 3 卷，科学出版社、龙门书局，2021 年，第 154 页。

用数表述"道"的万物，世界将为之生动精彩。红彩圆形＋三角图文可以分解为红圆点和三角两部分，红圆点为太阳，三角为函数，即为函数当然是太阳的周期的变化规律。这篇图文大意是，万物皆有定数，例如太阳一年365.24天的周期变化（图3.10）。

2. 彩陶盂（济南市焦家遗址）图文展开

 圆点，太阳。
三角，函数。

 三角，函数。

1. 彩陶盂（济南市焦家遗址）　　　　　3. 彩陶盂（济南市焦家遗址）单元图文解析

图3.10　彩陶盂（焦家遗址）图文解析

三、关于太极阴阳

人类思想意识的形成，都是社会实践活动的产物。古人的阴阳观念来自于对日、月等天象的观察以及四季冷热变化、山水特性、草木荣枯等自然现象的认知，认为万物均有阴阳的属性，并以具有特征的各种图案进行表述。所以彩陶是被历史封存的人类文明思想的"化石"。《易经·系辞》有"仰以观于天文，俯以察于地理，是故知幽明之故"，可见阴阳思想源于中华先人对客观世界（物质本体）的认识。事物的阴阳属性是精神文化范畴，蕴含于个体事物之中，这就是所谓"道"。

太极阴阳观是彩陶古易的基本思想，是一种世界观。认为世界是一个共同体，具有阴阳的基本属性。这种阴阳属性，共存于事物之中。在太极阴阳观中，阴与阳既矛盾又互生，包容一体，没有绝对化的独阴、独阳。所谓的"独阴不生，独阳不长"。"太极阴阳"是比较抽象的哲学概念，彩陶多以绞索纹、互字纹、旋鱼纹、旋涡纹、象生纹等图文进行表述。彩陶运用了既具象又抽象的图文范式，很好地阐明了既矛盾对立又包容一体的物质性。以物喻理，化人化心，启迪文明。

1. 绳索图文。分为绞索式、纽索式。绞索式，如绳状交股不断，比喻阴阳的意涵。纽索式是上古结绳记事的图文表述，大者为索，小者为绳，细小者为线。绳索是用麻纤维或动物皮毛捻合而成，一般用于捆绑、联结、缝纫和纺织。

重庆市巫山县大溪遗址的彩陶筒瓶（M114:1），泥质红陶红衣，器身高筒形，平底。口径 7.5 厘米，高 17 厘米。颈腹部饰黑彩平行线和绞索纹。此绞索纹两股交互一周，以物阐道，表达阴阳交合一体、事物互联，周

1. 彩陶筒瓶（重庆大溪遗址）　　2. 彩陶壶（湖北桂花树遗址）

图 3.11　绳索图文彩陶器

回不断（图 3.11:1）。湖北松滋市桂花树遗址出土的彩陶壶，泥质红陶，高领鼓腹，平底。口径 8.2 厘米，高 13.5 厘米。黑彩，肩部绘弦纹，腹部绘绞索纹一周（图 3.11:2）。

绳索纹彩陶壶，1985 年出土于内蒙古自治区乌兰察布盟（现乌兰察布市）察哈尔右翼前旗庙子沟遗址，现藏于乌兰察布博物馆（图 3.12）。[1] 泥质红陶，小口圆唇，侈沿较窄，溜肩，圆鼓腹，上腹略弧折，下腹斜收，底部残。下腹部原有对称的扁平桥状耳，均已残断。残高 39 厘米，口径 11 厘米，腹径 52 厘米。颈部下方至腹部之间施有五组横向黑彩绳纹连续缠绕，每组绳纹分别由六条 "S"

图 3.12　绳索图文彩陶壶（庙子沟遗址）

形平行线相互纽索而成。六条线纹交股的绳纹，五组叠置壶身而循环不断，表述了天行有常、时空可度、历法序列的宇宙观思想和深厚的历法内涵。

　　2. 互字图文。互字图文多为勾云交互形状的，一般两方连续不断，有的交互处添加中心点。互字纹是常见纹饰，形状变化也比较多样。其取象源自单扇的门，通过抽象化处理，假借为阴阳属性的事物状态。马家窑文化、陶寺文化都有典型的图式，成为表达太极阴阳

---

[1] 陈星灿主编：《中国出土彩陶全集》第 1 卷，科学出版社、龙门书局，2021 年，图见第 68 页。

的主题纹饰。

　　甘肃省兰州市花寨子遗址彩陶罐，口径 14.1 厘米，底径 10.6 厘米，高 22.5 厘米（图 3.13）。[1] 口沿内彩，有横竖平行条纹相间排列。罐身施红、黑彩，颈下两道宽带纹，其间绘六道较细的弦纹。腹部绘红、黑彩多条相间排列组线的交互图文组合。

图 3.13　彩陶罐（花寨子遗址）

　　山西省陶寺遗址彩陶壶（陶寺 M3015:42），口径 17 厘米，底径 7.7 厘米，高 17.2 厘米。泥质黑陶，肩部以下磨光，黑色地衣，用红、黄彩相间绘出圆点勾卷纹，颈下部各绘一周红色窄条和黄色条带（图 3.14）。陶寺遗址位于山西省襄汾县城东北约 7.5 公里处，面积达 400 多万平方米，发现有大、中、小三座城址，分布有宫殿区、大型建筑遗迹、贵族居址、祭祀区、仓储区、手工业作坊、以及一般平民居住区等，城外有大规模的公共墓地。据研究这座古城为尧帝之都"平阳"。这种图案是仰韶时期"互"纹的演变，只是在勾头处环抱了一个表示"太极"的圆点，显示出"太极阴阳"内涵的浓郁古风。

图 3.14　彩陶壶（陶寺 M3015:42）图文解析

　　3. 旋鱼式图文。旋鱼式如鱼屈身聚首中心形状，一般以陶纺轮穿孔为旋鱼的原点。湖北省京山县屈家岭遗址的一枚彩陶纺轮，正面绘褐色旋纹，与姜黄底色构成阴阳图形，藏象于器，以物阐道，含有阴阳一体而轮回之意（图 3.15）。[2] 其中左侧与后世流行

1. 彩陶纺轮
（石家河遗址罗家岭）　　2. 彩陶纺轮
（石家河遗址邓家湾）

图 3.15　彩陶纺轮（石家河遗址）

[1] 山东省博物馆编：《大河上下——黄河流域史前陶器展》，文物出版社，2015 年，图见第 128 页。

[2] 石龙过江水库指挥部文物工作队：《湖北京山、天门考古发掘简报》，《考古通讯》1956 年第 5 期。

的阴阳鱼形最为相似，雷圭元先生受此启发，提出中华美学源自远古"太极阴阳"观点，这点明了彩陶"古易"文化的实质。

4. 旋涡图文。旋涡图文，状如水涡内旋。有认为取象于动物顶穴、自然界的旋风、河流的旋涡等，是最具动感的纹样。马家窑文化遗址这类水涡纹图形较多。兰州市杏核台遗址彩陶瓶（图3.16）[1]，泥质橙黄陶，喇叭口，长颈，鼓肩，平底，高25.4厘米，腹径17厘米。绘黑彩，漏胎色，器身满彩，浑然一体。颈饰二道一组、六道一组的弦纹，其间旋点纹。肩腹部绘二组大型水涡纹，水涡纹中心为"日"字初文，四组旋臂内为平行线段，肩部以黑彩弧边三角＋圆点补白。日字标识太阳，表述太阳黄道年周期，四条旋臂寓意四季。

图 3.16　彩陶壶（马家窑遗址）

5. 象生图式。陕西省宝鸡市北首岭遗址彩陶壶（北首岭 M52:1）[2]，泥质橙黄陶，花苞状小口，细颈，折腹，平底，通体磨光。口部绘四出扇形黑彩，有"四向"之意。上腹部黑彩绘出一幅趣意盎然的水鸟啄鱼图画（图3.17）。《淮南子·天

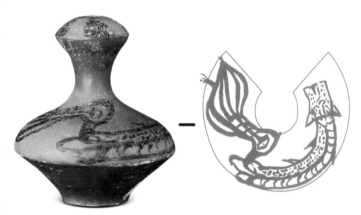

图 3.17　彩陶壶（北首岭 M52:1）图文解析

文训》："毛羽者，飞行之类也，故属于阳；介（甲）鳞者，蛰伏之类也，故属于阴。"据此可知，腹部的水鸟啄鱼图画则有阴阳相合的思想内涵。远古人们对鱼、鸟的崇敬，源自鸟飞鱼潜的特殊本能，因而赋予其阴阳的属性。彩陶金乌负日、鱼谐游、鱼鸟谐合等图文应是这种思想的体现。

[1] 山东省博物馆编：《大河上下——黄河流域史前陶器展》，文物出版社，2015年，图见第78页。
[2] 中国社会科学院考古研究所：《宝鸡北首岭》，文物出版社，1983年12月，第102、105页。

四、阴阳消长观念

中华古人不仅发现事物阴阳的两面属性，还注意到事物的产生、转化和消亡是由内部阴阳变化的结果。这个量变思想，也存在彩陶图形上。

1. 量变、质变

前文的阴阳消长"菱形"图文（参见本书第 39 页：18）就是量变、质变的一种范式。其实关于量变质变的表述，还有以下的几种方式。

甘肃省秦安县大地湾遗址彩陶壶口部残器（大地湾 G300:P14）[1]，泥质红陶，杵形头，敛口，反折弧面沿，小圆口，细长颈斜收，颈以下残缺。颈腹涂黑彩，沿面绘日时法则几何原理图文（图 3.18）。口沿沿面图文以小圆口为坐标基点、两短横线为分割，分为上、下两部分。

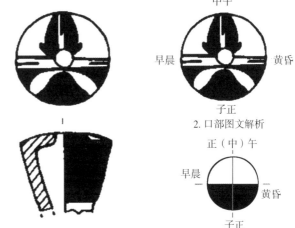

1. 彩陶壶口部残器（大地湾 G300:P14）
2. 口部图文解析
3. 以"中午"定日时的几何原理

图 3.18　彩陶壶口部残器（大地湾 G300:P14）图文解析

沿面上部为白底黑彩立于圆口的男根图文，男根为人中，属阳性，会意中午日中；下部黑底露白两分的夜分图文，会意子正时刻。两短横线表述早晨（卯）、黄昏（酉）。如果这样，这是记载日时法则的几何原理图文，这个图文也是可以为彩陶钵（大地湾 H227:29）作注解。

秦安大地湾遗址彩陶钵（大地湾 H227:29）[2]，细泥红陶，通体磨光，敛口，圆唇，浅鼓腹，腹壁较厚，下腹斜收，圈底。口径 13.5 厘米，高 6.4 厘米。腹部绘黑彩，其中开光内绘男根、子午、菱形等四组图文一周。其中菱形开光式的三组，全光式的一组，每组间以空白方形为隔断。全光式为竖立的男根图文与其左右的"四方空间"作了形式组合（图 3.19:3）。结合图文主题，男根为人之中，属阳，寓意"立杆测影"。四方空间为方形的空白，既有

[1] 甘肃省文物考古研究所：《秦安大地湾——新石器时代遗址发掘报告》，文物出版社，2006 年，第 152、154 页。

[2] 甘肃省文物考古研究所：《秦安大地湾——新石器时代遗址发掘报告》，文物出版社，2006 年，第 134、135 页；
陈星灿主编：《中国出土彩陶全集》第 7 卷，科学出版社、龙门书局，2021 年，图见第 22 页。

隔断之意，还兼空间、四向（东西南北）之意。子午图文是以"中午"定"子正"的日时法则。菱形图文是"昼夜为日"的时间概念。以时间、空间为主题，立杆测影、子午测定、阴阳易变为内容，说明方向定位、日时法则的科学性（图 3.19）。

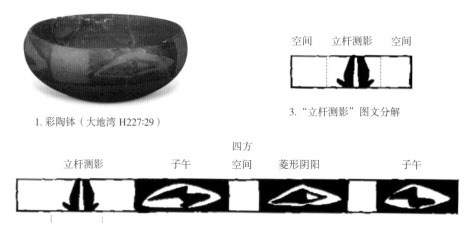

1. 彩陶钵（大地湾 H227:29）

3. "立杆测影"图文分解

2. 彩陶钵（大地湾 H227:29）

图 3.19　彩陶钵（大地湾 H227:29）图文解析

彩陶缸（洪山庙 M1 W40:1）[1]，腹部绘图文四组，表述阴阳易变的过程（图 3.20）。这幅图文从右向左的箭头表示有无相生，从左及右的箭头表示阴阳易变，以此阐明世界万物有无生成转化的量变发展过程，蕴含了物极必反、否极泰来的哲理。汝州洪山庙遗址 M1 是一座瓮棺合葬墓，东西长 6.3 米，南北宽 3.5 米，清理出 136 具瓮棺，瓮棺腹部都有彩绘图案，墓葬西北部被破坏，有些瓮棺受到损毁。其中还有"日月""一正一倒的刷子（或梳子）""8"以及交互的男根等图文，均与古易思想有关。

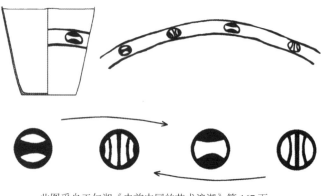

此图采自王仁湘《史前中国的艺术浪潮》第 167 页

图 3.20　阴阳量变图文（洪山庙遗址）

[1] 河南省文物考古研究所：《汝州洪山庙》，中州古籍出版社，1995 年，第 47 页。

河南省淅川县下王岗遗址彩陶器座（下王岗 M363:4 ）[1]，泥质红陶，上下大口外侈，束腰，空腔通透。口径 15 厘米，腹径 7.8 厘米，高 9 厘米。腹部绘黑彩，以束腰分为上层图文、下层图文。上下层图文相同，每层四组漏地开光的三角变易图文一周（图 3.21 ）。

1. 彩陶器座（下王岗 M363:4 ）　　　2. 彩陶器座上层图文　　　3. 彩陶器座下层图文

图 3.21　彩陶器座（下王岗 M363:4 ）图文解析

2. 联系互动观念

世界上的任何事物都不是孤立的，都有存在的客观条件，从而促进相互之间的互联互动。中国的历法叫农历、黄历，就是一种阴阳合历。在其发明的 6000 年之前由于受彩陶古易思想深刻影响，以日、月运行周期为主，参考四时节气变化、草木荣枯、虫兽活动等而创制，它的思想基础就是"古易"，体现了"天人合一"的世界观。由于中华历法融入了古易智慧，历法水平和历法成就处在世界文明史的领先地位。联系互动的思维模式使得人们看待事物、解决问题能够客观公正，反对片面极端。

3. 轮回观念

彩陶图案的两方连续，形成循环往复形式，我们称之为"一周""一圈"，其中的每一等分和单元称为"组"。这种构图模式巧妙地利用陶器圆形的特点，形成周而复始的图案，体现了"道"的思想内涵。这种思想是对昼夜交替、草木荣枯等自然现象的思考和理性概括。轮回观念实质上就是"道"的信仰遵循和期盼，祈愿天道有常、赓续不断、生活幸福、长命延年，是古人在当时条件下所能达到观察世界的认识水平。彩陶作为图文载体，"制器尚象"也是物象的自然状态，阅读彩陶是要考虑这个因素的。

---

[1] 河南省文物研究所、长江流域规划办公室考古队河南分队：《淅川下王岗》，文物出版社，1989 年，第 160 页。

五、生生不息的生育观

人是社会的基本元素，人口生殖繁衍是促进社会发展的主题。洪山庙彩绘陶缸（M1W10:1）[1]，腹部绘白彩宽带纹一周，白彩之上用深棕色彩画出三组男根图形，每组两个男根呈交互回旋状（图3.22）。男根为人祖，交互形状为阴阳相生，三组周回不断，会意生生不息，人丁兴旺。除M1W10:1陶缸之外，还有陶缸M1W116:1、M1W53:1上也画有相同的图案。这三个陶缸之内所葬死者均为成年女性，年龄在20～35岁间，正值生育年龄，可见所绘图形寓意之深，希望子嗣连绵不息。"洪山庙M1内死人葬具上塑绘突出的男根生殖器图案，即通过死者的某种神秘力量使氏族人口繁殖旺盛之意"，这是中原地区蔚然兴起的男权社会反映。这种对男性社会地位的重视和提高，解放了社会生产力，引发了一场翻天覆地的文明大变革。

图 3.22　男根纹图（洪山庙 M1W10:1）

生育观念在马家窑文化彩陶图案上也有反映，多在人形（有说蛙形）下部特别明显地画出"女阴"，强调生育及生生不息之意（图3.23）。[2] 显然，大河村文化、马家窑文化对生育观念的表述不同，这不仅是思想观念的差别，可能也是社会文明程度上的不同。

图 3.23　人形女阴纹陶罐（康乐县采集）

---

[1] 河南省文物考古研究所：《汝州洪山庙》，中州古籍出版社，1995 年，第 32 页。

[2] 高润民：《中国史前陶器》，东方出版社，2017 年，图见第 39 页图 122。

第二节
天圆地方的文明思想

天圆地方是远古中华先人对日月星辰的天象和大地山河的特性的质朴体会，并最终形成了时间、空间体系的宇宙观。宇宙观即世界观。中华历法是中华文明宇宙的概括，年月日分别是太阳、月亮、地球三种天时的代表，是有区别的，整体而言又是一个体系，存在内在的关联和影响，可以空间、时间将它们协同起来。从人们生活生产和人类自身需要讲，以地球自转的日时为基准；从宇宙观方面看以太阳为中心，采用太阳公转时间；月亮作为年时、日时的连接纽带，把世界万物充分地融合和统一。这种观念成为中华文明的滥觞。

人们站在一平如砥的大地上，仰望天空、环视远方，大地辽阔壮美，苍穹深邃浩渺，天地人感知交融。日月运行有常，星辰潜移如律，圆圆点点，云间穿行，自然有天为球体的认识。同时人们对生活的大地以方向、方位作分别的认知，进行自身定位，故有"地方"的认识。春秋战国的许多文献都有记载：宇宙一词出自《庄子·齐物论》"旁日月，挟宇宙，以为吻合" [1]；《墨子·经说上》"久，古今旦莫（暮）；宙，东西家南北" [2]；《尸子》"上下四方曰宇，古往今来曰宙" [3]。这些文献论述的时空观念比较精确。因此形成了盖天说、浑天说和宣夜说等学术阐述，是中华先人从不同角度认识世界的反映。"天圆地方"是中华先人朴素的世界观，这在当时是进步的思想。因为有了彩陶历法和古人祭天的遗迹遗物，现在再回头思考"天圆地方"更有中华文化特色的深刻内涵。

---

[1] 〔周〕庄周：《二十二子·庄子·齐物论》，上海古籍出版社，1986年，第19页。

[2] 〔周〕墨翟：《二十二子·墨子·经说上》，上海古籍出版社，1986年，第258页。

[3] 〔周〕尸佼：《二十二子·尸子·卷下》，上海古籍出版社，1986年，第373页。

一、天圆地方

在谈及"炁"概念时，浙江长兴县、湖北枣阳雕龙碑遗址的球形彩陶应该说是对地球球体的认识，大河村遗址的陶球画有经纬线段，这些陶球反映了人们对地球圆形球体的认知。作为图文载体的彩陶，还有"制器尚象"时代特色，所以彩陶的图文文化是深刻的。

陕西省铜川市黄堡公社（现黄堡镇）李家沟遗址的一件"宇宙"模型彩陶仪，属于仰韶文化早期，反映了远古先人的宇宙观思想。彩陶仪呈扁圆球体[1]，泥质红陶，器壁较厚，折腹，中空，上、下侧中部各有一小圆孔。高7.4厘米，孔径分别为1.7厘米和2厘米。器表磨光，施红色陶衣，绘黑彩。以腹部折棱为界，上部缓圆呈弧伞状，绘笔道较细的网格纹，下部为尖圆锥体，绘笔道较粗的直线和被分隔的折线三角，但其中部被横切分开。上部缓圆弧伞状为盖天苍穹，网状格纹则有天道万物、格物致知之意，是"天网恢恢，疏而不漏""天数有定"的图文之源（图3.24）。许多彩陶肩腹部绘画的网格纹都由此来。下部的圆锥体上绘画了直线（中）和折线三角（折矩），应是人们测验获得"天数"的工具，也是万物皆数的哲学思维。圆锥体中间横切分开则是区别天地与人类的，但最终还是相互依存的。上、下两孔则有天轴地心的文化内涵。彩陶宇宙模型仪是古老的"盖天说"实物见证。"敕勒川，阴山下。天似穹庐，笼盖四野。天苍苍，野茫茫，风吹草低见牛羊。"这是南北朝时期流行的一首歌谣《敕勒歌》，描述了一处天人合一，自然祥和的家园美景。

甲骨文：　合集 20575　乙 763

《说文解字》：宇字，屋边也。宙，舟舆所极覆也。

《庄子·齐物论》：旁日月，挟宇宙，为其吻合。
《墨子·经说上》：久，古今旦莫（暮）；宇，东西家南北。
《尸子》：上下四方曰宇，往古来今曰宙。
《文子·自然》：往古来今谓之宙，四方上下谓之宇。

图 3.24　"宇宙"彩陶模型仪

---

[1] 陈星灿主编：《中国出土彩陶全集》第6卷，科学出版社、龙门书局，2021年，图见第110页。

彩陶器盖（北首岭 M186:1）[1]，泥质红陶，直口，尖圆唇，浅腹，圜底，似半球形状。高 8.4 厘米，口径 21.2 厘米。口沿绘黑彩带纹一周，其上刻画符号"丨"，近底部刻画向下的两两相对的"↑"。古人制器尚象，立象尽意，认为天穹似覆钵（盆），黑带纹为周天历度，刻画"丨"以示纪元，四个"↑"为四维之象，此彩陶器盖覆置之状则为"宇宙"的模式（图 3.25）。

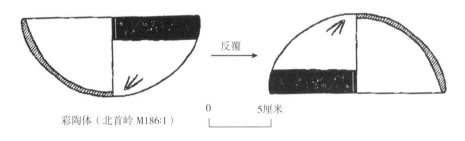

彩陶体（北首岭 M186:1）　　反覆 →　　0　　5厘米

图 3.25　"宇宙"彩陶模型仪

郑州市大河村遗址彩陶罐残片[2]，泥质红陶，折沿，残存腹部陶片，腹部涂白衣，绘黑、红彩，图文上下二层。上下图文相同，但相错置，并以红色弦纹分隔（图 3.26:1）。单元图文为日晷，分为直立式、弯曲式。以四方直立式日晷内有无弯曲的日晷区别"时间"和"空间"，有者为时间，中空者为空间（图 3.26:2、3）。图文组合为"空间 + 时间"范式，这是"宇宙"概念的彩陶图文，以测影的日晷准确地表述了时间、空间的宇宙观思想。这件彩陶图文，可以《尸子》"上下四方曰宇，往古来今曰宙"作为阐释。

仰韶时期，瓮

2. 空间：日晷测影定方位，四方上下为空间。

3. 时间：日晷三相连，逆者为往古，中间是今时，顺者谓之来。

1. 时空图文彩陶残片（大河村遗址）

图 3.26　时空图文彩陶罐残片（大河村遗址）

[1] 中国社会科学院考古研究所：《宝鸡北首岭》，文物出版社，1983 年，第 95 页。

[2] a. 郑州市文物考古研究所：《郑州大河村》（下），科学出版社，2000 年，图版三二（第 3 号图）；b. 河南省文物考古研究所：《河南史前彩陶》，河南美术出版社，1996 年 11 月，图见彩版三（第 5 号图）。

棺葬盛行，它其实是古人祭祀天神的一种高规格礼仪。远古祭祀是人们极为重要的礼仪活动，虔诚恭敬程度不是我们现在的人能够想象的。古人认为婴童（赤子）神灵，贯通天地，以陶瓮（罐、缸）盛殓夭折的孩童覆盆盖钵（鼎），以行祭天典礼，祈愿天道如常。

大河村遗址的瓮棺葬[1]，瓮棺完整，是先人认识世界的宇宙思维模型的实物体现（图3.27）。

这套瓮棺葬体现了远古时期古老"浑天"说的宇宙观念，源于"天人合一"思想，虽然天文历法是中华先人的一项伟大发明，为中华文明和世界文明发展做出了卓越的贡献，但它却认为天文历法（时间）是上天特别恩赐于中华民族的至高至上的思想和真理，是民族强盛、赓续不断的法宝，自然产生对天道的礼敬和膜拜。在祭祀典礼时，特意敲破彩陶盆底部，表示与上天神灵相通，覆钵比喻天极。人居瓮棺内，彩陶盆腹部的天文历法图案则表示时间的周而复始，彩陶盆口沿

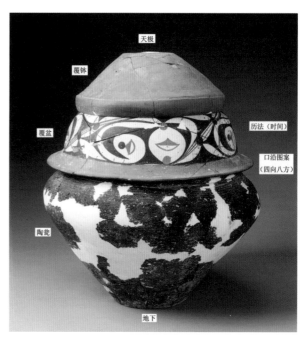

图 3.27　瓮棺（大河村遗址 2014 年）

的八组阴阳鱼图案则有四向八方的意涵，形成古人认识自然世界的宇宙观物化模型。天极、地下与大地的"四向"为"宇"，即空间；覆盆腹部历法图案为"宙"，即时间；空间、时间共同构成时空，也就是"宇宙"。对"宇宙"概念的阐释，先秦文献《尸子》的"上下四方曰宇，往古来今曰宙"[2]比《道德经》的"道"更为确切，被认为是宇宙观念的经典。

彩陶图文为何一般都绘制在器物的腹部以上，并且以分节、分层、重复等艺术手法加以表现？我们或许能在瓮棺的形式上受到启发，祭祀礼仪的需要应是一个重要方面。作为祭天礼器的彩陶图文，有祈愿天道恒常、人民安祥，所以供奉的天文历法岂可敷衍了事，那是要慎之再慎，不能有丝毫差错。三代之时"国之大事，在祀与戎"，国家祭祀和对外

---

[1] 郑州大河村遗址博物馆：《郑州大河村遗址 2014～2015 年考古发掘简报》，《华夏考古》2016 年第 3 期。

[2] 〔周〕尸佼：《二十二子·尸子·卷下》，上海古籍出版社，1986 年，第 373 页。

战争是王国极为重视的国政，而历法的制定、修订由国家组织，颁发历法也由君王完成，历法成为王权的象征。

山西省运城市垣曲县下马遗址的彩陶罐，1957 年出土。[1]细沙泥质红陶，敛口，仰折沿，圆唇，圆鼓肩，下腹内收，平底。高 21 厘米，口径 14.7 厘米，底径 14.5 厘米。黑彩。沿上涂绘窄带纹，口沿内壁饰一周 13 条较宽的直道，寓意周天历度 12 月与闰年 13 月。腹部绘四组历法图文一周，其中两组闰年、两组平年，每组图文都配有圆形的四向四维的方位系统。腹部图文把四季图文和四向八方图文结合起来，表述了平面形式宇宙模式（图 3.28）。

1. 彩陶罐（下马遗址）

| 方位图表 | 方位图表 | 方位图表 | 方位图表 |

| 闰年 | 闰年 | 平年 | 平年 |

2. 彩陶罐（下马遗址）图文展开

图 3.28　彩陶罐（下马遗址）图文解析

半坡遗址的彩陶盆口沿的四向八方图文与内腹的四季图文构成一幅空间、时间的宇宙

[1] 陈星灿主编：《中国出土彩陶全集》第 2 卷，科学出版社、龙门书局，2021 年，图见 /76、77 页。

模型，这是早期的立体形式的，在半坡、北首岭、姜寨等遗址有很多的陶器实物。下马遗址的彩陶罐腹部的平面式宇宙模式应是为凌家滩四向八方图文玉版提供了文化依据。如果是这样，中国彩陶是思想的、文化的、文明的产物，有自己深刻的世界观，并为中华文明起源发展提供思想基础和动力源泉（图3.29）。

1. 半坡遗址彩陶盆　　　　2. 下马遗址彩陶罐　　　　3. 凌家滩遗址玉版

图 3.29　彩陶方位图表与方位玉版

二、大地球状体

对地球球体的认识在仰韶文化时期已经是常识，在浙江长兴县电影院遗址、湖北枣阳雕龙碑遗址都有彩陶实物模型发现，在大河村遗址还有经纬式陶球出土（图3.30）。[1]

陶球（大河村T44 ⑫ :4），直径3.8厘米，泥质灰陶，表面刻画经纬线，上下两端有极点，表面16条经线，中部有两条平行的纬线。陶球（大河村F36:4），直径3.6厘米，泥质红陶，两端有极点，刻画16条经线，中部

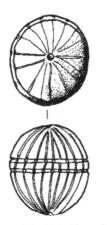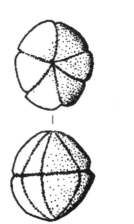

1. 陶球（大河村T44⑫:4）　2. 陶球（大河村 T11③A:32）3. 陶球（大河村 F36:4）

图 3.30　经纬纹陶球（大河村遗址）

[1] 郑州市文物考古研究所：《郑州大河村》，科学出版社，2001年，第233、384页。

有两条平行的纬线。陶球（大河村 T11 ③ A:32），直径 2.8 厘米，泥质红陶，两端有极点，刻画 6 条经线、中部一条纬线。

这些刻划有经纬线的陶球放在现在，许多人自然会联想到地球仪，如果彩陶图文记载的历法真实，那就应该是地球的模型。陶球经线都在两个极点交结，并大致均等，两条纬线可能与南北回归线有关，一条纬线可能与赤道关联。如果按照彩陶罐（西山 F107）的朔望月图文，以"九宫格洛书"指代月时"十五"的逻辑，16 条经线陶球可能是远古时代一种衡器（陶权），它的器形是取法于地球的形态。"两"为基本单位，以"十六两"制为一斤。传说衡器以北极七星、南极六星与福、禄、寿三星合为"一斤十六两"的衡量制度。"半斤八两"源于这种古老的衡制。这样来看，衡量基本是统一的，是古人遵循天道人文思想的反映。

除了认为地球是球体，还认为月球也是球体。陶球（大河村 T43 ⑪ :12），直径 2.3 厘米，泥质红陶，表面布满指甲压印的"月"纹饰，"月"纹似有序列。如果经纬线陶球与地球模型有关，那么指甲压印的"月"纹陶球，也应是月球的模型。从"地球圆球体""月亮球体"的天文学成就来看，中华先人能够从天文到人文、由思想文明到社会文明的伟大实践，是历史发展的必然结果。

中国文化虽然源于生活实际，以古易思想进行理论的概括，使其神秘而博大精深。掀开古易的神秘，其实还是生产生活与大自然的社会背景。古易是人们对生产生活与大自然的认识态度，至于它的思想成果，具有世界观、价值观和方法论意义。从源头而言，依据彩陶图文的记载，许多是科学的。如历法的十二月年制、大月小月制、气候制、日时制，天文学的立杆测影、黄道、黄赤夹角，数学的几何原理、一分为二、洛书、三角算术等，这些古老的中华文化成果，还深深地影响着我们的日常生活。

第三节
"道德"思想与"中文化"形成

人面鱼图文是很独特的图文范式，认识自然并使人与自然和谐共存的思想理念，展现了中华先人对原始文明的道德思辨和文明思想的初心。

一、人面鱼图文的思想性探论

思想意识是人脑思维的智慧产物，时间、空间是最基本的认识，体悟的是宇宙本体与人的精神思维的关系问题，是从"天文"到"人文"的过程。仰韶早期的半坡文化的"人面鱼"图文，就是中华先人世界观、认识论的图文写真。人面鱼是半坡文化的代表性图文，主题以人面为主，以鱼纹、鱼尾纹、三角、类角纹等图形为组合，反映大脑是思维认识产生的物质之源。人面代表睿智的头脑，鱼纹（时间、历法或鱼部族）、三角（数、数理）则是中华先人世界观的哲学（大道）思想的基本认识。总体来说，人面图文是象形的、会意的，本义为头脑"思考""思想"，引申为睿智慧达，这是中华"道"文化的思想基石。人面图文表述了彩陶记载的思想光辉及其系统理论的社会意义，描述了中华文明的未来和前景。中国文字的"道"由道路、头脑组成，"德"由道路、方向、眼睛和心组成，都源于彩陶带纹、人面鱼图文的思想关联和启发，显示了彩陶文化承前启后、开拓奋进的强大力量。因此说，中华文明是最早的有思想的伟大文明，当之无愧的世界文明之母。

陕西省西安市半坡遗址的彩陶盆（半坡 P.4666），泥质红陶，平沿，卷唇，敞口，圆鼓腹较深，凹底。口径 44.3 厘米，底径 13.5 厘米，高 17.5 厘米。盆外壁未修整，盆内壁磨光，施红色陶衣。口沿面上涂黑彩，贴片留白"｜""⚔"图案，向心相间平等分布。盆内壁绘一对抽象人面鱼纹和一对方格三角纹，两两相间向心分布，并与沿面"｜"基本对应（图 3.31）。

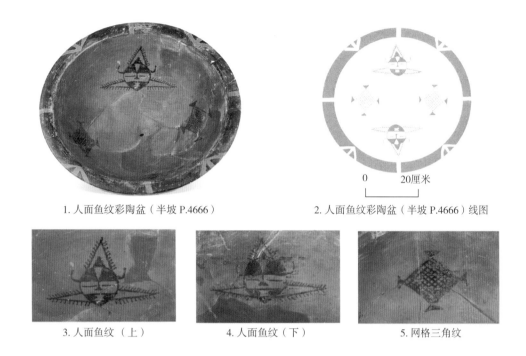

1. 人面鱼纹彩陶盆（半坡 P.4666）

2. 人面鱼纹彩陶盆（半坡 P.4666）线图

3. 人面鱼纹（上）　　　　4. 人面鱼纹（下）　　　　5. 网格三角纹

图 3.31　人面鱼纹彩陶盆（半坡 P.4666）

沿面涂黑彩一周为周天历度的太阳周期，其上面露白标注"｜""↑"，这是"四向八方""四正四维"或历法的"二分二至四立"的时空内涵（图 3.31:2）。以盆沿为基面构成一个圆形的宇宙坐标系统。盆内的人面鱼、方格三角图文对应盆沿的"｜"，说明它们之间存在着必然的关系（图 3.31:3、4、5）。

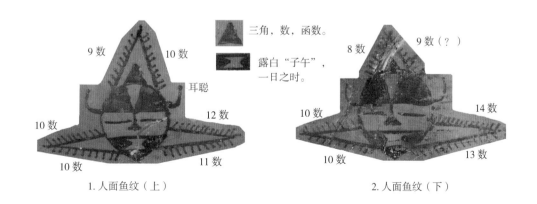

1. 人面鱼纹（上）　　　　　　　　　2. 人面鱼纹（下）

图 3.32　彩陶盆（半坡 P.4666）人面鱼图文解析

从图像而言，人面图文是一个类人面形状，五官七窍俱全，颇似人的头部结构，但仔细一看，却十分抽象。以彩陶盆（半坡 P.4666）人面鱼纹（上）为例：人面圆脸，眼用两条细线表示，表述目光平视，眼见为实。口为露白"子午"形，表述"日时"法则，这是"吾"初文之始。耳部两侧为弯角形，有耳聪之意。位居中部的尖形三角为鼻子，有"鼻准"之意，表示"准则"和道统。头部黑色为头发，与三角（数）围成反向露白三角，呈现脑洞"开光"的意象，表述文明、睿智的思想（图 3.32:1）。这些思想，以圆脸周边的饰笔给以具体说明。头顶黑三角泛指"数"，上面交叉斜线形成一空间，分别标注"10"数、"9"数，这是"河图""洛书"的象数内涵。脸颊两侧也各是一组横式交叉斜线，分别为 12 数、11 数和 10 数、10 数，也是相关的数理内容。人面图文组合以人面为表述对象，展现眼睛、鼻准、耳朵、口唇等器官的功能和作用，特别是大脑的思想功能，说明人是万物之灵长。

彩陶盆（半坡 P.4666）人面鱼纹（下）与前者略有不同，但主旨相通（图 3.32:2）。方格三角纹是一个格纹、四个三角的图文组合，三角为数，方格为数算法则，故有"格物致知"之意。

比对甲骨文的"圣（聖）"字，从人、从耳、从口，字象突出人的耳和口，以示标明听觉和口语，表示人的灵敏和才能，本义是有智慧的人。[1]《说文》"圣（聖），通也。从耳呈声。"《荀子·礼论》："圣人者，道之极也。"[2]《大戴礼记·哀公问五义》："所谓圣人者，知通乎大道，应变而无穷，能测万物之性情者也。"注："大道，谓天地人三才之道也。"[3] 所以古代称圣者，是指掌握大道，能分析预知事物发展走向和结果的智者（图 3.33）。

图 3.33　甲骨文"圣（聖）"字

甲骨文

聖　　一期　林 25·14　合 18094　　　　一期　乙 6533　合 14295　　　　一期　乙 5161　合 14295

[1] 马如森：《殷墟甲骨文实用字典》，上海大学出版社，第 265 页。
[2] 梁启雄：《荀子简释》，古籍出版社，1956 年，第 261 页。
[3] 王聘珍：《大戴礼记解诂》卷一，中华书局，1983 年，第 11 页。

彩陶盆（半坡 P4691），[1] 泥质红陶，略卷沿，圆唇，鼓腹较深，底部微内凹。高 16.5 厘米，口径 39.5 厘米。口沿涂黑彩一周，露白"丨""🔺"相间等分，有四向八方等方位之意（图 3.34:1）。口沿盆内部磨光，施红色陶衣。盆内壁以黑彩绘一对人面鱼纹和一对鱼纹，两两相对，间隔分布。

鱼纹线条简练，寥寥几笔就勾勒了鱼的鲜活形象，鱼鳞以网格状纹表示。鱼头三角、鱼眼和网格状鱼鳞，应是拟人化的太阳、格算（数术）的寓意。"鱼"为鱼的远古图文初字，本义"鱼"，引申多余、剩余，又比喻历法的岁差。彩陶图文中又作陕西、甘肃一带古鱼部族的族徽。鱼部族善古易，精通天文、算术和历法，并作彩陶图文，是我国古老的文明部族之一。鱼部族在商周时期仍是华夏集团的核心部族成员，在河南洛阳、安阳殷墟、陕西周原和山东的许多青铜器都有其族徽的铭文记载，为华夏民族融合与统一做出了历史性的贡献。此人面鱼纹与彩陶盆（半坡 P.4666）人面鱼纹（上）形状大体相同，但略有差异。耳部两侧改作对鱼，提示并指明鱼部族且是有智慧的伟大的部族。另外数理的内容亦大略相同（图 3.34:2、3），可相与比较进行分析理解。

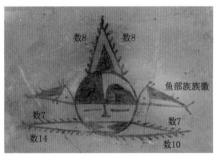

2. 彩陶盆（半坡 P.4691）人面鱼（上）分解

1. 彩陶盆（半坡 P.4691）

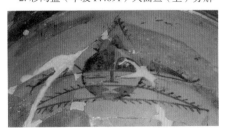

3. 彩陶盆（半坡 P.4691）人面鱼（下）

图 3.34　彩陶盆（半坡 P.4691）人面鱼图文解析

---

[1] 陈星灿主编：《中国出土彩陶全集》第 6 卷，科学出版社、龙门书局，2021 年，第 8 页。

二、人面鱼图文的文明思想

人面鱼的含义,学术界众说纷纭,有部落图腾说、生殖崇拜说、祖先形象说、原始信仰说、巫师面具说、月相说等几十种观点,还有的学者将人面鱼的形象与甲骨文、金文中的"火"字,以及《山海经》中炎帝部落后裔氏人"人面而鱼身"的记载进行联系,认为人面鱼是炎帝部落的象征。[1]半坡、姜寨、北首岭、何家湾等遗址的人面图文都有鱼和对鱼的形象,应是"鱼部族"的徽号(图3.35)。人面鱼图文是以"道法自然"展现人的思想和智慧,"鱼部族"因为发明传承这些伟大成就而引以为荣。

1. 彩陶盆(姜寨 W176:1)

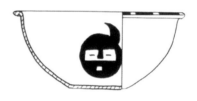

2. 彩陶盆(何家湾 H242:4)

3. 彩陶盆(姜寨 W156:1)

4. 彩陶盆(姜寨 W162:1)

5. 彩陶盆(半坡 P.1002)人面鱼纹

6. 彩陶盆(北首岭 T129:2)人面鱼纹

图 3.35　仰韶早期半坡文化人面鱼纹

[1] 王炜林:《彩陶中华:中国五千年前的融合与统一》,陕西师范大学出版总社,2020 年 5 月,第 74 页。

彩陶人头塑像（北首岭 T3 ③ :5）[1]、女人头像彩陶瓶（大地湾 QD0:19）[2]，均属于仰韶文化早期的彩陶塑像作品，距今 6000 年前后（图 3.36）。女人头像彩陶瓶，拟人造型，器口的人头戳印出齐耳短发，眼、鼻、嘴、耳捏塑成形，耳洞以空洞表示。器身通体绘黑彩历法图文，图文分为三层，每层以直线分隔。历法图文表述中华先人的宇宙观和方法论，代表伟大智慧和卓越才能，象征社会文明和社会生产力发展，叠加女人造型"生生不息"的生育能力，赋予了彩陶瓶特殊的艺术感染力。参考半坡、姜寨、北首岭遗址的人面鱼图文的寓意，这些彩陶人头像应是表征中华先人的英明睿智，是中华文明、中华民族形成的实物佐证。

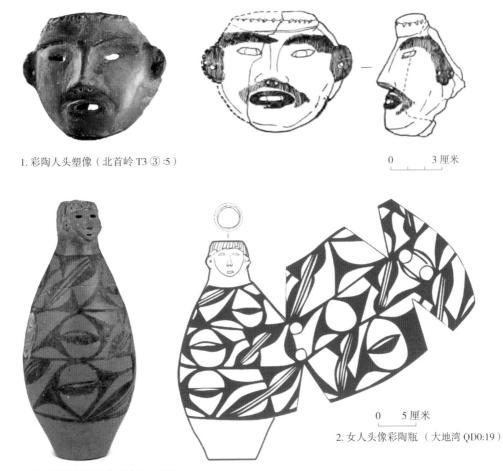

1. 彩陶人头塑像（北首岭 T3 ③ :5）

0 ⊢—⊢—⊢ 3 厘米

2. 女人头像彩陶瓶（大地湾 QD0:19）

0 ⊢—⊢ 5 厘米

2. 女人头像彩陶瓶（大地湾 QD0:19）

图 3.36　人面人像的彩陶塑像

[1] 中国社会科学院考古研究所：《宝鸡北首岭》，文物出版社，1983 年，第 75 页。

[2] 甘肃省文物考古研究所：《秦安大地湾——新石器时代遗址发掘报告》，文物出版社，2006 年 4 月，第 152、153 页。

三、关于"中文化"思想

"中"是一种直杆木棍，为远古测日影、定方位、验风向的多功能天文仪器，俗称立杆测影。"中"在彩陶图文中有象物的"丨""⏻"、指事兼会意的"⏺"，还有会意的点、线段等图文，体现了"中文化"的核心要义和中华文明特色的别样风采。彩陶历法是体现"中文化"的元典，历法的月时制度以"中气"为核心规制，成为中华特色的历法传统。仰望深邃星空，探索宇宙奥秘，"中"作为中华先人的天文仪器，还为人们提供了宇宙观和方法论指导的思想武器。《尚书·大禹谟》"时为天道"，认为历法是人类认识天道的文化成就，开启了人类文明的历史征途。

彩陶历法流行于黄河中下游地区，郑洛地区的四季与节气最为典范，农业经济因此繁荣，故嵩山被视为经济文化之"中"心，美誉"天地之中"，尊荣"中国""中华"，盛名海内外。《尚书》记载，尧舜禹时期将"允执厥中"作为重要的治国理政方略，中华文明特色的"中文化"蔚然盛行。商代甲骨文的"⏻""⏺"还留有浓郁的彩陶遗风。

1."中"是认识世界的方便之门

作为一颗恒星，太阳为人类与自然万物提供光明和热能，它与地球的公转运行产生了地球冷暖和四季变化等生命现象。这种思想在旧石器文化晚期人类社会进入相对稳定的狩猎、采集生活的氏族才有的体会，触发了人类朦胧的"文明"意识。河南新郑赵庄遗址大象祭台，北京山顶洞人的饰品、墓葬，湖南道县玉蟾岩遗址的陶器、稻谷，河南许昌灵井遗址的雕刻鸟像，说明中华先人是"文明"意识觉醒较早的一支。由采集自然植物果蔬到有意种植，从迁徙狩猎到饲养家畜，种植农业和家畜饲养基本满足了人们生活需要，大约距今12000年，我国进入了农业经济萌发与初步发展的时期（考古学称为新石器时代）。

农业经济使人们有了强烈的"家""家（氏）族"和部族（国家）意识。比较明确的是裴李岗文化的贾湖遗址，种植水稻、粟和黍，并饲养猪、狗、鸡等家畜，农业经济发达，有了少量文字刻符、绘彩的陶器，出土的七孔骨笛可以吹奏出动听的曲子，聚落周围还有葬人的墓地，少数墓葬随葬品较多，最多的有60件，多为骨笛、龟甲、骨镞、骨叉形器、陶器等高规格物品。这些信息表明，贾湖人已经站在了"文明"门槛的前面，推动了那扇文明开源的华豫之门。

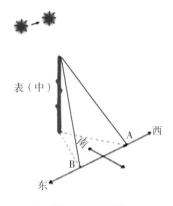
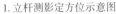
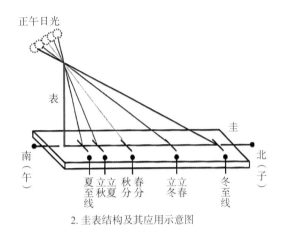

1.立杆测影定方位示意图　　　　　2.圭表结构及其应用示意图

图 3.37　立杆测影定方位与圭表测量应用

　　人们爱护家国，因为它是生命的起点也是生活归宿，印记了氏族的荣光。远古没有指南针，远古先民发明了原始的定位技术——立杆测影，以此测出"北"的方位，俗称"土圭法"。（图 3.37:1）。平整地面立一垂直的木杆，太阳照在木杆的影子端点（A），待一刻半时之后确定木杆的影子端点（B），将两个端点（A、B）连线应是东西方向。A、B 连线中点的垂线，就是南北方向，朝着木杆的为南向，那么另一端则为北。日出而作，日落而息。人们日复一日、年复一年，生产生活，通过立杆测影认识了太阳的运行规律，感受时间、空间的基本属性和生存需求，体现了中华古人伟大思想和睿智文明。确定地理方位、经营家园是人类的自我认知和时空定位，从天文进步"人文"历史，由此跨入文明社会的门槛。

　　彩陶器座（大河村 T35 ⑥:11）是一篇记录立杆测影的彩陶图文[1]，从圭表的图像看，这时使用的已是圭和表的复合仪器，提高了测量数据和方位的精度（图 3.38:2）。立杆测影的天文观测方法，不仅包含了古人的宇宙观思想，也是用于验证方位、历时和节气，以规范生产生活的方法论。立杆测影的杆就是"中"，并以"中"认识判断事物的发展和属性，"中"是认识世界万物的准则，这是中华文化思想之基。以"中午"确定"夜分"为一日之始；以望月确定月时的朔月；以夏至、冬至确定春分、秋分，历法以"中道（黄道）"为基，讲究"中气"月制，很好地运用"中分"法解决了很多重大的疑难问题。所以国家治理以"大

[1] 郑州市文物考古研究所：《郑州大河村》，科学出版社，2001 年，第 220 页。

107

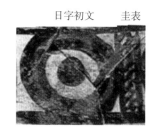

日字初文　　圭表

1. 彩陶器座（大河村 T35⑥:11）

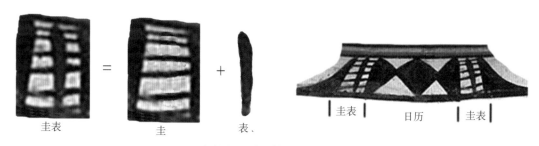

圭表　　　　　　圭　　　　　表、　　　　　圭表　　日历　　圭表

2. 圭表图文（大河村 F1:26）解析

图 3.38　彩陶圭表图文解析

同""中和"为要，注重"中华""中国"的国家正统观，"中文化"思维标签了古易思想的中华文化特色。

　　仰韶时期，彩陶图文记载的"圭表"是人们进行精确天文测量的工具，显然比简陋的立杆测影有了极大地提高，无限的宇宙、万事万物有了认识的原则和制度标准。《周礼·大司徒》所记："以土圭之法，测土深，正日景（影），以求地中。日南则景短，多暑。日北则景长，多寒。"圭表测量是最早观测太阳运行变化、制历法、定方向的方法，这在彩陶图文中可得到证实。比如，"圭臬"一词应从圭表的功用引申出来。从圭表角度来讲，时间可用光影（阴）度量，有"一寸光阴一寸金，寸金难买寸光阴"的谚语，劝勉年轻人珍惜时光，勤奋上进。

2. "中国"是"中文化"的概括

伊川水寨遗址出土的一件圈足彩陶豆[1]，泥质红陶，尖唇小折沿，鼓腹圜底，喇叭形矮圈足。通体磨光后施红陶衣，口径 14.5 厘米，底径 11 厘米，高 12 厘米。彩陶豆泥质红陶红衣，腹部绘上下两层各六组黑彩图文（图 3.39），每组图文由网格纹和"中"字纹构成，方框（四方）与"中"字应是"中国"意涵的合体图文。图文周回不断，故有"中国长年安泰"之意，正是尊行天道、历

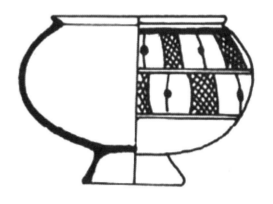

图 3.39　中国长年安泰图文陶豆（水寨遗址）

法图治的农耕文明社会和国家认同的客观反映。从历史文化意义和文明探源层面来看，"中国"图文陶豆是一件彩陶珍品，比《何尊》铭"中国"的记载更为重要，进一步校准了原初中国的历史方位，将"中国"历史的轴线延伸了 3000 多年。

据《周髀算经》记载，立杆测影的木杆长八尺，或称表或称"中"。现代文字"中"尚有远古中的图形遗留，虽 6000 多年来并无大变，但本义已不大清楚，造成许多不必要的争论。甲骨文是应用性的象形文字，虽然时代较早，但字形较多，因而引起诸说纷争。目前学界关于"中"字本义讨论，主要有旗帜说（立旗说）、建鼓说、测日仪说、射中之中（的）说等，孰是孰非，难以定谳。依据彩陶记载，测日仪说、旗帜说都有彩陶图文的依据，只是功用不同，其余的应是延伸之意。如"尹""君""伊"等字。尹字一般认为有"手持权杖"[2]或"手执毛笔"说，表示有权威的人，统治者、指挥者、管理者。其实，这个有权威的人手里拿的是"中"。"中"因远古测日影、定地中、制历法，规范人们日常生活、指导农业生产具有决定作用，故掌管"中"的人就具有了权威性，就有了管理、指挥的义项。伊川是现今洛河的支流，有伊川市（县）行政区划，应是远古以中测影遗留至今的古地名，比照彩陶"中"字，古意盎然，甚是有趣。"权杖"说是西方的舶来品，比较晚近，显然是"中"的引申义项，是忌讳"中"而言他的小伎俩。

---

[1] 洛阳市第二文物工作队、伊川县文化馆：《伊川土门、水寨新石器时代遗址调查简报》，《中原文物》1987 年第 3 期。

[2] 王凤阳：《汉字学》，吉林文史出版社，1989 年，第 916 页。

　　"中"由测影工具，定方向、制历法，是获知"天道"的神秘之物，体现了公平中正、永恒不易的天道意志，成为中华文明思想的重要内涵。《尚书·大禹谟》记载"人心惟危，道心惟微；惟精惟一，允执厥中"，就是要用天道精神治理天下，实现和谐幸福的"大同社会"。考古发现证明，仰韶大河村文化是"大同社会"的典范，郑洛地区的嵩山称为"天地之中"，盛行的历法讲究"中气"朔望月，治国方略崇尚"中道"，古国的彩陶名称为"中华""中国"，"中华""中国"的国家规模、文化体统一直延续至今。这时的"中"已经意识形态化了，观象授时，奉天承命，象征统治者的特权。"君"字就是执"中"获得天道、颁布历法的人，是彩陶时期社会文明的产物。因而历法为最高统治者专制，这符合社会文明产生的时代背景。

第四章

天文学成就

　　彩陶不仅是人们日常实用器具和学习文化的典籍，还是重要典礼、重大事件的礼器和人神沟通交流的祭器。彩陶图文除了记载思想、数学成就外，还有天文学方面的内容，并为制定彩陶历法提供坚实的天文科学支撑。从彩陶图文所记载的内容看，有许多关于太阳、月亮、火星等方面的天文学知识和概念，这是我们今后研究彩陶需要注意的。依据彩陶实物，介绍一些天文学方面的文献记载。

第一节
关于太阳

太阳是太阳系中心的一颗恒星，是距离地球最近的恒星天体。太阳不仅自转，还带领整个太阳系大家庭围绕着浩瀚的银河系中心飞转。太阳发光发热，是对地球影响最深刻的天体，为地球提供大量的能量和充足的食物，直接对人类生存环境和生产生活产生影响。太阳成为古人观察研究、膜拜礼敬甚至神化的对象。中国古代的时间观念、历法知识是和认识太阳的天文成果相关，并以太阳为中心构建一个宇宙人文体系。对人类而言，充分利用日时（昼夜，地球自转周期）、月时（朔望月，月亮周期）、岁时（年，太阳视运动周期）的宇宙能量，达到了天时地利人和的美好境界。

一、太阳

太阳是古人能够经常观察的最大的恒星天体，它在天空中周而复始地依照一定的路径运行，直接对人类生存环境和生产生活产生影响。太阳成为古人观察研究、膜拜礼敬甚至神化的对象。中国古代的时间观念、历法知识主要源自对太阳的天文观察和认识。如日时，即一天的时间法则，把太阳出现的白天和太阳落下后的黑夜作为一天的时间。依据生产生活便利原则和长期的天文天象研究，确定太阳最高时（正午）为一天之中，把一天分为十二个时辰，子时之中（子正）为一日之始。这样以"子丑寅卯辰……"为计时，由此划分出昼夜为日、八刻一时、十日为旬等时间单位。裴李岗文化贾湖遗址的"日"字刻符，桥头遗址的子午图文，证实人们已经使用一天十二时辰的日时法则，仰韶时期这个日时法则明确记载于彩陶上，是人们遵循的生活常识。

庙底沟遗址彩陶碗（庙底沟 02SHMT62H569:3）[1]，泥质红陶红衣，口微敛，圆唇，鼓腹，平底（图4.1）。口径13.1厘米，底径6.1厘米，高7.4厘米。口部绘一周黑彩窄带纹，上腹绘圆点纹。圆点是太阳象形，即"日"字简省字体，火红的底色是太阳温暖、火热之意，使人们赖

图4.1　太阳图文彩陶碗（庙底沟遗址）

以生存的光热之源，黑色窄带图文为太阳运行的轨迹，即古传的"道"。现代天文学认为，太阳、地球公转的轨道平面——黄道，地球自转形成昼夜一日，一年四季变化，这些天文现象和自然变化，均与太阳运行的"道"密切相关。那么，这件彩陶碗应是一篇表述太阳运行规律的彩陶图文。有学者认为是"一画开天"，是中华先祖伏羲仰观天文，俯察地理，知会阴阳，周天历度的文明记忆。

二、日时与立杆测影

一日时间的获得是用圭表测量出来，即它的数据来自远古时期的"立杆测影"。对太阳的认识，体现了人们对待自然世界的态度和自身价值的定位，日时法则是人类社会文明的制度基石——历法的核心，回答了人类与自然世界的关系问题。因为彩陶图文记载了天文历法这个重大事件，其中包含了许多"立杆测影"的内容，所以立杆测影是历史，而非神话传说。

彩陶器座（大河村T35⑥:11）[2]，泥质红陶，中通，桶腰。器残，修复，口径16厘米，底17.6厘米，高4.5厘米。器表白衣，绘黑彩、红彩，书写太阳、圭表组合图文一周，其下红、黑平行窄带为阴阳属性（图4.2）。◉为日字初文，本义太阳。▦为圭表图文，立杆测

[1] 河南省文物考古研究院：《华夏之花——庙底沟彩陶选粹》，上海古籍出版社，2013年，第126页。

[2] 郑州市文物考古研究所：《郑州大河村》，科学出版社，2001年，第220页。

影的天文仪器。器座图文表述了立杆测影、授时于天之意，是一篇以"日时"法则为基础构建的年、月、日、时的历法系统的图文记载。

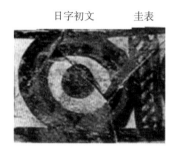

图 4.2　立杆测影彩陶器座（大河村遗址）

　　郑州大河村遗址出土的许多彩陶钵，上面的圭表、日时的彩陶图文，比较准确地表述了"立杆测影"确定日时的方法和原理，也表述时间、空间和几何数学的互生相合的关联。以彩陶钵（大河村 F1:26）例，说明日时法则源自对太阳的立杆测影的天文学成果（图 4.3）。

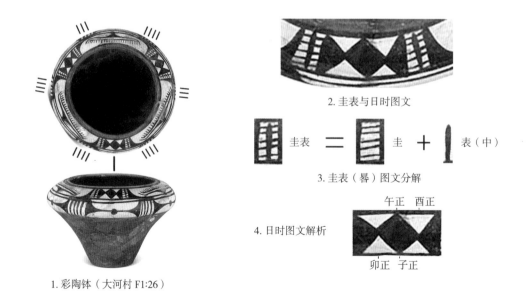

1. 彩陶钵（大河村 F1:26）

2. 圭表与日时图文

3. 圭表（晷）图文分解

4. 日时图文解析

图 4.3　彩陶钵（大河村 F1:26）圭表与日时图文

　　一日之时，是"日"字的重要义项，是制定历法基本的时间单位。彩陶图文对日时的界定是严谨而科学的，是具有历史意义的世界性记载。现今历法和计时工具还是遵循 7000 多年前彩陶日时的原则和方法，如昼夜一日法、中午日中法和一日十二时辰（现在为 24 小时）法，这让人颇为惊奇。大河村彩陶背壶（大河村 90T33 ① :5），应是专门阐述"日"字义项的图文，除了对"⊙"字的解释外，还有一组圭表和日时法则的图文（图 4.4:1）。▤▤▤ 为圭表图文，远古天文测日仪器，由圭盘和表（立杆）组成。◪◪ 为表述昼夜法则的日时图文。昼夜图文以菱形表示，菱形角所在有子正、卯正、午正、酉正等时辰，子正为一日之始，午正为一日之中，历法以纪元。先人把圭表和日时联结一体，应是阐述"日时天定"的授时原理。这样的日时法则除了彩陶背壶（大河村 90T33 ① :5）之外，在大河村遗址彩陶钵（F1:26、F19:1）都有相同的图文记载。古易思想是中国文化的灵魂，阴阳合历从日时、月时、年时的制度和体系均淋漓尽致地表现了古易思想的文化内涵。庙底沟遗址彩陶钵（02H72）也有日时的记载，是以对顶三角（本文称为"子午"图文，参见第二章）进行减省抽象化的表述，但三角形在彩陶中一般是"数"的内涵，体现了阴阳属性，所以这也应是中国特色的表述（图 4.4:2）。

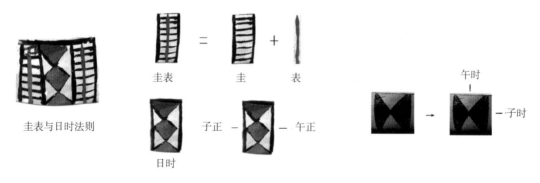

圭表与日时法则

圭表 ＝ 圭 ＋ 表

日时 子正 － 午正

午时 ｜ 子时

1. 彩陶背壶（大河村 F32:8）主表与日时法则　　　　2. 彩陶钵（庙底沟 H72）日时图文

图 4.4　日时法则的彩陶图文

圭表是测日影、定方位并以授时制历的多功能天文仪器。彩陶记载圭表仪器的图文比较多。"表"始于"立杆测影"，以"｜"的形式表述，最初就是一根木杆或木桩，在彩陶图文"｜"是十分重要的字，使用频率高，是常用字，演变为后期文字的"中"。汉代许慎《说文解字》认为，"｜"是上古文字而作了记录。圭是表盘，表的配合件，其上刻画太阳行走的影迹和刻度，是天文学发展后"立杆测影"科学化反映。圭和表（中）的合文则为"圭"字的初文，由于夏商周"圭"侧重礼仪，其上刻画或书写文字祭天或盟誓，另造"晷"字，并以测时工具表述时间之意。就是说"圭表"彩陶图文，在文字形成初期是一个多义字。立杆测影是构造中华文化系统的天文学基点，并不断阐释和延展时空观和古易思想的内涵。

古人认为时间、空间一体，空间、时间的无限循环和可识性，决定了人类认识它的方法和手段。立杆测影就是将时间、空间相对地显示、固化并进行记录，认识的只是人类视野和思维范畴的宇宙概念。这种宇宙观是以人类自身为基准的有限认识，即使如此还是"道可道"者少，"非常道"者多，"名可名"者少，"非常名"者多。圭表除了与日时结合的词组，还有"太阳、中、时空（圭表＋空间）"等义项，以不同视角和语言范式阐释时空观念的中华文明坐标。"中"是中华民族灵魂和象征，展现了天文到人文、自然与哲学、野蛮与文明的文化内涵。

彩陶钵（大河村 H241:2）[1]，上腹红衣，绘黑彩，书写"太阳、中、时空"图文一周（图 4.5:1）。◉为"日"字初文，太阳之意。太阳是人类生命之本，历法之基。"丨"为测日影之表（杆），"中"的初文，是中华民族知天文历度、体悟思想文明的象征，是中华、中国名称之由。弯曲的▟▟▟▟（圭表）表述"时间"，与四方形（空）组合成"时空"的意象（图 4.5:2、3）。空间是时间的循环，时间是立杆测影的结果。时间和空间即宇宙。这些思想是中华先人宇宙观认识的基本概括。

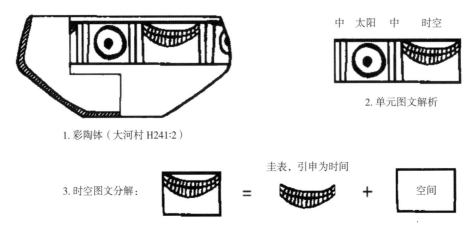

1. 彩陶钵（大河村 H241:2）

中　太阳　中　时空

2. 单元图文解析

3. 时空图文分解：

圭表，引申为时间

空间

图 4.5　时空图文彩陶钵（大河村 H241:2）

[1] 郑州市文物考古研究所：《郑州大河村》，科学出版社，2001 年，第 206、208 页。

万物生长靠太阳，也是彩陶图形的主题。太阳图形除了写真的光芒太阳、六角星圆点等形式外，还有金乌（鸟）负日、鸟形纹和圆点三角毛纹，有的甚至简化成圆点、窄带旋羽纹等形式。[1]

河南汝州洪山庙遗址的陶缸（洪山庙 W91:1），泥质红陶，上腹和口部残缺，腹部残存彩绘日、月两个图形，一侧为圆形的红色太阳、一侧为弯月状的白色月亮，记述了太阳、月亮在天空周而复始运行的客观现象，生动地表述了"日月谓之易"、日月恒常的思想内涵（图 4.6）。[2]太阳图文是先画黑彩圆圈，再在内画出红色圆形日心。红色是太阳最具特色

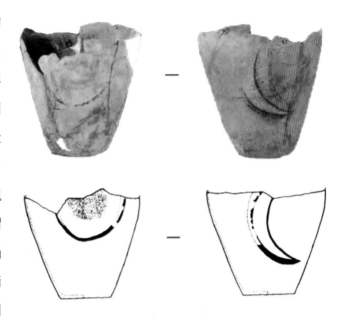

图 4.6 日月图文彩陶缸（洪山庙 W91:1）

的天文现象，寓意其发光发热。圆圈与其中的圆点组合是早期"日"字初文的主要的成像原理。月亮先黑彩勾画出弦月的图像，然后以白彩涂实。弦月是月相最富特色的天象，也是"月"的初文。《易·系辞下》："日往则月来，月往则日来，日月相推，而明生焉。寒往则暑来，暑往则寒来，寒暑相推，而岁成焉。""日""月"图文，兼有"古易"图案、象形文字的形态，可见文字起源与古易的渊源，这也是我们认定太阳、月亮构成"古易"思想基本内涵的理由。中华历法是世界上最早的历法，日时、月时及气候是历法的核心元素和内涵，阴阳合历独具中华文明特色。"日月如梭"的俗语，就是日时为经、月时为纬而构建的中华文明时空系统，成为中华文明的思想文化根源，深刻影响了中华文明以及世界文明的发展。

---

[1] a. 张朋川：《中国彩陶图谱》，文物出版社，1990 年，第 157～162 页；b. 河南省文物考古研究所：《河南史前彩陶》，河南美术出版社，1996 年。

[2] 河南省文物考古研究所：《汝州洪山庙》，中州古籍出版社，1995 年。本文所采洪山庙遗址用图，均自《汝州洪山庙》。

洪山庙彩陶缸日月图文，看似简单的日、月图文，其实表述了阴阳合历的中华历法的核心要素，包含了日时、月时、岁时等历制法则，体现了中华文明核心文化的基本思想。日月图文从"天文"到"人文"，从而达到天人合一，进而促进社会和谐发展，奠定了中华文明尊奉"大同"理念的价值观基础。同时期的郑州大河村遗址彩陶壶（大河村F1:30），也是一幅表述日月图文的彩陶。

郑州大河村遗址遗址彩陶壶（大河村 F1:30）[1]，是一幅表述日月图文的彩陶。图文上下二层，日月相间循环，表述日月在天上运行的天文景象。"◉"为"圆圈＋圆点"图文，"日"字初文，圆圈为太阳本相，圆点为指事，应为指事字，本义太阳。月字为两个侧月与"中"的合文，为会意字，本义朔望月。这篇图文有"丨"式和"中"字式两种"中"（图4.7）。

日字初文，本义太阳，象形指事

月，象形会意，本义朔望月。两侧峨眉月，中间以"中（丨）"为望月

图 4.7　日月图文彩陶壶（大河村 F1:30）

中国考古工作100年发现了众多古迹遗物，因为西方思维的套路，中国文化特色没有了，注重遗址、城址的形态、规模、布局及居址、宫殿等现象，恰恰忽略了彩陶方面的图文历史，仅以艺术品、工艺和美学看待。由于不认识彩陶图文，没有彩陶图文历史成果的支撑，致使探源中华文明的质量大大的降低了，虽能勉强论说，总有"底气"不足之嫌。因为天文、历法、古易、数学等中华文明的特色元素没了根源，给了"中华文化西来说"以可乘之机。

---

[1] 郑州市文物考古研究所：《郑州大河村》，科学出版社，2001年，第216页。

甲骨文发现之初，在罗振玉、王国维、郭沫若、董作宾等学者不断推进研究下，才有了今日商代文明的历史成果。但商代文明并不是中华文明的源头，所以"中华文化西来说"还在伪学者中时有泛滥，让人不齿。甲骨文的发现和研究成果，为我们研究彩陶图文提供了宝贵的经验，彩陶图文则是中华文明最早的图文元典。

裴李岗文化贾湖遗址龟甲上发现了比较明确的"日"字刻符，距今约有8500年，却与殷商甲骨文的"日"字相类似，"日"字刻符是人们特别重视观察天象变化并有了相关的认识和记录，这是可以肯定的。洪山庙彩陶缸日月图文清楚地阐释了"日"的时间概念，昼夜为日的时间长度，是对"日"字最早的解释。彩陶记载的与太阳相关的天文知识，说明这是远古中国天文常识，成为构建中华天文历法体系的基本准则，除了历法之外，如日时、月时、岁时以及黄道、黄赤夹角等都是古中国天文学的产物。由于彩陶认知才刚起步，许多方面的学术研究还有更广阔的拓展空间。

三、"黄道"概念及其彩陶图文

大河村遗址彩陶罐（大河村T42⑦:64）[1]，泥质红陶，侈口、卷沿、圆唇、束颈、溜肩略弧、鼓腹，下腹及底部残。口径20厘米，残高10厘米。器表上腹涂白衣，以黑、红两彩绘出网格、椭圆开光内太阳的单元图文一周，下部绘红彩宽带纹及其中部的黑道。网格纹为格物致知（数）的意涵，椭圆形开光及其中的太阳（日）表述太阳运行的黄道，黄道运行周期应是365.24日。红彩宽带及黑道进一步强调黄道的周回不断。

图 4.8　彩陶罐（大河村 T42 ⑦:64）图文解析

[1] 郑州市文物考古研究所：《郑州大河村》，科学出版社，2001年，第201页。

彩陶黄道图形之外绘了许多短线，表示太阳的光芒。古人懂得太阳是发热放光的天体，称太阳视运动轨迹称为"黄道"或"光道"。《汉书·天文志》："日有中道，月有九行。中道者，黄道，一曰光道。"[1] 以闪闪发光的黄道本义图像，延伸为历年周期即 365.24 日的象数。这类黄道图文主要在仰韶大河村文化的郑州大河村[2]、西山，荥阳点军台[3]、青台等遗址出土，表述平年、闰年的历法图文，比较经典还应是青台遗址彩陶钵（图 4.9:3）。这件彩陶钵虽然是残片，但闰年图文以黑彩表述闰月、黄道、四季，红彩表述中、二分二至节点，交代的历法元素更为清楚。

1. 黄道（光道）彩陶图文范式

2. 彩陶钵（西山 T5141:4）

3. 彩陶体（荥阳青台遗址）

4. 彩陶钵（大河村遗址）

5. 彩陶钵（荥阳点军台遗址）

6. 彩陶钵（大河村 T44⑩:30）

图 4.9　带有黄道图文的彩陶

四、黄赤交角

地球公转的轨道面（黄道面）和地球赤道面的夹角，称为黄赤交角，又称为黄赤大距（图 4.10）。现代科学成果认为，黄赤交角为 23°26′黄赤交角具有重要的天文和地理意义，是地球上四季变化和昼夜长短变化的根本原因。关于黄赤交角的彩陶图文记载，比较明

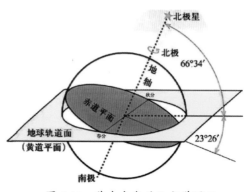

图 4.10　黄赤夹角的天文学图示

[1]《汉书·天文志》，中华书局，1964 年，第 1294 页。"日有中道，月有九行。中道者，黄道，一曰光道。"

[2] 郑州市文物考古研究所：《郑州大河村》，科学出版社，2001 年 10 月第 1 版。

[3] 郑州市博物馆：《荥阳点军台遗址 1980 年发掘报告》，《中原文物》1982 年第 4 期。

确的是土门遗址的彩陶缸图文。

河南省伊川县土门遗址彩陶缸，白底黑彩，腹部绘图文两组一周，椭圆形开光内绘倾斜的"中"纹（图4.11）。[1]这是"中"的一种特别形式，表述的内容也不一般。这个"中"因椭圆形而修长，似乎告诉人们，它两端所至的椭圆形特别重要。黑白彩交界的椭圆形即是地球绕日公转运行的黄道，白色的椭圆形平面应是黄道面。关于黄道，在前面已有相关的图文表述，如中道、光道等，在此还应作进一步的补充。彩陶四季历法图文的开光轮廓多呈椭圆形，显然是古易思维的黄道图示。这里斜长的"中"纹表述黄道与地球赤道并不是一个平面，是有夹角（实测约23°）的，表明地轴的倾斜状态。中华古人早已认识到，地轴倾斜是造成地球冷热交替、四季变换等气候现象的原因。基于这种认识，许多与节气有关的彩陶图文做成了倾斜的形状。

在远古科技条件下，土门遗址彩陶缸的"黄赤大距"图文是项了不起的天文成就，是我国天文历法居于世界领先地位的实物佐证。据《元史·郭守敬传》记载，我国元代天文学家郭守敬对黄赤交角做了测定"二十三度九十分"（合算现今23°31′58″），与现今天

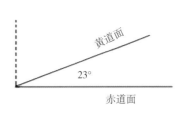

图 4.11 黄赤夹角图文彩陶缸(土门遗址)

---

[1] 河南省文物考古研究所：《河南史前彩陶》，河南美术出版社，1996 年 11 月，图版七。

文数据（23°26′21″）误差极微。土门遗址彩陶缸的黄赤夹角的图文记载，距今 5500 年之前，令人惊叹。仰韶时期，我国天文学者不仅发现黄道和地轴倾斜，还以黄赤交角（约 23°）进行图文记载，这些重大的天文发现，都是天文学研究的最早记录。从黄赤交角的彩陶记载看，我国远古时代的天文学十分先进，彩陶历法的卓越成就成为引领文化传播的一道亮丽的世界风潮。

庙底沟遗址出土的陶钵（02SHMT2H72:3）[1]，泥质红陶，直口，上腹微鼓，下腹斜收，小平底。口径 13、底径 4.6 厘米，高 7.1 厘米。上腹绘黑彩一周五组四季图文，以一条倾斜的中线为分隔。图文减省了黄道的轮廓，以褐红色圆点分别标识春分、秋分节气，倾斜的中线标识黄道倾斜的天文现象（图4.12）。这类彩陶历法图文也常见到。

1. 彩陶钵（庙底沟 02SHMT2H72:3）

图 4.12　倾斜黄道图文的彩陶钵（庙底沟遗址）

此外翼城北橄、汾阳段家庄、巩义双槐树等遗址都有以"＼"" ／"标注的四季图文，应与黄赤夹角的天文成果相关联。（图 4.13）现在地球仪作成倾斜 23.5° 应是黄赤夹角成果的应用。

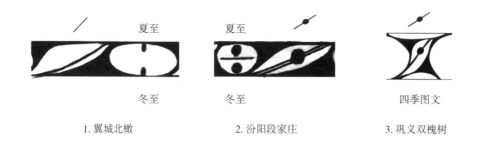

1. 翼城北橄　　　　　　2. 汾阳段家庄　　　　　　3. 巩义双槐树

图 4.13　彩陶图文与黄赤夹角

[1] 河南省文物考古研究院：《华夏之花——庙底沟彩陶选粹》，上海古籍出版社，2013 年，图见 118 页。

五、四季范式的彩陶图文

彩陶是一种象形的会意图文，许多图文记录并表述了太阳公转运动的黄道与地球节气变化密切相关，解释了四季与节气的天文学成因。

山东省济南市焦家遗址的彩陶背壶[1]，泥质灰黑陶，通体磨光，侈口，圆唇，高领，长颈微束，圆肩，鼓腹，下腹弧收，平底微内凹。高 30 厘米，口径 12 厘米，底径 10.1 厘米（图 4.14）。肩腹部两侧各有一耳，耳已残，另一侧有一三角形钮。口沿内侧施一周红彩带纹，表述周天历度。肩部绘圆点纹和一组四联式交互图文，表述一年四季的天文现象。圆点为红色，单独成文，本义为太阳，引申为太阳运行的周期，即岁。四联式交互图文的旋臂，黄彩显形（表述黄道），以红彩压边，中心圆窝涂为红色圆点，表述一岁春夏秋冬四季。以红圆点（太阳）为纽带，口沿的周天历度与肩部的四季表述构成联系，说明太阳的运动规律造成了春夏秋冬四季的变化，人们已认识到地球环境和气候变化主要是太阳影响的结果。

1. 彩陶背壶（济南市焦家遗址）

口沿红彩带纹一周，表述周天历度。

红圆点，太阳图文，木义太阳。引申太阳运行的周期，即岁。

四联交互图文，以圆点为分割，与红圆点（太阳）相照应，表述春夏秋冬四季

2. 彩陶背壶（济南市焦家遗址）线图及解析

图采自《中国出土彩陶全集》第 3 卷第 190、191 页。

图 4.14 太阳与四季图文彩陶壶（焦家遗址）

河南省三门峡市庙底沟遗址陶钵（02SHMT38H408:42）[2]，浅黄色陶，直口，上腹圆鼓，下腹屈收，小平底。器残，可复原。口径 14.7 厘米，底径 5.7 厘米，高 7.3 厘米（图 4.15）。

---

[1] 陈星灿主编：《中国出土彩陶全集》第 3 卷，科学出版社、龙门书局，2021 年 10 月，第 88 页、第 190、191 页。

[2] 河南省文物考古研究院：《华夏之花——庙底沟彩陶选粹》，上海古籍出版社，2013 年，图见 121 页。

上腹部外表绘黑彩四季图文一周，单元图文为椭圆形开光内绘一个四季图式。中间露地白带表述水平、平等之意，其两端与开光的接点，一般与中气相关的春分、秋分的节点。这种四季图式在彩陶中常见。椭圆形开光为黄道本相，内置四季图文，本于几何数学坐标模型，是后世历法"平气法"的滥觞。

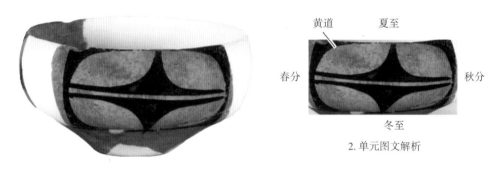

1. 彩陶钵（届底沟 02SHMT38H408:42）

2. 单元图文解析

图 4.15　黄道与四季图文彩陶钵（庙底沟遗址）

第二节
关于月亮

彩陶多以合月图式对月亮的朔、望、晦的周期变化进行图像化（象形）表述，这是中华先人长期观察月亮的天象和天文学研究的概括。天文学上，月亮是太阳系地球的卫星，它环绕地球旋转，地球连同月亮环绕太阳运行。月亮、地球、太阳一道、周而复始地在空中运行，是人们最早认识的天体。

远古时期，人们知道太阳是发光发热的天体，月亮不能发光发热，它的光亮来自太阳照射。在地球上观察月亮盈亏圆缺变化的周期约为 29.53 日，称为"朔望月"，这是规定历法月时长度的天文学依据。历法上，月时的第一天是朔日，这天的月亮称为朔月，月相为无月或细小的月牙；月时的十五日是望日，月相为圆月、满月，又称为"中气"；月时的最后一天是晦日，是没有月亮的天象。人们认识月时，是从望月着手，然后对分确定月朔，即"执中两分"，因为望月的天文月相比较容易认识。（图 4.16）地球、月亮、太阳三者的相对位置决定了月相变化的周期性。因为 29.53 日的月时周期，中华历法专家规定了大

1. 朔望月平铺形式

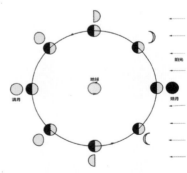

2. 朔望月周期形式

图 4.16　月亮朔望月及其形成的天文学原理

月 30 日、小月 29 日的月时法则，因为阴阳合历的"岁差"又规定了历法的"闰月"制度。严格地讲，闰月不属于天文学而是历法历算的范畴。从古易文化思想上看，月亮周而复始的变化正是朔月、月圆、晦月的阴阳消长的过程，反映了远古中华先人对月亮天文知识的认识和独特的时空观念。

彩陶合月图文则是上弦月与下弦月两个月相的对合，中间或为空白或为一圆点或为四象或为九宫格或为六角星，表述月亮的各种天文现象。在古易思想论述下，月亮变化的一个周期，即朔望月，历法纪时就是月，大约 29.53 日，历法以大月 30 日、小月 29 日平衡月时，实行大月小月制度。根据合月图文的月相表述，又可区分为朔月、望月、晦月，远古图文不多，根据彩陶语境也有引申为季、年等义项。中华历法重视"中气"，以满月（望月）为"中气"，又延伸为"中华""华月"，图文变化极多。这类彩陶图形在大河村、青台、点军台、庙底沟等许多遗址都有出土。

一、朔月

当月亮运行至太阳、地球之间，月亮的黑暗半球对着地球，这时叫朔。这个时候一般是看不到月亮的，因此称之为朔月。中国阴阳合历规定朔月作为月时的起点，把每月称为"初一"，名为"朔日"，又称"新月"。"新月"就是开始的意思，每月的第一天，就是"初一"。天文月相多为向右弯曲的月牙或钩月，隐约可见。《诗经·小雅·十月之交》："十月之交，朔月辛卯，日有食之，亦孔之丑。"朔月也有祀礼，《礼记·玉藻》："朔月少牢，五俎四簋。"

二、望月

中华历法的月时十五日称为望日，当天的月亮称为望月，望月又称满月，月相圆形。谚语有"五日为候，三候为气，六气为时（季），四时为岁"。望月是独特的月相，处在月时中间，规定为历法的"中气"，又与"闰月"相关联，是十分重要的历法节气。彩陶对望月的表述比较多，具有特色的是合月图文，一般是上弦月与下弦月两个月相的对合，中间为圆点，或为九宫格，或为六角星，或为四象，表述月亮的各种天文数理的望月现象。

1. 圆点合月图式望月

单元图文为"合月＋圆点"的图式，表述望月之意。合月为眉月相合，同时限定图文的语境，圆点为中点，会意月时"十五"，指望月。多以交午图文作间隔、区分。

河南省三门峡市庙底沟遗址彩陶盆（02SHMT25H108:33）[1]，泥质浅黄色陶，大口斜沿，圆唇，溜肩，斜腹向下渐收，小平底。口径 35 厘米，底径 12.4 厘米，高 21.5 厘米。唇部涂黑彩窄带纹一周，表述"周天历度"。腹部绘黑彩"子午＋合月"五组一周，每组单元图文为子午合拢的椭圆形开光内置圆点合月图式，表述朔望月月时，并以子午相交接（图4.17:1、2）。圆点居中，有中点之意。望月为月亮的圆满时刻，这一天称为望日。望日为历法每月的十五日，即"十五"。子午为日时的子时、午时，多指子时为一日之始，结合彩陶语境则为朔日。

子午图文

园点合月图文

1. 彩陶钵（庙底沟遗址 02SHMT25H108:33）　　　　　3. 单元图文解析

2. 彩陶钵（庙底沟遗址 02SHMT2⑤H108:33）

图 4.17　望月图文彩陶盆（庙底沟 H108:33）

河南省三门峡市庙底沟遗址彩陶钵（02SHMT55H412:5）[2]，泥质浅黄色陶，大口斜沿，圆唇，上腹微鼓，下腹斜收，小平底。口径 37.5 厘米，底径 12 厘米，高 19.9 厘米。唇部涂黑彩一周，表述黄道一岁之周期。腹部绘黑彩圆点合月图文四组一周（图 4.18）。

椭圆形开光

圆点合月图文（望月）

图 4.18　望月图文彩陶盆（庙底沟 H412:5）

[1] 河南省文物考古研究院：《华夏之花——庙底沟彩陶选粹》，上海古籍出版社，2013 年，第 62 页。

[2] 河南省文物考古研究院：《华夏之花——庙底沟彩陶选粹》，上海古籍出版社，2013 年，第 57 页。

独体圆点合月图文表述望月的天文月相，即月时十五，亦引申月时、季时等时间概念。彩陶语境下，四组连缀一周则有四季成岁之意。

郑州大河村遗址、荥阳青台遗址也有较多的圆点望月图文的彩陶钵和彩陶钵残片（图4.19），限于篇幅，不再一一叙述。

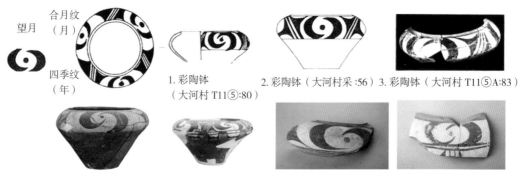

望月　合月纹（月）　　　四季纹（年）　　　1.彩陶钵（大河村T11⑤:80）　　2.彩陶钵（大河村采:56）　3.彩陶钵（大河村T11⑤A:83）

4.彩陶钵（青台88T15③W227:1）　5.彩陶钵（青台T22③）　6.彩陶体残片（青台遗址）　7.彩陶体残片（青台遗址）

图4.19　青台遗址、大河村遗址望月图文彩陶

2."九宫格"望月

九宫格是远古时期传承下来数学算术，数理深奥，十分神秘，古称"洛书"，现代学者赞之为"三级魔方"。彩陶合月式九宫格图文则是彩陶历法月时朔望月的表述图文，相传的"四海三山八仙洞，九龙王（谐音五）子一枝连，二七六郎赏月半，周围十五月团圆"的"洛书"谚语，精确地阐释了这类图文本义。这为5500年前的合月式望月彩陶图文续写了新篇，原来神秘的"洛书"有这么久远的历史！

河南省郑州市白庄遗址出土的彩陶罐（图4.20），图文为"合月＋洛书"图式，以子

彩陶罐（郑州白庄遗址）　　　　　　　彩陶望月（九宫格、洛书）

图4.20　九宫格望月图文彩陶罐（白庄遗址）

午图文为单元分隔，"洛书"中间的四方内心是一枚白底叶片，表示阴阳交合、生生不息的景象。九宫格图文独体为"洛书"，在合月纹语境下则为朔望月，也有月时之意。三组连续一周，则有三月为时（季）的内涵。

郑州大河村遗址[1]、荥阳点军台遗址[2]的九宫格图文外周还有短线的光芒，表述月光之意，有的中心叶纹标注了"中"线，点明了"望月"图文的主题（图4.21）。因为有两侧眉月的月相语境，"洛书"指代月时"十五"的数理逻辑思维，平添了中国特色文化的趣味。

1.彩陶罐陶片　　　　　2.彩陶罐陶片　　　　　3.彩陶罐
（郑州大河村遗址）　　（郑州大河村遗址）　　（荥阳点军台遗址）

图4.21　九宫格望月图文彩陶（残片）

历代相传，"洛书"是伏羲时代的"大道"之书。仰韶大河村文化的"洛书"图文，实证了华夏先民在距今6000年之前的仰韶时期，掌握了先进的天文学、数学知识，发明创制了最早的天文历法，这是世界文明史上的重大事件。九宫格"洛书"的数理模式还与"中国"遵循天道、践行社会"大同"的思想理念相契合，成为中华文明萌发形成的精神动力和思想基石。彩陶图文在传播历法、数学成就的同时，厚植中国文化价值，强化中华文明基因，是古圣先贤千百年来景仰不已的中国情结。

3."六角星"望月

河南嵩山及周边分布的仰韶大河村文化，郑州大河村、建业壹号城邦[3]、荥阳青台[4]、楚湾、巩义双槐树、长葛石固、洛阳王湾、偃师高崖等许多遗址都出土有六角星合月图文彩陶。其中比较完整的彩陶是王湾遗址的彩陶钵和双槐树遗址的两件彩陶罐。因为这里是自古相

[1] 郑州市文物考古研究所：《郑州大河村》，科学出版社，2001年10月第1版。

[2] 郑州市博物馆：《荥阳点军台遗址1980年发掘报告》，《中原文物》1982年第4期。

[3] 索全星、刘彦峰、秦德宁：《郑州市发现一处仰韶文化晚期遗址》，《中国文物报》2009年7月10日第4版。

[4] 郑州市文物考古研究院：《华美与灵动》，科学出版社，2016年，图采自第13页。

传的"中华"圣地，这些彩陶及彩陶残片一经出土，便格外引人注目（图4.22）。六角星图文属于合月式彩陶，是表述月时朔望月的又一种特色的彩陶图文。单独图文本义表述望月的天文现象，参考合月纹的语境则有朔望月变化的过程，因而就有月时之意。如果有多个连续的彩陶合文语境，则又有季时、岁时等内涵等。

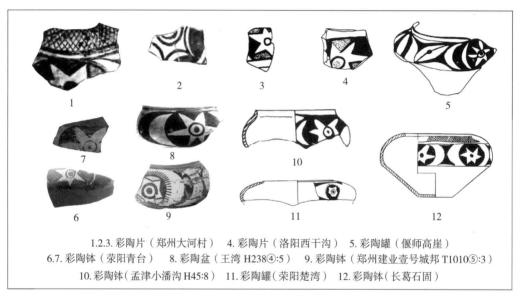

1.2.3. 彩陶片（郑州大河村）　　4. 彩陶片（洛阳西干沟）　　5. 彩陶罐（偃师高崖）
6.7. 彩陶钵（荥阳青台）　　8. 彩陶盆（王湾 H238④:5）　　9. 彩陶钵（郑州建业壹号城邦 T1010⑤:3）
10. 彩陶钵（孟津小潘沟 H45:8）　　11. 彩陶罐（荥阳楚湾）　　12. 彩陶钵（长葛石固）

图 4.22　六角星图文彩陶

六角星图文是生动描述朔望月月相形成的天文学图式，即月亮受阳光而变化的图解和动画。洛阳王湾遗址的彩陶盆（王湾 T238 ④ :5）[1]，两侧为弦月相合，居中的圆点、圆圈为太阳，六角形则为其光芒，这光芒与黑色背景齿合，则寓意阴阳抱合一体的满月。

东汉天文学家张衡《灵宪》里记载，月光生于日光所照，魄生于日之所蔽，是说月球本身并不发光，月亮是受日光照射所致。依据图文语境，居中的圆圈、圆点为"日"的象形指事字，本义是太阳，"十五"月相受阳光照耀而圆满，满月为阴阳之气六合，中国文化谓之"华"（華）。远古中华先人认为，朔望月月时是月亮由朔月到新月（月牙）、由新月到满月、晦月的天象过程，以望月为大吉之象。这个变化过程，符合从无到有、阴阳消长的古易思想。

文化的"化"甲骨文就是一正一倒的两个人字，表述接受古易思想的人或部族为"化"，是文明的标志。"化"的标准就是"华"，"十"为四向、四方，表述空间；"化"对于

[1] 北京大学考古文博学院：《洛阳王湾——田野考古发掘报告》，北京大学出版社，2002 年。图见于彩版三及封面。

月亮来说是时间概念，满月多为历法的"中气"。嵩山及其周边即为中国地理的"天地之中"，又有经济文化繁荣和"大同"社会的典范，公认的"中华"圣地。彩陶记载的古易思想、天文、数学、历法的文化成就和考古发现的农业、饲养业、丝绸纺织业、西山古城等经济方面的高度发展，都为嵩山及其周边为最早"中华"提供了佐证。

"华"源于天文历法，天文指满月、望月，历法指中气。月圆时刻称"华月"，俗语"华好月圆"。先秦文献多为"华"，"华"来自天文月象，植物"花"是假借义，"花"字后出。从历法的政治内涵讲，六角星图文是月时日月圆满交合的文化符号，也是历法特定"中气"的节点，天文现象"中华"属于"天道人心"的大吉之象。

《周礼·夏官司马》记载"河南曰豫州，其山镇曰华山"[1]，嵩山古称"华山"，又称中岳，号称"天下之中"是有深厚的历史积淀。商末西周时期有"华邑"，今尚有东周时期的华阳城遗址[2]，六角星图文彩陶即为"中华"之源的实物佐证。

中国考古学研究长期把彩陶图文视作陶器纹饰，仅仅进行分类定型，缺乏彩陶中国化研究的思想和方法，没有触及彩陶文化的实质内涵，矮化了早期中华文化的质量和文明特色，使得中华文明探源显得迷茫困惑。这些六角星图文除特定意义之外，还与其他图文相组合，有表述平年、闰年等的历法内涵。[3]六角星图文是中华先人对太阳、月亮的科学认识，是"中华"天文历法成就的重要成果。

三、晦月

月亮有圆必有缺，月时有始亦有终。月时29.53日，依据历制则大月30日、小月29日。月时的最后一天，当日、地、月三个天体运行在一条线上，月亮处在太阳与地球中间，在地球上看月亮，因月亮背对着地球，夜晚是看不到月亮的，因看不见月亮而称为"晦月"，古人把一天称为"晦日"。晦月即没有月亮的月相，有隐没、终结之意，古易思想则是"无"

---

[1] 孙诒让：《周礼正义》，中华书局，1987年，第2654页。

[2] a. 郑州市文物考古研究院等：《河南新郑市华阳城遗址的调查简报》，《中原文物》2013年第3期，第4—21页。

　　b. 郑州市文物考古研究院等：《河南新郑华阳城遗址东周遗存的调查与发掘》，《考古》2013年第9期，第24—39页。

　　c. 索全星、刘文科：《寻找中华文明的"华源"圣地——河南新郑华阳城遗址》，《大众考古》，2016年第12期，第25—32页。

[3] 索全星：《彩陶历法闰月制度的象数研究》，《河南博物院院刊》2021年第5辑。

或"空"。原则上，晦月之后即为新月（朔月），表示又一轮回月时的开始。

山西运城下马遗址彩陶瓶[1]，泥质红陶，葫芦形口，弧腹，平底，器侧附环状一对立耳。陶瓶口径 4 厘米，底径 12 厘米，高 36.1 厘米。颈腹部绘黑彩合月图文二组一周，合月纹中间空无，属于晦月的月相。这是以晦月表述月时的彩陶图文。图文显示，合月纹两组，中间有一大一小两

图 4.23　晦月图文彩陶瓶（下马遗址）

个交午图文，小者仅为连接两月，而大者有合抱两月之象，表述历法月制的大小月制度（图 4.23）。这样的大月小月图文是古代历法专家掌握月时 29.53 日的天文数据的历法术语，说明历法精度之高。

---

[1] 王炜林主编：《彩陶·中华：中国五千年前的融合与统一》，陕西师范大学出版总社，2020 年 5 月，图见第 229 页。

第三节
关于火星

远古天文的"火星",古籍文献称"火""大火""心宿二",以其出现天空的一定位置确定夏至之时而得名。《尚书·尧典》:"……日永(夏至)、星火,以正仲夏。厥民因,鸟兽希革。"[1]彩陶图文也有关于火星的记载。

河南省三门峡市庙底沟遗址彩陶盆(庙底沟H59:69)[2],泥质红陶,敛口,尖圆唇斜折沿,上腹略弧,下腹斜收,平底。器表磨光。口径14.3厘米,腹径15厘米,底径5.5厘米,高7.4厘米(图4.24:1)。腹部绘黑彩图文一周,为火星与两组相同的图文组合。(图4.24:2)图文组合为"四

1. 彩陶盆(庙底沟H59:29) 　　　3. "火星"图文解析

2. 彩陶盆(庙底沟H59:29)图文展开

4. 单元图文解析 　　　　5. 中气月图文分解

图4.24 彩陶盆(庙底沟H59:29)图文解析

季+节气点+中气月+岁时",这是历法的基本元素,其中节气点所在的双线上端延伸至岁时的夏至点,中气月以"合月+中"组成合文(图4.24:4、5)。🔥像火焰形,本义是火。《说文》:"火,燬也。南方之形炎而上,象形。"🔥图文为火与星的合文,以圆点指星或指事,

---

[1] 慕平译注:《尚书·尧典》,中华书局,2009年3月,第5页。

[2] 河南省文物考古研究所编:《河南史前彩陶》,河南美术出版社,199/6年,第54、63页。

即火星（图4.24:3）。在庙底沟彩陶历法中，大多省去了指事的圆点，所以"🌙"就是"火星"。远古天文的"火星"，以其出现天空的一定位置确定夏至之时而得名。古人天文知识深厚，以火星在天空的区域判断季节。以"火星"在天空出现的位置确定的历法季节，在庙底沟遗址还有多例，比较完整者两例，略述于后。

彩陶钵（庙底沟02SHMT38H408:36）[1]，泥质红陶，敛口，尖圆唇，上腹略弧，下腹斜收，平底。器表磨光。复原器，口径13.7厘米，底径5.3厘米，高6.5厘米。上腹部绘黑彩图文四组一周，其中完整的有"火"字、"中"图文各一个（图4.25:1）。彩陶钵（庙底沟02SHMT38H328:16）[2]，泥质黄陶红衣，敛口，尖圆唇，上腹略弧，下腹屈收，平底。器表磨光。复原器，口径13.6厘米，底径4.8厘米，高7.4厘米。上腹部绘黑彩图文两组一周，每单元则为"火"（火星）和合月（四季）图文。合月内置两竖三横交合的四象图文，指示四季（图4.25:2）。在图文中🌙与🌙意形近义通，指火星。

火（火星）中

1. 彩陶钵（庙底沟02SHMT38H408:36）

2. 彩陶体（庙底沟02SHMT38H328:16）

图4.25 "火星"纪时的彩陶（庙底沟遗址）

[1] 河南省文物考古研究院：《华夏之花——庙底沟彩陶选粹》，上海古籍出版社，2013年6月，第108页。
[2] 河南省文物考古研究院：《华夏之花——庙底沟彩陶选粹》，上海古籍出版社，2013年6月，第107页。

第五章
数学成就

　　我国古代数学称为算术，又叫算学。西周时期，算术属于六艺之一，为贵族子弟必须学习的科目。[1] 数学起源非常之早，在裴李岗文化的贾湖遗址已有刻写的一、二、五、八等数目字，还有龟甲腹内的黑、白石子，黑、白石子应是筹算工具。说明贾湖人掌握了一定的数学知识和算术技能。仰韶文化时期，由于彩陶图文记载，数学知识的内容更为丰富翔实。如九宫"洛书"、几何数学（勾股弦定理、等分）、三角数学、三角函数和奇、偶数，比较明确的有十进位制、四则运算、高次方运算，筹算有木棍、石子等工具，以数学为纽带建立了初步的大区域统一的度量衡制度和文明制度体系。彩陶是以几何数学坐标为范式对时空变化规律、历法内容的图文记载。最初的数学就是几何数学，仰韶文化时期，是我国古代数学成就最为辉煌的历史阶段。彩陶图文的数学成就，不仅为研究中国数学的起源和发展提供了实物佐证，在世界数学史上也具有里程碑的意义。

---

[1] 陈成国点校：《周礼·仪礼·礼记》，岳麓书社，1989 年 7 月，第 37 页。保氏："养国子以道，乃教之六艺：一曰五礼，二曰六乐，三曰五射，四曰五御，五曰六书，六曰九数。"

第一节
数字与筹算

早在裴李岗文化的贾湖遗址，就发现了刻在龟甲上的数目字，以线段相积作为计数，这可能是最初的数字，体现了原始的计数原则。仰韶文化时期，彩陶出现了较多的线段式表述数字形式，在西安半坡，姜寨、郑州大河村，荥阳青台，山东大汶口和甘青地区的马家窑文化都有彩陶数字的表述。这些数字在彩陶图文的语境下有思想的、哲学的、数学的不同内涵，但线段式数字应是远古时期筹算的彩陶反映。筹算其实是一把制作整齐的木棍或竹棍，直径大约 3 毫米，长度 10 厘米，用以计算。

大汶口遗址彩陶豆的盘口则是七个竖道，分别表述"七"的数字，结合彩陶语境因是指代"七日来复"月亮的运行周期（图 5.1:1）。大河村、青台遗址这样的表述也很多，并把"三""四"或"四""五"置入中气图文的间节内，构成复合式图文，彩陶语言更为活泼（图 5.1:2、4）。彩陶盆（大汶口 M1018）的口沿，在白色底纹上分别以黑、红色相间绘出五组"七"、一组"九"的数目字，黑、红两色表述了数的阴阳属性（图 5.1:3）。姜寨遗址彩陶盆（姜寨 M176）在盆口沿的"四向"位置形成露白，露白内黑彩绘出四竖道、五竖道，分别表述四、五数字（图 5.1:5）。盆的口沿黑彩一周表述周年历度，则"五"指代"五日为候"，"四"指代"四时（季）为岁"，用以提示"五日为候，三候为气，六气为时，四时为岁"的历法谚语。甘青地区的马家窑文化彩陶用"五"表述天地的交午变化，以"○"表述"无"没有之意（图 5.1:6、7）。彩陶图文中"一"是神圣的数字，除了本义之外，还被赋予有思想的、哲学的、政治的内涵，表述"中""道"等。

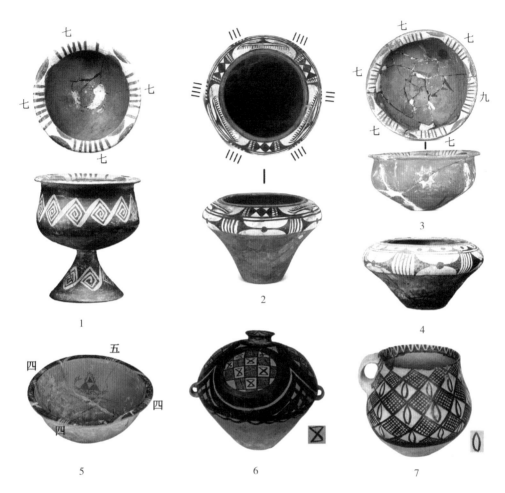

1. 彩陶豆（大汶口造址） 2. 彩陶钵（大河村遗址 F1:26） 3. 彩陶盆（大汶口遗址 M1018）

4. 彩陶钵《青台遗址》 5. 彩陶盆（姜寨遗址 M176） 6、7. 彩陶罐（永靖县、榆中县采集）

图 5.1 彩陶上的数字举例

彩陶还有画圆点以其数量表述数字的，如淅川下王岗遗址彩陶钵（下王岗 M248:1）、华县泉护村遗址彩陶钵（泉护村 H87:284），其中淅川下王岗陶钵上的一、二、三圆点排列，一居中，二竖立，三斜列，这与现今麻将牌一饼、二饼、三饼相似。此外，华县元君庙墓地陶钵（元君庙 M413:5）则以戳刺点数表述数字形成三角形式的"洛书""河图"，从数列来讲，"洛书""河图"可能是一体的。

商代甲骨文已有比较完整的数字符号（图 5.2），还有可信的算筹算术。据考证，分为竖式和横式两种（图 5.3）。

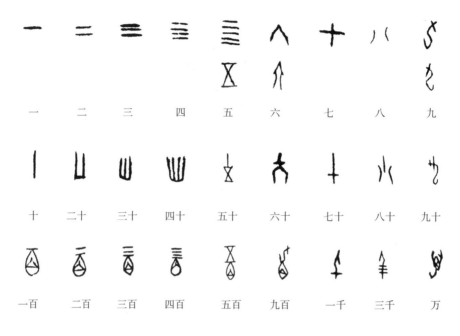

图 5.2　甲骨文所见数字举例

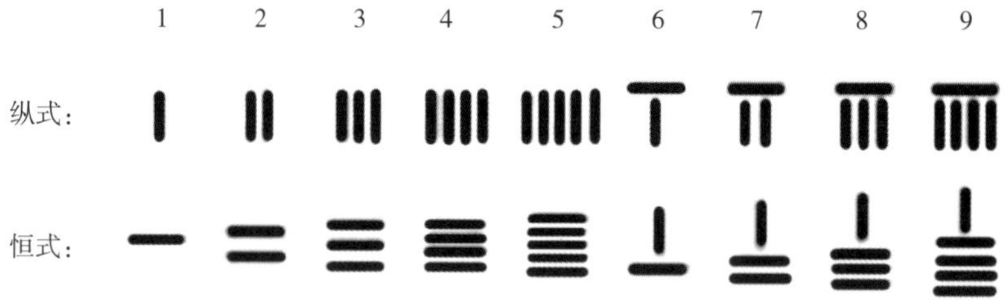

图 5.3　筹算数字的布列方式

　　彩陶线段式数字应是取象于木棍、竹签的算筹，只是图文表述时做了线段化处理。算筹除了布列式运算之外，还可在三角数学中进行运算。除了木筹、竹签算具，还有石子算筹，圆点式数字就是石子算筹的写实。在贾湖遗址的贵族墓葬内，发现许多龟甲腹内有一定数量大小相若的黑白石子。这些石子盛装于龟甲腹内，应是筮算工具。

第二节
彩陶"洛书"

　　淅川下王岗彩陶钵（下王岗 M248:1）数理图文应是远古哲学和数学理论的核心内涵。《道德经》有两则关于它的文字记载，合起来就是一篇完整的淅川下王岗彩陶钵（下王岗 M248:1）数理图文的文言译文。这篇图文与春秋之际《道德经》（相关部分）相映照的同时，为宋代"杨辉三角"找到了根源，成为中华文化的辉煌篇章。现今数学无处不在，但遗憾的是，不仅外国人不知道，包括我国的一些文化研究者也是茫然无知，数学之源竟然记载于远古中国的彩陶图文里。这篇数理图文之所以成为经典，因为它不仅是中华文化的一部分，它所创立的基本数学原理一直作为后世数学理论的学科基石而熠熠光辉。淅川下王岗彩陶钵（下王岗 M248:1）数理图文在本书第三章"彩陶古易思想"作了比较完整的阐释，这里不再论述。

　　"九宫格"望月图文是流行于郑洛地区的一种特色彩陶，其实它是远古传承的"洛书"算术，以数 5 为中数，横向、竖向、斜向布列 1 ~ 9 的 9 个数之和为 15。合月图式置入"洛书"，表述一个月时的历法图文，"洛书"在图文中指代历法的"十五"，采用了原始"代数"法进行叙事。"洛书"算术可以代表 6000 年前中国文化的数学水平，运用"十进位"算制，算术精妙（图 5.4）。因为有彩陶图文对"洛书"的记载，以前视为传说的"洛书"，就成为有考古实物依据的信史。对已掌握"洛书"算术成就的中华先人来说，完成历法的精确历算和彩陶历法编制，不是难事。郑州一带的"九宫格"的"洛书"，显然是"象数理"中国文化的产物，具有深厚的哲理思想和严密的逻辑关系。《孙子算经》记载，数学是天地万物的根本，是"四时之终始，万物之祖宗"。彩陶的图文表达形式，显示了物象数理的深刻内涵。

九宫格望月　　　　　　　　变体九宫格　　　　　　　　九宫格（洛书）

图 5.4　朔望月与"洛书"算术

站马屯遗址彩陶罐（2009W21:1）[1]，器内壁、器表口口沿至下腹中间为红色，下腹及底部为灰色，肩部施白陶衣，上饰一周黑彩图文（图 5.5）。图文为三组椭圆开光，开光内绘合月九宫格图文。合月为上弦月和下弦月、中间九宫格为"洛书"图文，"洛书"有 15 的等数原理，古人以此指代历法的"十五"。历法的十五日又是天象的圆月，圆月为"望"。弦月和望月的图文组合，表述一个月时。作为图文隔断的交午纹，由上、下两个弧边三角组成，有连续、交替之意。整个图文应是 30 日为一个月，三个月为一时（季）的历法内涵。

0　　　　10厘米

眉月　九宫格　眉月

5.5　彩陶罐（站马屯 2009W21:1）"洛书"图文解析

彩陶历法是远古图文元典的重要内容，是佐证中华文明的文献记载。作为元典文献，还应谈谈支撑彩陶历法的"洛书"、历算等数学知识。彩陶图文有一种定式，对合的上弦月、下弦月两个月相中间，包含有不同图文并进行相应历法内容的表述。这样的图文定式一般称为合月纹。合月纹有许多图式。富于变化是彩陶图文语言生动的深刻反映，充分展现了中华文明的丰富多彩，灿烂辉煌。

[1] 河南省文物考古研究所、河南省文物管理局南水北调文物保护办公室：《郑州市站马屯遗址仰韶文化遗存2009—2010 年的发掘》，《考古》2011 年第 12 期。

合月纹表述天文月相的朔望月过程，是古人以古易思想对天文月相的叙事方法。历法上朔望月是月时的基本元素，月时约为 29.53 天，历法实行历数取整原则，故有大月 30 天、小月 29 天的月制。历法以"中气"为要义，每月十五日（望日）为中气节点，数学算术的九宫"洛书"因为有"十五等和"的特点，便把九宫置于合月之内指代"望月"。"九宫格"合月纹在嵩山及郑洛地区非常流行，郑州大河村、白庄、西山[1]、站马屯[2]、点军台等遗址出土不少彩陶和残片，有的九宫格周边还画了四射光芒，中间方格加了露白叶纹或中线（图 5.6）。

1. 彩陶罐（郑州西山遗址 F107）　　　　　　　2. 彩陶罐（郑州白庄遗址）

3. 彩陶罐陶片　　　　　　4. 彩陶罐陶片　　　　　　5. 彩陶钵
（郑州大河村遗址）　　　（郑州大河村遗址）　　　（荥阳点军台遗址）

图 5.6　九宫格合月纹彩陶

九宫格是远古时期传承下来的数学算术，数理深奥，十分神秘，古称"洛书"，现代学者赞之为"三级魔方"。九宫格的黑白形式，表述 9 位自然数的阴阳属性，1、3、5、7、9 为阳，2、4、6、8 为阴，居中的 5 兼具阴阳属性，纵列、横向、对角的三数之和均为 15，这样的数学模式既平衡又稳定，合乎天理、应乎人心，古人用之历法说明每月中气的必要性。因为有两个峨眉月作为参考，这个九宫格图文应是望月的意涵，锁定了"洛

[1] 河南省文物考古研究所：《河南史前彩陶》，河南美术出版社，1996 年，彩版八图 1。

[2] 河南省文物考古研究所等：《郑州市战马屯遗址仰韶文化遗存 2009–2010 年的发掘》，《考古》2011 年第 12 期。

书"15 和数,以"洛书"的 15 和数指代历法月制的"十五"(图 5.7)。"洛书"采用"十进位"数理制度,可以进行四则运算和开方,算法精妙,是远古时期我国数学研究水平领先世界的一项代表性成果。

彩陶罐(郑州白庄遗址)   朔望月彩陶图文   九宫格(洛书)

图 5.7 朔望月与"洛书"算术

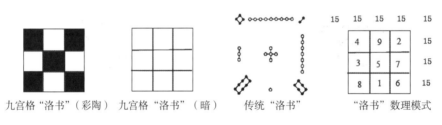

九宫格"洛书"(彩陶) 九宫格"洛书"(暗)   传统"洛书"   "洛书"数理模式

图 5.8 "洛书"图文演变与象数

"河图""洛书"是《尚书》《易传》记载的上古文献,据传是伏羲时代的"大道"之书。时远代隔,"洛书"是什么样子,难以搞清,几千年来,争论不休。仰韶大河村文化"洛书"图文的认识(图 5.8),实证了华夏先民在距今 6000 年前的仰韶时期,掌握了先进的天文学、数学知识,发明创制天文历法的历史事实。如"中国戎夷五方"的天下观,是基于"洛书"的逻辑思维提出的。由于使用图文记载思想和文化,彩陶历法得以传承和传播,促进了社会生产力,中原区域成为经济文化繁荣发展的中心和热点。九宫洛书的数理模式还与"中国"遵循天道、践行社会"大同"的思想理念相契合,成为中华文明萌发形成的精神动力和思想基石。彩陶图文在传播历法、数学成就的同时,厚植中国文化价值,强化中华文明基因,是古圣先贤千百年来景仰不已的中国情结。

郑州大河村文化的"洛书"图文因为有合月纹和特定的语言环境作参考,识别和释读相对来说并不困难。依据郑州"洛书"图文,是可对彩陶"洛书"图文进行鉴定识别的。

第三节
三角数学

彩陶数学方面的内容，主要基于几何数学的成就，以三角数理、三角数学和数理表述，展现数学、天文学和历法等成就。

一、三角数理

淅川下王岗遗址彩陶钵（下王岗 M248:1）图文以数理阐道，是远古中华文明的宇宙观和社会实践的方法论，向前拓展了中华文明的历史轴线。数学是社会文明基本的需求。彩陶普遍存在于远古时期的遗址遗存，展现了中华文明的厚度和亲和力。

陕西省临潼县（现西安市临潼区）姜寨遗址彩陶钵（姜寨 M83）[1]，泥质红陶，红衣磨光，深弧腹，圜底。口径 38.7 厘米，高 13.4 厘米（图 5.9）。口沿下及腹部黑彩绘一倒三角形，其沿下中部至中心刻画"｜"形符号。

图 5.9　彩陶钵（姜寨 M83）图文解析

腹部绘一个黑色三角形，表示"万物皆数"的哲学思想。三角形表述"数"概念。"｜"为作三角形后特意刻画，用力稍重，刻画处显露了陶胎。"｜"既是"中"，也是数字"一"，表述的思想更加完整。《道德经》："天下万物生于有，

---

[1] 陈星灿主编：《中国出土彩陶全集》第 6 卷，科学出版社、龙门书局，2021 年 10 月，图见第 53 页。

有生于无，""道生一，一生二，二生三，三生万物。"可以说，"丨"的刻画，把中国文化的"中道"思想展现无遗，可谓"神来之笔"。

陕西省临潼县（现西安市临潼区）姜寨遗址彩陶钵（姜寨 ZHT8M83:5）[1]，泥质红陶，敛口，浅弧腹，圜底。口径 36.4 厘米，高 14 厘米，壁厚 0.3 厘米（图 5.10）。口沿下黑彩绘一倒三角形，器底有对称的用指甲扣的四个支点。姜寨遗址第二期，即仰韶文化早期。

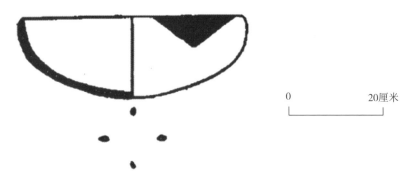

0　　　　　　20厘米

图 5.10　彩陶钵（姜寨 ZHT8M83:5）图文解析

河南省洛阳市采集的三角图文彩陶钵[2]，泥质红陶，直口微敛，大口圆唇，器内外磨光，鼓腹，圜底。口径 28 厘米，高 14.5 厘米。口沿腹部绘黑彩倒三角形一个，三角形中部刻画一个"一"，应是"道一"的哲学内涵。底部圜底边缘为一周戳印指甲纹，腹下一个戳印指甲纹三角与圜底指甲纹连接（图 5.11）。按照彩陶表述手法，黑彩三角内刻画一个"一"，应是《道德经》的"道生一，一生二，二生三，三生万物"的思想渊源。腹下指甲纹三角和圜底指甲纹都应是数理天文历法内容的表述，但因指甲纹略微漫漶，相关内容待考。

1. 彩陶钵（洛阳市采集）　　　　　　2. 底部指甲纹

图 5.11　彩陶钵（洛阳市采集）图文解析

[1] 西安半坡村博物馆等：《姜寨——新石器时代遗址发掘报告》，文物出版社，1988 年 10 月，第 213 页。
[2] 高润民：《中国史前陶器》，人民东方出版传媒、东方出版社，2017 年，第 228、229 页。

姜寨遗址彩陶钵（姜寨 T231W143:1），泥质红陶，口微敛，浅腹，小平底，底部较粗糙并有一小凹坑。[1] 口径 31.2 厘米，高 12 厘米。口沿外绘一黑彩倒三角形，其上刻画"𝌆"符号。彩陶图文的三角形一般为"数"或与数字有关，其内刻画一个"𝌆"，中间两竖应为"廿"，两侧各四个斜线平等中分，积数为"八"，是数 28。据彩陶图文，有比较多的一至十一的线段数目字，这是早期中国数字形成阶段，说明中国远古数学家已使用"算筹"工具进行相关计算了。在姜寨遗址还有一些刻画符号，应该也与数学和算术有关系（图5.12）。

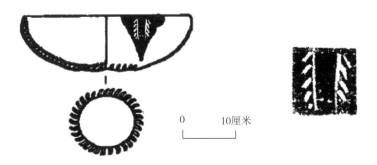

图 5.12　彩陶钵（姜寨 T231W143:1）图文解析

二、三角数学

数学成就除了在生活中运用和图文表述外，还应有卓越的算术技能和能力。北首岭彩陶壶（77M15:7）三角数学的图文记载，是宋代杨辉三角算术的滥觞，是中华数学成就的辉煌篇章。

陕西省宝鸡市金台区北首岭遗址彩陶壶（77M15:7），细泥红陶，口部如算珠状，细颈，耸肩，垂腹，腹以下向内折屈，小平底。口径2.3厘米，底径3.3厘米，高19.5厘米。[2] 陶壶肩腹部以黑彩绘A、B、C三组等大的小等边三角形组成的图案，每层单元图7组，二方连续分布。A组图案为上层，单元图为1、2、2、1个小三角形叠砌的竖式菱状图形，是"道生一"的数理法则；中层为B组、C组图案混成，均为倒置小三角形叠砌而成的松塔状正三角，B组图形6个小三角形，C组图形10个小三角形；底层为C组图形一周（图5.13）。

[1] 西安半坡村博物馆等：《姜寨——新石器时代遗址发掘报告》，文物出版社，1988 年 10 月，第 108 页。

[2] 陈星灿主编：《中国出土彩陶全集》第 6 卷，科学出版社、龙门书局，2021 年 10 月，图见第 85 页。

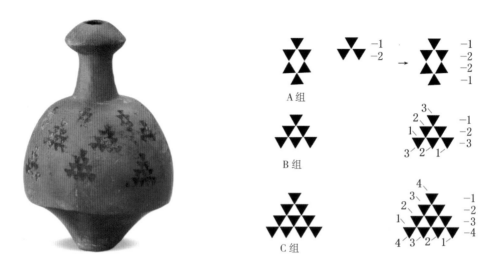

1 彩陶壶（北首岭 77M15:7）　　　　　　　　2. 彩陶壶（北首岭 77M15:7）图文分解

图 5.13　彩陶壶（北首岭 77M15:7）图文解析

北首岭遗址还有一件三角形算术图文彩陶瓶（78M4:6）。这件陶瓶腹部饰黑彩小三角砌成的松塔状大三角形一周。大三角形分为：D 组图形为五层式、E 组图形为七层式两种。两种图形上下颠倒、相间错置（图 5.14）。这种数理和自然现象相结合的三角数学模式，应是我国古代的"杨辉三角"的滥觞（图 5.15）。

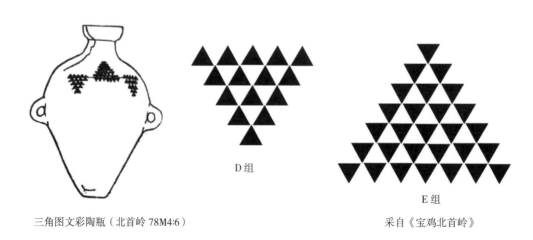

三角图文彩陶瓶（北首岭 78M4:6）　　　　　　　　采自《宝鸡北首岭》

图 5.14　三角形算术图文彩陶瓶（北首岭 78M4:6）

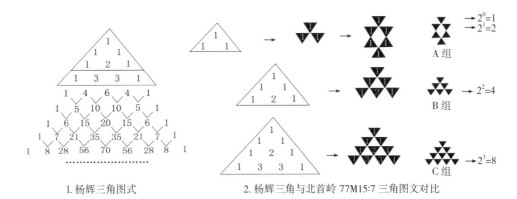

1. 杨辉三角图式　　　　　　　　2. 杨辉三角与北首岭 77M15:7 三角图文对比

图 5.15　杨辉三角原理与北首岭彩陶壶三角图文比较

"杨辉三角"最早记载于南宋数学家杨辉于 1261 年所著的《详解九章算法》一书内。它是二项式系数在三角形中的一种几何排列，适用于复杂的高次开方算术，所以称为"杨辉三角"。杨辉在书中记述，北宋数学家贾宪曾使用这样的三角形算术进行高次方运算，故也称贾宪三角。杨辉三角非常神奇，比如：三角形的两条边上都是数字 1，而其余的数都等于它肩上的两个数字相加；具有对称性（对称美），与首末两端等距离的两个数相等；每一行的第二个数为行数；所有行的第二个数构成等差数列；第 n 行包含 "n＋1" 个数，等等。欧洲人帕斯卡（1623—1662）在 1654 年也发现了这一规律，所以这个数表又叫帕斯卡三角形。帕斯卡的发现比杨辉要晚 393 年，比贾宪迟 600 年，比北首岭三角要晚至少 5000 年（图 5.16）。

1.（清）郁松年编宜稼堂丛书收录《详解九章算法》　　　2. 杨辉三角图解

图 5.16　宜稼堂丛书所录《详解九章算法》

北首岭三角图文用《道德经·四十二章》"道生一，一生二，二生三，三生万物"解读更契合彩陶图文的"象数理"逻辑，阐释"杨辉三角"特别贴切，符合中国文化"道统"思想。例如，每一行的自然数之和都是 2 的行数次方，第 3 行为 $1+3+3+1=8=2^3$，突破了 3、4 三角堆砌的象数空间转换，达到从象到数理的平衡，这就是"三生万物"的数学模式，这与下王岗数理图文的数理观念相一致；三角形两侧边均为数字 1，这是"道生一"的中国文化形态。根据"杨辉三角"的计算方法，可知当时的天文历法专家已经掌握了至少七次方程的运算技能，由此可知中华先人能够获得先进的天文知识、创制精确的彩陶历法，是有科学思想和扎实的物理数学基础作为支撑的。北首岭三角是中国数学史上的重要成果，为中华文明的古易思想、天文学、历法（农历）和农业经济发展奠定了基础。"洛书"图文、下王岗数理图文和北首岭三角算术，到《道德经》的"道生一""三生万物"，再到杨辉三角，反映了远古以来我国数学研究方面的卓越成就（图 5.17）。

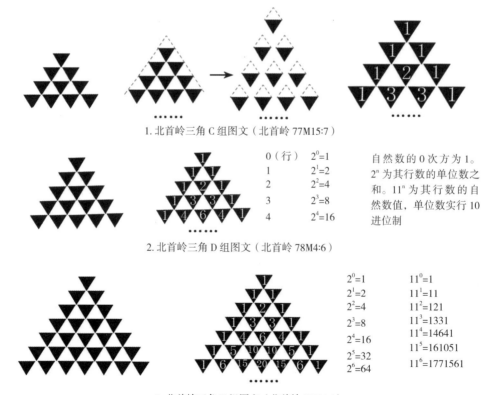

1. 北首岭三角 C 组图文（北首岭 77M15:7）

0（行）	$2^0=1$
1	$2^1=2$
2	$2^2=4$
3	$2^3=8$
4	$2^4=16$

自然数的 0 次方为 1。2^n 为其行数的单位数之和。11^n 为其行数的自然数值，单位数实行 10 进位制

2. 北首岭三角 D 组图文（北首岭 78M4:6）

$2^0=1$	$11^0=1$
$2^1=2$	$11^1=11$
$2^2=4$	$11^2=121$
$2^3=8$	$11^3=1331$
$2^4=16$	$11^4=14641$
$2^5=32$	$11^5=161051$
$2^6=64$	$11^6=1771561$

3. 北首岭三角 E 组图文（北首岭 78M4:6）

图 5.17　北首岭三角图文的象数解析

元君庙墓地出土的一件戳刺三角图文陶钵（M413:5），绕器壁饰椎刺的三角形纹带[1]。三角形上通过下交错配置，三角形高度就是带纹的宽度。从口沿下

1. 戳刺三角图文陶钵（元君庙 M413:5）

F 组（洛书数）

G 组（河图数）

2. 单元图文解析

3.F 组与 G 组图文象数解析

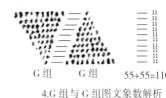

4.G 组与 G 组图文象数解析

图 5.18　戳刺三角图文陶钵

留存的一阴线刻痕窥知，在锥刺三角形前，是经过精心设计和图形规划。现存的三角形纹带已部分残损，所幸还残存 10 三角形。单元三角图文的宽端戳刺点数与其层数相同，约为正边三角形。这些三角形依据宽端戳刺点数分为 F 组、G 组两类。F 组宽端为 9 个 9 个戳刺点数的三角，G 组宽端为 10 个戳刺点数的三角。按陶钵（图 5.18:1）自左至右顺序即第二个三角为 F 组，再左为连续 4 个 G 组三角，然后一个 F 组三角。依据象数法则解析，F 组三角、G 组三角的戳刺点数之和恰好是 100 数量（图 5.18:2）。F 组三角戳刺点数从 1 到 9，其和 45，则合"洛书"之数；G 组三角戳刺点数从 1 到 10，其和 55，则合"河图"之数。其中有三角几何、十位进制的数学原理，这是象数理表述的"河图""洛书"的又一种范例。前面讲杨辉三角有一重要算术功能就是 11 的高次方运算特别优越，方便快捷准确。元君庙三角两个 G 组三角的象数形式，说明数量 11 的重要性（图 5.18:3），可能指示了三角数学 11 次方运算的特效。依据杨辉三角可知，$11^0=1$、$11^1=11$、$11^2=121$、$11^3=1331$，以至于无穷，只要到第五次方以上的运算、注意三角数字的十位进制，都可以在杨辉三角中得到结果。如果这样，元君庙三角、北首岭三角都有一些我们至今仍遵循的数学原则，除基本的加减乘除四则运算，还有复杂的幂方运算、十进位制，任何一个自然数的 0 次方都为 1，无穷数概念，等等。

陕西省西安市鄠邑区真守遗址彩陶钵（真守 88098）[2]，现藏西安市鄠邑区文物管理所。

[1] 北京大学历史系考古教研室：《元君庙仰韶墓地》，文物出版社，1983 年 4 月，第 32—34 页。

[2] 王炜林主编：《彩陶·中华——中国五千年前的融合与统一》，陕西师范大学出版总社，2020 年，图见第 95 页。

陶钵泥质红陶，口微敛，鼓腹，圜底，器表磨光。口沿及上腹部绘一周黑彩三角与斜线图文。黑彩三角一正一反相间分布，中间漏地斜宽带内顺势填绘细斜线段组合（5.19∶2）。单元黑彩三角内分别有一个漏地小三角，应是数的无限大和无限小的图文表述；间隔宽带的细斜线分别有 10 线、11 线组合，应是数的十进制与"百""千""万"等数学制度及"11""数值的图文表述，这正是杨辉三角的数学内涵的重要内容。《周髀算经》记载，"数之法，出于圆方。圆出于方，方出于矩，矩出于九九八十一。故折矩以为句广三，股修四，径隅五。"折矩即为三角形。前面所述的北首岭三角、元君庙戳刺三角等许多彩陶三角、淅川下王岗数理图文，都说明"杨辉三角"起源非常久远，早在距今 6500 年至 7000 年的仰韶时期已有非常明确的彩陶图文记载，并以此创立了天文学、历法等一系列制度，奠定了农业文明发展的基础，这是中华先人对世界文明历史的重大贡献。

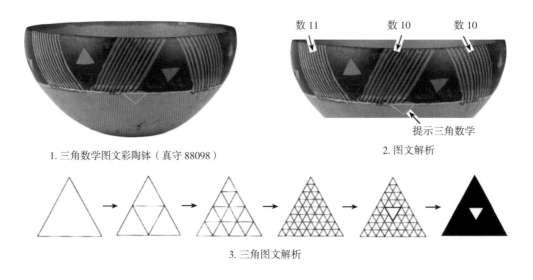

1. 三角数学图文彩陶钵（真守 88098）

2. 图文解析

3. 三角图文解析

图 5.19　三角数学图文彩陶钵（真守 88098）

陕西省西安市半坡遗址彩陶钵（半坡 M108），泥质红陶，器壁较厚，口微敛，鼓腹较深，圜底。陶钵口径 14.3 厘米。腹中部刻画一周凹弦纹，弦纹与口沿之间绘黑彩三角与成组斜线相间的二方连续图文。黑彩三角形一正一倒交错分布，每个三角中部留白反向的小三角形。黑彩三角形之间为五或六条平行斜线组合（图 5.20）。

三角，函数。黑大三角
与白小三角，数理之象。
其大无外，其小无内。

或五或六斜向线段，表述气数。
历法谚语"五日为候，三候为气，
六气为时，四时为岁。"

1. 彩陶钵（半坡 M108）

2. 三角、线段数字图文解析

3 彩陶（半坡 108）图文展开

图 5.20 彩陶钵（半坡 M108）图文解析

三角刻纹陶罐（大河村 T38 ⑱ :12），夹砂褐陶，厚胎，侈口，方唇，高领，折肩，鼓腹，平底内凹。口径 5 厘米，高 6.4 厘米。肩和腹部分别压印带状纹和锯齿三角（图 5.21:1）。陶器盖（大河村 T38 ⑲ :60），细泥灰陶，姜黄陶衣，敞口，尖圆唇，浅弧腹，上部残。口径 19 厘米，残高 4 厘米。器表饰凸弦纹和刻画内置平行线的三角纹一周。内壁饰凹弦纹三周（图 5.21:2）。三角刻画纹陶鼎（大河村 T40 ⑯ :3），夹砂掺蚌灰胎，器表棕红色，敞口较小，折沿，方唇，高领，广肩，折腹，圜底，下附三只扁方足，方足弧形内收。口径 16 厘米，高 23 厘米。肩部上下两端各饰指甲戳印文一周，中间正倒相间的三角形刻画纹一周（图 5.21:3）。三角刻画纹陶鼎（大河村 T57 ⑯ :6），夹砂掺蚌灰胎，器表棕红色，敞口较小，折沿，方唇，斜领，束颈，广肩，折腹较扁，圜底残。口径 18 厘米，残高 7 厘米。肩部上下两端各饰指甲戳印文一周，中间正倒相间的三角形刻划纹一周（图 5.21:4）。从地层而言，三角刻纹陶罐、陶器盖属于大河村遗址前二期，陶鼎属于大河村遗址前一期，前者时代略早，但这些三角纹陶器都属仰韶文化早期，与西安半坡、宝鸡北首岭早期大约处于同一时期，应是相同时代相同文化共鸣的产物。就是说，这些三角形刻符的主题都是中华先人对天文"象数"的深刻认识，是创制历法及传播历法文化的重要组成部分。大河村遗址早期这种文化现象正是裴李岗文化刻符和半坡文化书写表达方式的融合和发展，是仰韶文化中晚期彩陶成为中国文化传播的主要载体。

1. 三角刻纹陶罐（大河村 T38⑱:12）

3. 三角刻画纹陶鼎（大河村 T40⑯:3）

2. 陶器盖（大河村 T38⑲:60）

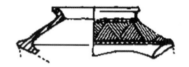

4. 陶鼎（大河村 T57⑯:6）

图 5.21　刻印三角图文陶器（大河村遗址）

三、其他数学图文

陕西省西安市半坡遗址出土的三角纹彩陶罐（半坡 P.1128）[1]，现藏西安半坡博物馆。陶钵泥质红陶，敛口，鼓腹近底，小平底。口径 12 厘米，底径 7.5 厘米，高 12.7 厘米。通体红陶衣，口沿及腹部各绘一周黑彩三角形，上下黑彩三角形顶角错置，其间形成漏地折带纹。下部三角形以漏地竖道从中间分割，成为两个对立的直角三角形（图 5.22）。这

图 5.22　彩陶罐（半坡 P.1128）

[1] 王炜林主编《彩陶·中华——中国五千年的融合与统一》，陕西师范大学出版总社，2020 年，图见第 89 页。

152

样的三角形图文显然是对三角形数学算术的一种象数认识，下部黑彩三角从中间分割，漏地的中间竖道是暗"中"的表述手法，说明三角数学算术的对称性质。下部黑彩三角的中分形式可能暗示人们已对直角三角形或勾股算术掌握和运用，如立杆测影、东西南北的四向等。

大河村遗址的的彩陶钵（大河村 T43 ⑦ :108）[1]，泥质红陶，敛口，折沿，尖唇，溜肩，折腹，小平底。口径 19.2 厘米，底径 11.2 厘米，高 19.6 厘米。器残，可复原。上腹红衣，绘黑彩图文。肩部绘五道平行弦纹，钻有对称的两个穿孔。上腹绘网格、四方空白和六竖道，为格物（数）、空间和数六的单元象数图文一周，意为"大道周行，时空皆数"（图 5.23）。

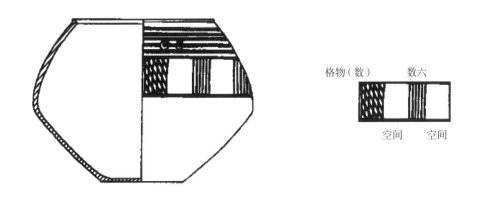

图 5.23　彩陶钵（大河村 T43 ⑦ :108）

山东省泰安市大汶口遗址彩陶盆（大汶口 M1018）[2]，泥质红陶，圆唇，斜折沿，侈口，鼓腹斜收，小平底。口径 25.6 厘米，沿宽 2.8 厘米，腹径 24 厘米，底径 4.5 厘米，高 13.4 厘米。陶盆施红色陶衣，腹部绘等距离四个白彩圆心八角纹，并以熟褐色彩勾边及填圆心。口沿着白彩，绘红彩、黑彩的半弧、线段，六组一周。腹部八角形（或称八角星）应是四向八方的空间内涵，中间黑色圆点则是太阳。口沿图文的黑彩、红彩半弧则表述阴阳属性，竖式线段则是数字的记录，其中 7 数五组、9 数一组，红彩、黑彩相间显示了数的阴阳属性。线段数量应是远古使用算筹计数和运算的客观反映（图 5.24）。

[1] 郑州市文物考古研究所：《郑州大河村》，科学出版社，2001 年，第 206、208 页。
[2] 山东博物馆主编：《大河上下——黄河流域史前陶器展》，文物出版社，2015 年 12 月，第 162 页。

图 5.24　彩陶盆（大汶口 M1018）

陕西省西安市临潼区姜寨遗址彩陶钵（姜寨 ZHT11M237:1）[1]，泥质红陶，口微敛，深腹微鼓，小平底。口径 15 厘米，底径 7.8 厘米，高 11.2 厘米。口部与腹部黑线之间绘黑彩六组斜向细线图文。腹部细线分别为八道、九道细线组合相接一周（图 5.25）。八道细线有"八卦"变化之意，九道细线有"洛书""九宫"气象，以"八卦""洛书""九宫"的"道统"表述世界万物多姿多彩的纷繁变化，特别是与人类息息相关的气候及环境。

看似简约的图文，包含了更为深厚的精神文化的内涵，中华先人的睿智思想成为中华文明的奠基石。应该说，彩陶图文确实是中华文化的元典文献，这种不仅有大量的实物，还能够基本释读，并与《易经》、农历、古天文、数学等中华思想文化相赓续，虽然有五六千的时间代沟，但其源流顺畅，根脉贯通，显然是中华文化与文明发展的重要阶段。

图 5.25　彩陶钵（姜寨 ZHT11M237:1）

---

[1] 王炜林主编《彩陶·中华——中国五千年的融合与统一》，陕西师范大学出版总社，2020 年，第 91 页。

第六章

彩陶历法

　　我国古代记载和检知时间的法则，称为历法，是农耕文明社会的重要标志。早在仰韶时期的 6800 年以前，中华先人通过对太阳、月亮和世界万象的观察和研究，创制了一套精密周详、简明实用的以太阳为本（年）、月亮为体（岁）的中华历法体系，成为传承至今的文化瑰宝。这个历法体系使用图文表述，以彩陶作载体，被称为"彩陶历法"。彩陶历法是中华农历的祖源，是人们日常生活的行为准则，为农业生产提供可靠的时间依据，对于提高生产力和改善生活水平具有重大意义。远古历法专家通过天文、物候的变化规律，运用古易思想揭示了万物生长的季节特征，发现和发明了彩陶历法，奠定了中国仰韶时代以农耕为主的社会文明的形成，极大地促进了生产力的发展，创建了中国历史上第一个"中华大同"盛世，成为新石器时代世界性农业革命的最伟大的社会文明成果，引领了国家文明的发生和发展。

第一节
彩陶历法与历法元素

　　彩陶历法是远古中华文明的标志。彩陶图文内容主要是历法体系的概念、法则和相关制度，包括日时法则、月制、岁制、阴阳合历和节气制度等。

一、日时法则

　　日时是历法的基本元素。在阴阳思想指导下，古人以"昼夜为日时"作为日时法则。经年累月的立杆测影实践，人们认为白天的中午是个常数，中午对中午又是常数，中午对时包括白天、黑夜，这是一个时间周期，规定这个周期为日时。为方便生产生活，运用几何原理中分法确定夜分（子正）为一日之始，白天太阳最高时的中午为一日之中。

　　陕西省西安市半坡遗址出土的彩陶盆（半坡 P.1126）[1]，唇部涂黑彩，上腹两组黑彩日时历法图文，每组由日时法则和两个日时阴阳消长图文组成（图 6.1:1、2）。日时法则就是对"日时"历法的概念规定，每日十二时辰。白天太阳直射为"日中"，又称"中午""交午"，把"子时"之正即"交子"定为一日之始（图 6.1:4）。从子时到下一个子时则为十二个时辰，正是白昼、黑夜一个时间过程，也是昼夜交合的过程。这是中华先人运用几何数学、以"中"定日的方法。现今"小时"是与古时辰比较而言，十二个时辰则对应现今的 24 小时，古时一时辰等于现今的 2 小时。一日的周期之内，白昼与黑夜的变化有大致的规律：子时到卯时"平旦"，阳气始生、阴气由盛渐衰；卯时大致阴阳平衡，卯时到中午，阴消而阳气趋强，中午阳盛阴竭；中午至酉时（黄昏），阳气渐衰而阴气始生，酉时大致阴阳平衡；酉时至子时，阳消而阴气强，子正时刻则阳气尽而阴气最盛。（图 6.1:3）这个过程，恰好是个阴阳消长

---

[1] 陈星灿主编：《中国出土彩陶全集》第 6 卷，科学出版社、龙门书局，2021 年 10 月，第 27 页。

的变化周期，也适应四季的气候变化。当前学者以象生的鱼纹解读篇图文，这是不妥当的。

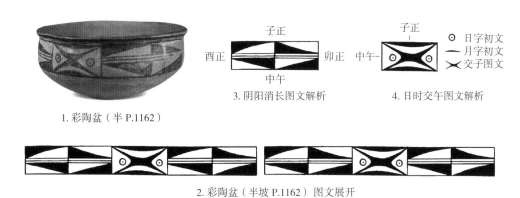

1. 彩陶盆（半 P.1162）

3. 阴阳消长图文解析

4. 日时交午图文解析

⊙ 日字初文
— 月字初文
⋈ 交子图文

2. 彩陶盆（半坡 P.1162）图文展开

图 6.1　日时法则与阴阳消长图文陶盆（半坡 P.1126）

二、日时、月时与四季

日时法则以子午图文为主要表述形式。月时表述范式比较多，覆月式（覆月＋圆点）是其之一种手法，又称为"目"字形，圆点为朔日（初一）。四季图文为开光内绘四季的图式，一般表述季时（三个月）或一年四季的内涵。

河南省三门峡市庙底沟遗址彩陶钵（庙底沟 02SHMH72:6）[1]，复原器。陶钵泥质红陶，敛口，小圆唇，上腹略弧，下腹内屈斜收，小平底微内凹。器表磨光。口径 14.3 厘米，腹径 15 厘米，底径 5.5 厘米，高 7.4 厘米。上腹部绘黑彩图文一周，三组月相、一组子午图文（图 6.2:1）。每组月相图文绘于上弧下平的扁长形露白内，为"覆月＋圆点"范式。"覆月＋圆点"的月相是"月"字的初文，是月时之意，指月亮的一个朔望月周期，一般为 29.53 日。三个月为历法的"季"时，即一季等于三个月的历制等量。横式交午图文是历法规定的一日时间的周期。黑色表示黑夜、属阴性，白地表示白天、属阳性，从左至右就是从深夜到日午再到深夜的周期，古时划分为十二时辰。一般把深夜（夜分）作为子时，是一日之始，太阳居中为午时（正午）。中华古人规定日时的昼夜法则，以立杆测影确定中午时分，对时为日，其半便是子时，以子正时刻为一日之始。这是创制中华历法的方法

---

[1] a. 河南省文物考古研究院：《华夏之花：庙底沟彩陶选粹》，上海古籍出版社，2013 年，第 99 页；b. 陈星灿主编：《中国出土彩陶全集》第 4 卷，科学出版社、龙门书局，第 89 页。

之一，以已知求未知，日时、月时、年时都是运用这种数学几何方法进行解决，这是"中文化"一个重要表现（图6.2:3）。十二时辰是"子丑寅卯辰巳午未申酉戌亥"，一个时辰等于现在的2个小时。这篇图文是说：一日为十二个时辰，一个月为29日（古历分大月30日、小月29日，现在实测一月为29.53日），三个月为一个季时，这是历法的等量原则。

1. 彩陶钵（庙底沟02SHMH72:6）

2. 彩陶钵（庙底沟02SHMH72:6）图文展开（复原）

"月"字初文，本义月。
引申为月时。圆点为数
"一"，指示朔日初一

3. 月时图文

4. 日时子午图文解析

图6.2　彩陶钵（庙底沟02SHMH72:6）图文解析

河南省三门峡市庙底沟遗址彩陶钵（庙底沟02SHMTH408:31）[1]，泥质黄陶，直口微敛，尖圆唇，上腹直，下腹斜收，平底。器表磨光。口径16.7～17.8厘米，腹径17.8厘米，底径6厘米，高7.2厘米。上腹部白衣并绘黑彩图文一周，以漏白分隔为四组，三组为月相、一组为四季图文（图6.3）。每组月相图文为上弧下平的扁长形露白，其内绘"覆月＋圆点"的月相。"覆月＋圆点"的月相就是"月"字的初文，是月时之意，指月亮的一个朔望月周期，一般为29.53日。四季图文为椭圆形开光内绘四季图符范式，表述一年四季的历法概念。三个月为历法的"季"时，四季则为十二个月的历制等量，这是"四时为岁"的彩陶记载文献。

[1] a.河南省文物考古研究院：《华夏之花：庙底沟彩陶选粹》，上海古籍出版社，2013年，第103页；b.陈星灿主编：《中国出土彩陶全集》第4卷，科学出版社、龙门书局，2021年10月，第90页。

四季（岁）　　　　　三月（季）　　　　　　月时（眉月）

图 6.3　彩陶钵（庙底沟 02SHMTH408:31）解析

三、阴阳合历

中华先人创制的历法为阴阳合历，将阴历年的月制纳入阳历年的体系内，采用特定的闰月制度，使历法在一定的时间周期（十九年七闰）达到相等。这种历法是在充分掌握阳历、阴历的基础上制定的。按说，中华先人完全可以选择阴历、阳历的任意一种，但彩陶图文记载，由于阴阳思想的深刻影响，却创制了适合农业发展的中华特色的阴阳合历。

陕西省宝鸡市千阳县丰头遗址彩陶盆（丰头 H54）[1]，泥质红陶红衣，侈口，卷沿，弧腹内收，小平底（图 6.4:1）。口径 36.9 厘米，高 17 厘米，底径 11.5 厘米。唇部涂黑彩，腹部绘黑彩历法原理图文三组一周。单元

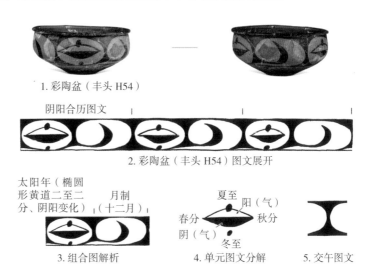

1. 彩陶盆（丰头 H54）

阴阳合历图文

2. 彩陶盆（丰头 H54）图文展开

太阳年（椭圆形黄道二至二分、阴阳变化）　月制（十二月）

3. 组合图解析　　　4. 单元图文分解　　　5. 交午图文

夏至　阳（气）
春分　　　秋分
阴（气）　冬至

图 6.4　彩陶盆（丰头 H54）图文解析

图文为太阳年和月制内涵的两个基本单元组成，并以交午图文相联结包容在一个大型开光内。太阳年是二至二分、阴阳变化的黄道周期特点，右侧的一弯月牙则是"月"字的初文，说明历法是月时制度，即十二月历法制度（图 6.4:3、4）。单元图文是中华古历——阴阳合历概念的高度概括。三组图文组合以交午图文相连接循环，展现的是一篇中华历法内涵的精彩文章。

---

[1] 陈星灿主编：《中国出土彩陶全集》第 7 卷，科学出版社、龙门书局，2021 年 10 月，第 111 页。

唇部黑彩一周为天道周行不断之意，表述周天历度。腹部绘黑彩三组阴阳合历原理图文一周，有"三生万物"的内涵。三组单元图相同，每组由太阳年内涵图文和历法月制图文构成，表明这是以月亮朔望月周期的十二个月制拟合太阳年周期的历法系统（图6.4:2）。

太阳年内涵图文是在黑彩椭圆形开光（类赤道）内，绘上白下黑的两端尖锐的扁弧状图形，并在顶部、底部分别点了圆点。根据图文主题，扁弧状图形上半空白代表阳（气），下半填黑表示阴（气），自春分、夏至到秋分向右旋转，应是阳（气）由弱渐强、至强而衰；自秋分、冬至到春分向左旋转，应是阴（气）由弱渐强、至强而衰。实际上，阴阳（气）图形相交是一个平线，阴阳（气）消长变化是相对，在两端之处呈现了阴阳（气）的平衡，这是中华历法的温、热、凉、寒的气候特征。顶部、底部圆点分别提示夏至、冬至，两端尖角处则为春分、秋分，这是中华历法春夏秋冬四个最重要的节气制度原理。彩陶历法是中华历法，确凿无疑。太阳年内涵图文是图文的主题，也是历法的核心，提示了太阳年周期应是365.24日这个历法"年"的常数。

历法月制图文看似简单，是开光内向右伸出的一个月芽形状，弧线妙曼有姿。其实如果在细处断开，这个图形就是一个"月"字，这在彩陶图文中是常用的手法，说明彩陶图文的文字性质。月字应是说明彩陶历法实行了朔望月周期的月制，十二月制的"岁（年）"制度。这件彩陶盆（宝鸡丰头遗址H54）图文，实证了中华历法自远古以来就是阴阳合历，并且是目前已知的最早历法，应是历法之源。

陕西省姜寨遗址彩陶钵（姜寨ZHT3⑤:2）[1]，泥质红陶，直口微敛，弧腹，圜底。口径20厘米，高10.8厘米。腹部绘两条黑彩鱼纹环绕一周（图6.5）。在右侧鱼纹身上，以鱼眼比类"日"字，指代太阳地球公转的黄道周期，即岁时；以鱼鳃比类"月"字，指代月亮的朔望月周期即月时；鱼腹部位以菱形图形表示"四季"冷热变化的周期，这是中华历法的重要特色；鱼尾表示历法的"岁余"，因是阴阳合历又叫"岁差"，这是中华历法"闰月"制度的原因。早期图文形式的历法，属于"密文"性质的一种，中、晚期图文逐渐转向"数理"，融入了古易思想的内涵，加强了意识形态色彩。

---

[1] 西安半坡村博物馆等：《姜寨——新石器时代遗存发掘报告》，文物出版社，1988年10月，第255页。

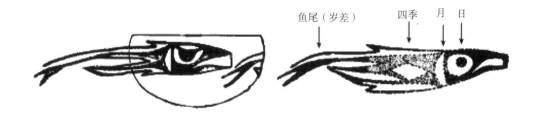

鱼尾（岁差）　　　四季　月　日

图 6.5　彩陶钵（姜寨 ZHT3 ⑤ :2）图文解析

四、黄道、月制与岁制

中国文化观念，地球、太阳公转的平面称为黄道面，地球的轨迹大约为椭圆形，时间周期约 365.24 日。月制以月亮与地球公转的朔望月周期为法则，纳入历法体系，有大月、小月之分，月亮圆满为月时的十五日（望日），还有闰年的闰月等。因为阴阳合历有闰月，又分作平年、闰年，文献记载年为"岁"，故有平年又称小岁，闰年又称大岁。

甘肃省天水市秦安县大地湾遗址彩陶盆（大地湾 F330:24）[1]，细泥红陶，侈口，卷圆唇，上腹较直，下腹微屈，小底内凹。口径 33.8 厘米，底径 11.3 厘米，高 15 厘米。（图 6.6:1）腹部绘黑彩开光图文，依据图文的历法元素内容，可分为中气月制的阴阳合历、中气与中气月制、阴阳合历三个图文组合，其中有中气、月制、历年等图文单元（图 6.6:2）。

黄道图文为椭圆形开光内，绘黑彩"直线 + 倒三角"，椭圆形开光为黄道本相，"直线 + 倒三角"既表示阴阳（冷热）的气候变化，又巧妙地把春分、秋分及冬至的历法节点标示出来，这都是天文上黄道的内容（图 6.6:3）。春分、秋分是四季的中气节点，因为图文主题是讲述历法的中气，故在图文里做了特别标示。

中气图文是以扁椭圆形开光的黄道（历年）作为基本表述，其内"太阳 + 月亮 + 三角（数、数三）"为中气（日月交合的气数）的历法内涵，圆点为太阳，弯月为月亮，三角为函数（数三），这些图文表述日月交合的中气（图 6.6:6）。阴阳合历是朔望月月制，实行十二月的岁制，月时大约十五日左右月亮圆满，又居月时之中，规定十五日为中气。依据"五日为候，三

[1] 甘肃省文物考古研究所：《秦安大地湾——新石器时代遗址发掘报告》，文物出版社，2006 年，第 310、311 页。

1. 彩陶盆（大地湾 F330:24）

3. 黄道与节气图文分解

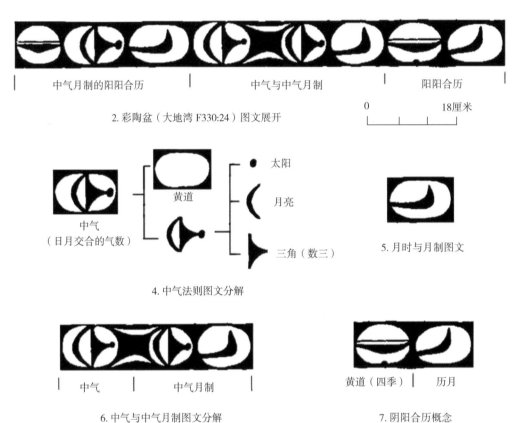

图 6.6　彩陶盆（大地湾 F330:24）图文解析

候为气, 六气为时, 四时为岁"节气制度, 在历法的二年多至三年之间, 会产生一个没有"中气"的月份, 便规定这个月为其前面中气月的闰月。中气月制以"十九年七闰"的历年周期保证了阴阳合历的平衡, 使得太阳直射、月亮圆缺等天象与大地自然象的气候节律相一致, 更方便人们的生产生活。

阴阳合历图文为黄道（四季）与月制的合文, 表述一年四季十二月的岁制（图 6.6:7),

黄道上特意标出冬至节点，表述"四时成岁"。中气月制的阴阳合历图文，是在阴阳合历图文与中气图文的合文会意（图6.6:2）。图文中，◖、⌣都是月的初文，本义是月亮，但图文主题是历法内容，月均是月时、月制的义项，应属月亮本义的延伸，这是"月"字的基本义项（图6.6:5）。月制是历法的计量单位，也是基本的历法表现形式。月历制度在彩陶历法中非常重要，包括朔望月、大小月、中气月、闰月等内容。这篇图文说明，彩陶历法是一种以月亮朔望月周期计量黄道周期（太阳、地球公转）的历法，以中气月制度把太阳、地球、月亮三者运行、变化规律进行统一融合，展现了"大道有常"的人文思想。

阴阳合历是中华历法的基本特征，彩陶历法是其源头。彩陶图文的许多内容非常精彩，阅读起来饶有趣味。那些将彩陶视作纹饰和艺术品的学者，是把古中国的天文学、数学，特别是最早的历法成就给抹杀掉了，搞得中国文化的文字、数学、天文等先进领域，特别是中华历法没了源头，从而给"文化西来"以可乘之机。

陕西省渭南市泉护村遗址出土一件彩陶盆（泉护村H116①:13），[1]泥质红陶红衣，敛口，斜沿外卷，弧腹屈收，底内凹，器底有明显的使用痕迹。口径35.4厘米，底径11.4厘米，高15.6厘米。唇部涂一周黑彩，沿面绘交错状的三个黑彩三角和五个黑彩长叶纹，腹部绘黑彩五组历法元素图文一周（图6.7）。

唇部黑彩一周是表述太阳年周期（一般为365.24日）的历法基数，这是中国古代象数文化常识。我国在远古时代，思想文化及科学技术、农业经济等方面最为先进，特别科学技术方面在图文记载时使用了象数（密码）技术，这是文化发展的需要。就是说，获得彩陶历法的关键技术和准确数据，还是要身传口授，那时应成为"文化"。现在社会讲究"技术专利"，远古中国大概也是如此。沿面绘交错状的三个黑彩三角和五个黑彩长叶纹，这是表述历法气候变化的阴阳（辩证）原则。气候变化和自然环境在远古时代非常重要，直接影响人们的生产生活和生存，一般都要选择气候适宜和环境良佳的风水宝地以利于部族延续和发展。腹部黑彩五组历法元素图文，有"岁差""大月小月""阴阳合历""阴历年（平年）"和"闰年"等历法系统，这些都是现今中华农历的重要特征。

[1]　a.陕西省文物考古研究院、渭南市文物旅游局、华县文物旅游局：《华县泉护村——1992年考古发掘报告》，文物出版社，2014年，第527页；b.陈星灿主编：《中国出土彩陶全集》第6卷，科学出版社、龙门书局，2021年，图见第115页。

1. 彩陶盆（泉护村 H116①：13）　　　　　　　　2. 彩陶盆口沿图文

岁差	大月	小月	阴阳合历	阴历年（平年）	闰年

3. 彩陶盆（泉护村 H116①:13）腹部图文展开

图 6.7　彩陶盆（泉护村 H116①:13）图文解析

大月小月制度是中华历法一项基本历制。因为月亮绕地球公转周期为 29.53 日，历法月制规定，大月 30 日、小月 29 日，保持月时的基本相等。大月小月图文为两个合月纹，合月图文的天文意义是朔望月，即月亮从朔日→望日（月圆）→晦日（无月）的时间长度。理论上的 29.53 日月制在历法实践中，是无法操作的，古人依据"历时取整"原则，实行大月小月制很好地解决了问题。大月图文下面专门加了一个点，提示这个合月图文是"大月"，而后面的合月图文则是"小月"（图 6.8:2）。合月图文中间的一个圆点，表示望（圆）月，即每月的"十五"。"十五"是个有讲究的历法气候时节，遵循"五日为候，三候为气，六气为时，四时为岁"的中华古历原则，历法犹世间万物有"气"可活，大约月时"十五"是一"气"，处在月时的中间时段，因有"中气"之称。

彩陶盆（泉护村 H116①:13）历法图文中，多处使用了重点提示的修辞手法，如"三角"提示、圆点提示等。此外还使用了图文叠加的会意手法，如太阳年周期，开光椭圆形是地球绕日公转的赤道形状，内置扁体图形以圆点标识夏至冬至，这些都是太阳年周期的内涵。

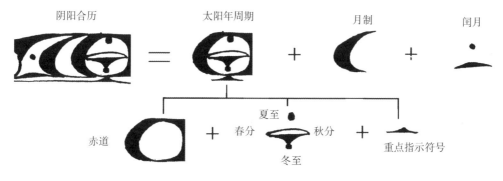

1. 阴阳合历图文分解

2. 大月小月图文分解

3. 闰年图文分解

4. 阴历年图文分解

图6.8　彩陶盆（泉护村 H116 ①：13）图文单元分解

"月"字是最早形成的中国象形文字，根据图文主题，有本义、引申义、指代等多种意涵。我们看到与"月"字相关的图文，都和月亮、月相、月时、月制、闰月、阴历年等义项相关，是个多意字。彩陶图文的"字"虽然不多，却特别注意使用文"字"的关键提示作用，这是彩陶图文的又一个重要特点，顺应了文字发展的历史大趋势。比较而言，嵩山周边的大河村、洛阳土门、汝州洪山庙等大河村文化遗址的彩陶图文文字化趋势明显要高一些。

阴阳合历制度是中华历法的本质体现，彩陶历法更为古老，自然也是阴阳合历的，确切的彩陶图文记载至少有 6800 年（公元前 4800 年）。泉护村遗址这件历法元素彩陶盆只是对阴阳合历特征作了基本的概述，图文显示（图 6.8:1）是参考太阳运行周期的四季和阴阳变化为基本"岁（年）"，实行平年、闰年的纪时历法。图文的"月"字指代的平年，闰月（覆月＋圆点）指代的闰年，圆形开光内置四季与阴阳变化图文指代太阳视运动周期（365.24 日）。我们注意到，内置四季的圆形开光下有三角重点指示符号，这是特别指出这个图文的重要性。"平年＋闰年"就是彩陶历法（中华历法）的最本质的内涵。

阴阳合历的阴历年就是朔望月的十二月周期（平年），一般为 354 日，这与太阳年周期（365.24 日）有约 11 日的"岁差"。"岁差"主要记载于西安半坡、宝鸡北首岭等遗址的彩陶图文（关于"岁差"请参照后文的专门论述），这些彩陶碳十四测年都处在公元前 5000 年至公元前 4500 年，距今 7000 年至 6500 年之间。碳十四测年也只是说明，这个时间我国已经发现了岁差，并作了图文记载。许多彩陶上的鱼纹，是发现岁差实物佐证。彩陶盆（泉护村 H116 ① :13）的岁差图文为倾斜叶形开光内置一个圆点，会意"余"，有多余一点之意，表述岁差的内涵。这件彩陶盆处在庙底沟文化时期，距今 5500 年左右，彩陶历法早已有了平年、闰年的明确图文记载，已是历法的成熟阶段。在岁差累积两年多、不足三年足够一个月时，就是说，在实际历法中第三年多出了一个月，这一年是十三个月，这与十二月历制不符合的。怎么办？中华历法专家智慧地采用"闰月"的办法化解了"岁差"问题。历制规定，月时必有"中气"，没有"中气"的月份为闰月。[1]经过大致"十九年七闰"，历法又处在"正朔"之位，保证了历法纪时的稳定可靠。月制十二月制是阴历年的特征，历法以太阳年周期为本，这是阳历特征，这是我国远古信仰古易思想决定的文化现象。阴阳合历的岁差是闰月的前提，岁差常有，历法就须以闰月不断地进行校验。彩陶历法是中华文化特色的科学成果，中华农业文明（家畜饲养、稻粟种植、蚕丝纺织等）之所以灿烂辉煌于世界，就是中华先人最早发明和掌握了历法成就。

历法因有岁差而须"闰月"校正，于是便有不闰月的"岁"和闰月的"岁"两种形态。

---

[1]《汉书·律历志上》，中华书局，1964 年，第 984 页。月时"朔不得中，是谓闰月，言阴阳虽交，不得中不生"。

在历法使用过程中，不闰月的"岁"即十二个月"岁"，称为"平年"；有闰月的"岁"即十二个月又多一个"闰月"的"岁"，称为"闰年"。平年、闰年方便交流又容易记忆，是中华历法的重要特征。彩陶盆（泉护村 H116 ①:13）图文也有平年历法和闰年历法。平年历法图文（图 6.8:4）有朔月、侧月、合月的月相元素，并以常见的月相指代平年的历法概念。闰年历法图文（图 6.8:3）有太阳年周期（包含四季，象数 365.24 日）、月制、闰月的历法元素，参照《尚书·尧典》"期三百有六旬有六日，以闰月定四时成岁"[1]，这应是闰年的彩陶历法图文。

五、朔望月、平年与闰年

山西省柳林县杨家坪遗址的彩陶盆[2]，沿面及唇部涂黑彩带纹，上腹部绘黑彩月时、平年、闰年图文三组一周（图 6.9:1）。依照历法制度，口沿黑带图文为太阳公转的黄道周期，表述周天历度的准则。彩陶腹部图文的上、下弦月及平年的四季图文内标注了弧边三角形，这是函数之意，就是说这些都是历法常数。朔望月单元图文为上弦月、望月、下弦

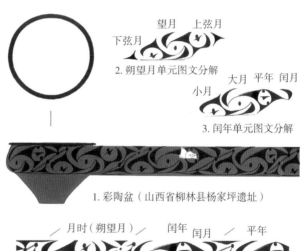

2. 朔望月单元图文分解

3. 闰年单元图文分解

1. 彩陶盆（山西省柳林县杨家坪遗址）

4. 彩陶盆（山西省柳林县杨家坪遗址）图文展开并解析

图 6.9　彩陶盆（杨家坪遗址）图文解析

月组成，这是历法月时的周期（图 6.9:2）；平年单元图文为大月、小月、平年（四季符号，突出夏至、冬至两个节点）组成，这是阴阳合历"四时成岁"的岁时；闰年为大月、小月、平年、闰月组成，这是阴阳合历"以闰月定四时成岁"的闰年岁时（图 6.9:3）。我们注意到，腹部图文的三组分隔，为双线段与圆点连接各个历法元素，并以点、线为纽带形成历法的

[1] 顾颉刚、刘起釪：《尚书校释译论》，中华书局，2005 年，第 32 页。

[2] 陈星灿主编：《中国出土彩陶全集》第 2 卷，科学出版社、龙门书局，2021 年 10 月，第 42—45 页。

节气。杨家坪陶盆图文记载有黄道周期、月时、阴阳合历、平年、闰年、节气等历法元素和制度，应是一篇比较完整、内容丰富的彩陶历法图文（图6.9:4）。

六、圭表、日时、月时、数表与节气

河南省郑州市大河村遗址彩陶钵（大河村F1:26）[1]，上腹绘白衣，其上绘黑彩、红彩图文。图文分上、下三层：上层为口沿与肩部一道黑色弦纹之间，绘三角数理与日时数理图文三组一周；下层为肩部一道黑色弦纹与腹部白色陶衣底缘之间，正是肩部的最大径处，绘节气图文六组一周，节气图文之间为"三""四"数字，"三""四"数字上面对应红色短杠标识节气点（图6.10:1）。

上层的日时法则图文，中间的黑边填红菱形为白天，菱形上下端为正午（中午），菱形两侧半拉白色三角则为分割的黑夜时分，菱形与三角相交处则为子正（夜半）时刻（图6.10:5）。西汉《尚书大传》："周以十一月为正，色尚赤，以夜半为朔。"朔者，始也。夜半为朔，即以子正时刻为一天的起点。唐代李淳风《麟德历》采用"古时分日，起于子半"。即以子时的中点，今天半夜12点（零时），为一日之始。午时与子时相对应，则为白昼之正中，而正午就是午时中点，即中午12点。这是以太阳高度为参照的土圭测时、定时和计时系统。日时法则图文两侧为"▓"，系表盘刻度"五道"（数五，五为中数）与立杆侧影的"丨"（圭）相合而成，圭表的象形初文。圭表即日晷，是测定历时、制定历法的天文仪器，这里引申为准则、范式。远古以历法安排生活和生产活动，"日出而作，日落而息"是人们遵守的一般准则和习俗。数24图文，由"庹尺 + 数24+ 红色圆点"，应是二十四节气的一种记述，红色圆点为要点提示，是中华历法的核心内容（图6.10:2、3）。数25图文，应是"勾3股4弦5"弦5的平方数，这与日时法则图文的"圭表"初文相一致，说明"勾股定理"在远古天文测量、历法算术中已经得到广泛运用（图6.10:4）。

下层图文一周六组节气与节气点图文，表述历法连续不断。节气图文图文如竹节，共有六节，中间红色圆点指示空白（气），居中红点则为中气。每节两端则为隔断（节点），

---

[1] 郑州市文物考古研究所：《郑州大河村》，科学出版社，2001年，第204、205页。

标注"三""四"数字，以表述历法节气的内容。这是嵩山地区大河村、青台等遗址历法图文特有的表述方式。远古图文简略、文字稀少，人们多以历法谚语口传心记，在图文里面加入数字以提示历法内容。"三""四"数字，是"五日为候，三候为气，六气为时（季），四时为岁"的谚语提示（图6.10:6）。这种提示还表现在"三""四"数字上面对应的红色标识，因为数字排列占位较大，红色标识就成了一条短杠。

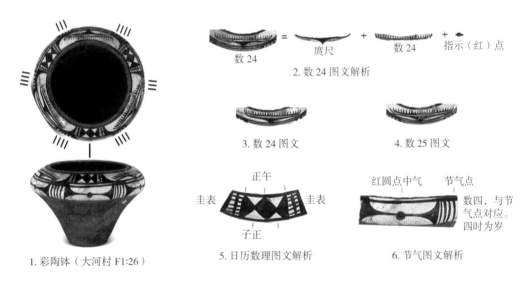

1. 彩陶钵（大河村 F1:26）

2. 数 24 图文解析

3. 数 24 图文

4. 数 25 图文

5. 日历数理图文解析

6. 节气图文解析

图 6.10 彩陶钵（大河村 F1:26）图文解析

河南省荥阳市青台遗址彩陶钵（大河村 88T22③）[1]，肩腹部施白衣。白衣上绘黑彩、红彩图文，以黑彩、红彩分层设色，进一步深化图文内涵（图6.11:1）。图文分上、中、下三层：上层为口沿与肩部一道黑色弦纹之间，绘朔望月与四季图文四组一周，其中四季图文内有"三候为气"线段图文（图6.11:4）；下层为肩部一道黑色弦纹，与腹部黑色弦纹之间绘节气图文9组一周，每节中间以红点指示"中气"，节间为竖道"五"数字，其上以红短杠标识节点（图6.11:5）；中层为上、下层之间的空白窄带，表示"中道"的义项，其中填入下层节气点的红短杠。上层朔望月周期为历法月时，表述月制29日的义项（图6.11:2、3）。大河村遗址彩陶钵（F19:1）就有"数29"的月时表述，这里是用了写实的图画修辞法，但表述"月时"的实质是一样的。

---

[1] 顾万发主编：《华美与灵动——院藏文物精品三维动态鉴赏》，科学出版社，2016年，图见第14页。

1. 彩陶钵（青台 88T22③）

2. 月时（朔望月）图文

数 29
彩陶钵（大河村 F19:1）

3. 月时与大河村彩陶钵（F19:1）数表

4. 四季图文与"三候为气"

节点
数三
节点

节点
子午　数五

5. 子午图文与"五日为候"

图 6.11　彩陶钵（大河村 88T22 ③）图文解析

　　现在有一些学者，认为中华历法起源很晚，最早可能是一种阳历，认为"二十四节气"出现的时间在东周甚至秦汉时期，这都是不对的。特别有些考古学者对彩陶不重视，仅作美学、绘画艺术品看待，不知其中的思想、文化和文字文献的价值，使得中华文明起源研究艰苦卓绝，困难重重。有的学者甚至说，文字不是中华文明的强项，自信心低落了许多，大有祖宗不争气之嫌。其实还是一些研究者的"思想"和方法出了问题，因为"中国文化"是文化文明之根源，没有"中国文化"的思维，你想找"中华文明之源"肯定难度很大。自从颜料被发现之后，中国文字由裴李岗文化贾湖遗址的骨、陶、石器上的刻画符号逐渐转向仰韶文化陶器上的图文，并且盛行 2000 多年之久，被称颂为中华文明的盛世。彩陶对古易思想、天文、数学和历法的记载，特别是系统的历法内容，精确详明，适度到位，展现了中华文明的特色和在世界文明历史上创新地位。要历史辩证地解析和看待问题，"一根筋"非要贾湖刻符和商代甲骨文对接，这是错误的、荒谬的。彩陶图文书写便捷，中华先人已经转变了而我们的一些学者却还没有转弯。

第二节
彩陶历法的平年、闰年

　　由于中华古易文化的深刻影响，彩陶历法没有采取单纯的阴历或阳历，而是创立了一套适合中国生态环境下的阴阳历法制度。因为黄道周期365.24日（历年）比十二个月周期354.36日（阴历年）多10多天，这多出天数就叫"岁余"或"岁差"。智慧的中华先人就以十二月为"岁"，以"岁差"积满一个月时设置"闰月"，达到历年与阴历年的统一平衡，这个周期大约19年。每次闰月的余数作为"闰余"，进入下一年历法。彩陶历法的历年365.24日是个常数，是闰月制度必须参考的基数，代表天道的根本，一般以彩陶口沿部位的窄带图文作表述。十二个朔望月拟合历年，是天道大纲，闰月也要保持月相（朔望月）完整，以体现天道自然。在实际历法中，远古历法专家为确保四季气候的应时如节，常年不乱，一般把设置闰月的年份称为"闰年"，没有闰月的正常年份称为"平年"。

　　从天文历法意义方面讲，"年"与"岁"是有严格区别的，但在实际历法中，人们并没有严格区分，把没有闰月的年份称为"平年"，而有闰月的年份称为"闰年"，彩陶历法也是这样。《尚书·尧典》"期三百有六旬有六日，以闰月定四时成岁"[1]，是最早记载闰月的历史文献。这个太阳运行的周期"三百有六旬有六日"，其实是编史学者为记述和交流方便而将历年取整，历法专家是知道365.24历年常数的。古时按照太阳视运动的黄道周期确定的历年，"月"是根据朔望月周期划分的，积十二月为"岁"是阴历年，故有"四时成岁"。历年与岁二者的时差，需"以闰月定四时成岁"，所以《尧历》属于阴阳合历。又有将平年的"四时成岁"称为"小岁"，闰年的岁称为"大岁"。《尚书·尧典》的闰年法则应是来自彩陶历法，比如青台遗址的陶钵残片、郑州西山遗址陶钵的历法图文，对

---

[1] 顾颉刚、刘起釪：《尚书校释译论》，中华书局，2005年，第32页。

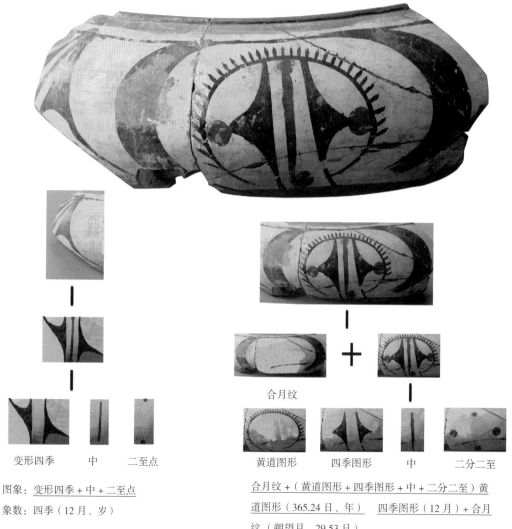

图象：变形四季 + 中 + 二至点

象数：四季（12月、岁）

历法：　　平年

合月纹 +（黄道图形 + 四季图形 + 中 + 二分二至）黄道图形（365.24 日、年）　四季图形（12月）+ 合月纹（朔望月、29.53 日）

闰年（平年 + 闰月、13月）

文献形式：四时（季）为岁。期三百六十五日又四分之一日弱，以闰月定四时（季）成岁。

图 6.12　平年、闰年彩陶历法图文（青台遗址）

此就有十分精妙的阐述。

　　青台遗址有件陶钵，尽管是个残品（图 6.12），但它图文表述的阴阳历法内容和许多历法元素却十分清晰，可以复原三组一周的"平年 + 闰年"彩陶图文。[1] 这件陶钵虽然残缺，

[1] 郑州市文物工作队：《青台仰韶文化遗址 1981 年上半年发掘简报》，《中原文物》1987 年第 1 期。此标本现存郑州市文物考古研究院陈展室，内部资料。

亦能见其全豹之美，把它视作中华历法珍品也不为过。"四季＋二至点＋中"，表述"四时为岁"的历法规制，这是平年的彩陶图文（图 6.12: 左）。闰年的彩陶图文比较复杂，由"合月纹（闰月）＋黄道＋四季＋中"等图文合成（图 6.12: 右）。黄道图形之外绘了许多短线，表示太阳的光芒。古人懂得太阳是发热放光的天体，表述太阳视运动轨迹称为"黄道"或"光道"。[1] 以闪闪发光的黄道本义图象，延伸为历年周期即 365.24 日的象数。闰年图文由"合月纹（闰月）＋黄道＋四季＋中"等单体图文组成，这里的"中"有衡定之意，这与《尚书·尧典》"期三百有六旬有六日，以闰月定四时成岁"的闰年法则契合无间。

郑州西山遗址彩陶钵（西山 T5141:4）也是一幅"平年、闰年"的历法图文，并且还画出了物（虫）候的图形（图 6.13:1）。[2] 肩及上腹部涂白彩陶衣，以黑彩绘四季、合月四季和"虫"候等图文组合三组，即一组"平年＋闰年"、一组"平年＋闰年＋虫候（一只）"、一组"平年＋闰年＋虫候（两只）"。物（虫）候的多足"虫"形，可能是常见的"土元"虫类，俗名节节虫、湿生虫。成虫身体一般有 13 节，喜阴，生活于春夏秋三季（图 6.13:4）。湿生虫

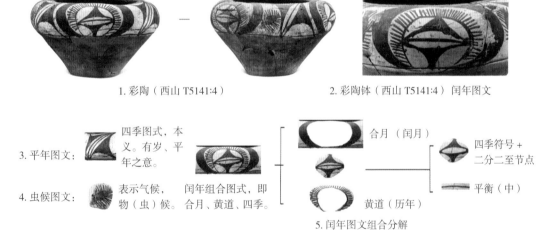

1. 彩陶（西山 T5141:4）　　　　　　2. 彩陶钵（西山 T5141:4）闰年图文

3. 平年图文：　四季图式，本义。有岁、平年之意。　闰年组合图式，即合月、黄道、四季。

合月（闰月）　四季符号＋二分二至节点
黄道（历年）　平衡（中）

4. 虫候图文：　表示气候，物（虫）候。

5. 闰年图文组合分解

《尚书·尧典》：期三百有六旬有六日，以闰月定四时成岁。
图文象数：平年（354.36 日），闰年（354.36 日＋闰月）。
图文解析：白底黑彩三组图文一周，一组"四季（平年）＋闰年"、两组"四季（平年）＋闰年＋虫候"。
　　　　　其中，平年为"四时成岁"，闰年为《尚书·尧典》"期三百有六旬有六日，以闰月成岁。"

图 6.13　彩陶钵（西山 T5141:4）图文解析

---

[1] 《汉书·天文志》，中华书局，1964 年，第 1294 页。"日有中道，月有九行。中道者，黄道，一日光道。"

[2] 国家文物局考古领队培训班：《郑州西山仰韶时代城址的发掘》，《文物》1999 年第 7 期。此图采自《彩陶·中华》第 235 页。

十三节，既用以物候，又类比闰年十三个月的历象。这幅图文与前文青台遗址陶钵图文比较，增加了物（虫）候，还把闰年图文竖杆式"中"改为横式，指示的节点由"二至"变为"二分"，是历法内容比较丰富的图文文献。彩陶钵（西山 T5141:4）表述的是平年、闰年的彩陶历法内容。

郑州西山这样的历法范式主要在荥阳青台、郑州大河村（图 6.14:1、2）和点军台（图 6.14:3）等几个大型遗址有出土，历法内涵大致相同，但荥阳青台出土的彩陶钵图文应是经典的。

1. 彩陶钵（大河村遗址 T44⑩:30）　　2. 彩陶钵（郑州大河村遗址）　　3. 彩陶钵（荥阳点军台遗址）

图 6.14　平年、闰年历法图文彩陶

彩陶盆（庙底沟 02SHMT35H106:11）[1]，泥质姜黄陶，侈口，窄折沿，曲腹，小平底。口沿唇部绘一周黑彩窄带纹，腹部绘一周两组黑彩纹图纹带，分别表述没有闰月的年份叫平年，有闰月的年份叫闰年。第一组图文的椭圆形露白开光内的两点为夏至、冬至，指示平年历法的基本节点（图 6.15:3）。右侧鱼形露白开光内有一圆点，是岁差（闰余）之意。第二组左下角标示一个小型单月图形，表示闰月，与第一组的岁差（闰余）相呼应；椭圆形露白开光内除了夏至、冬至两点，又多绘了一个单月图形，显然是闰年之意（图 6.13:4）。两组图文都有两个以交午连接的合月，前者为大月、后者为小月，这是阴阳合历的月制规定。彩陶平年、闰年两组图文以倾斜的三条丝线连接，说明平年、闰年是有紧密的内在联系（图 6.15:2）。这是彩陶历法自称"平年""闰年"的彩陶记载（图 6.15:1）。

《尚书·尧典》是记载闰月制度最早的历史文献，彩陶历法佐证了中华历法闰月制度在《尧历》之前早已得到应用。闰月制度说明彩陶历法是目前最早的集天文科学研究、历法学研究、精确历算等于一体的天文历法成果[2]，体现了中华历法的本质和特色，是中华传统文化的重要代表。

那么，在什么情况下会产生闰月？对此彩陶也有比较客观的表述，就是当历法岁余或

---

[1] a. 河南省文物考古研究院：《华夏之花——庙底沟彩陶选粹》，上海古籍出版社，2013 年 6 月，第 52、53 页；
　　b. 陈星灿主编：《中国出土彩陶全集》第 4 卷，科学出版社、龙门书局，2021 年 10 月，第 7 页。
[2] 索全星：《彩陶历法闰月制度的象数研究》，见《河南博物院院刊》第 5 辑，大象出版社，2021 年，第 36-48 页。

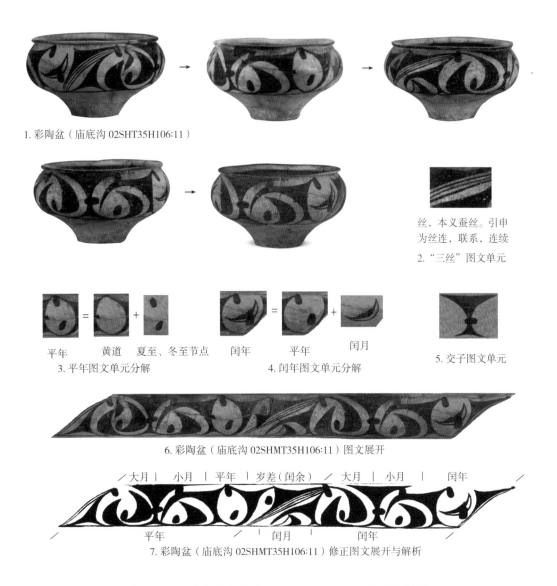

1. 彩陶盆（庙底沟 02SHT35H106:11）

丝，本义蚕丝。引申
为丝连，联系，连续
2. "三丝"图文单元

平年　　黄道　夏至、冬至节点
3. 平年图文单元分解

闰年　　平年　　　闰月
4. 闰年图文单元分解

5. 交子图文单元

6. 彩陶盆（庙底沟 02SHMT35H106:11）图文展开

大月 ｜ 小月 ｜ 平年 ｜ 岁差（闰余） ｜ 大月 ｜ 小月 ｜ 闰年

平年　　　　　闰月　　　闰年
7. 彩陶盆（庙底沟 02SHMT35H106:11）修正图文展开与解析

图 6.15　彩陶盆（庙底沟 02SHMT35H106:11）图文解析

闰余足够一个月时，将无中气月设置为前一个月的闰月。闰月是根据历法守恒原则，把相
应的月份增加一个月的特别的历制方法，实际上是一种双月制。彩陶闰月一般以某种符号
特别标出，并且清晰详明地记载了闰月产生的条件和设置的情况。这些历法细节都有可靠
的彩陶文献支持，殊为难得。

彩陶盆（庙底沟 02SHMT35H106:10）[1]，口沿唇部绘一周黑彩窄带纹，上腹部绘黑彩平年、闰年历法图文一周（图 6.16:1）。这个图文分为前后两组（图 6.16:4）。前一组图文包含有岁差、大月、小月、平年和中气月的图记内涵，尾部的叶形开光内有一条中线，应是平年每月含有"中气"的图示，这是平年历法的特征。后一组图文包含有闰月、大月、小月、闰年和无中气月的图示，应是闰年历法的特点。其中，闰年图文比平年图文缺少了一个圆点（冬至点），表述闰年与平年是有差异的；其尾部的叶形开光是空白的，是闰年出现无"中气"月份的图示；闰月图形上面则多绘了一个圆点用以特别提示，而这个圆点是向闰年图文借来的，提示历年与闰月的一体性。后一组图文是在讲述产生闰年的历法条件，即历法岁差足够一个月、历年内就出现无中气的月份，无中气月则设置为闰月。

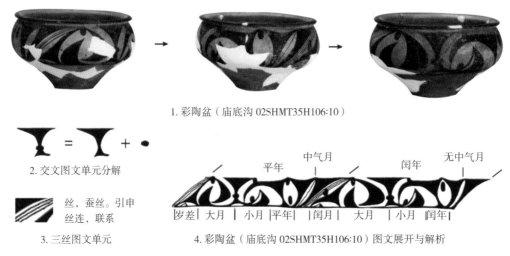

1. 彩陶盆（庙底沟 02SHMT35H106:10）

2. 交文图文单元分解

3. 三丝图文单元　　丝，蚕丝。引申丝连，联系

4. 彩陶盆（庙底沟 02SHMT35H106:10）图文展开与解析

图 6.16　彩陶盆（庙底沟 02SHMT35H106:10）图文解析

彩陶盆（庙底沟 02SHMT21 ⑧ :33）[2]，泥质黄陶，折沿，方圆唇，上腹微鼓，下腹曲折斜收，小平底，整器略残（图 6.17:1）。沿面黑彩阴阳变化图文一周（图 6.17:3），唇部绘一周黑彩窄带纹，表示天道变化，周而复始，这是图文的题辞。腹部绘黑彩平年、闰年历法图文一周（图 6.17:2），这是图文的主题。闰月为两个覆月，中间加一圆点表示关联，并以侧月和带杆弧三角（类似旗帜，或为"中"，有衡定、标识之意）的闰月符号进行复

[1] a. 河南省文物考古研究院：《华夏之花——庙底沟彩陶选粹》，上海古籍出版社，2013 年 6 月，第 48、49 页；
　　b. 陈星灿主编：《中国出土彩陶全集》第 4 卷，科学出版社、龙门书局，2021 年 10 月，第 7 页。
[2] 河南省文物考古研究院：《华夏之花——庙底沟彩陶选粹》，上海古籍出版社，2013 年 6 月，第 14、15 页。

指。这个特殊的合文符号说明双月图文是一个"中气月"的组合。它的重要性在于，闰月是两个月，并以"中气月"一词对闰月进行特别界定。"中""月"就是字，因为字少，只是用以注释图文。参照前图（图6.16），前一个月应为中气月的"某月"，后面的则为"闰某月"，指明了闰月在彩陶历法中的排序问题。

1. 彩陶盆（庙底沟 02SHMT21⑧:33 ）

3. 彩陶盆沿面阴阳变化图文

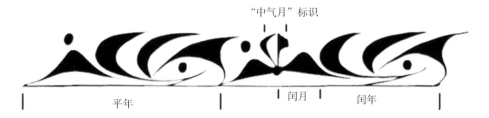

"中气月"标识

平年　　闰月　　闰年

2. 彩陶盆（庙底沟 02SHMT21⑧:33 ）腹部图文展示

图 6.17　彩陶盆（庙底沟 02SHMT21 ⑧ :33 ）闰月图文解析

古人以易理思辨世界万物，认为事物具有变化、联系、互动和周期的属性，历法亦然。通过长期的天象测验、历算和历法研究，中华古人使用"闰月"之制智慧地解决了"岁差"问题，使阴阳合历这部人类文化经典得以传承至今，为世界天文历法发展做出了卓越贡献。现行的农历也有闰月，一般年份称为"平年"，设置闰月的年份为"闰年"，这是彩陶历法历制的传承和发展。彩陶历法是阴历年拟合黄道年周期，运用闰月制度，从而构建了以太阳、月亮、日（白天、黑夜，地球自转）、时辰为主体，参考气候、物候现象形成天、地、人为时空的历法系统，这在世界天文历法史上可谓空前壮举。

第三节
闰月制度

　　月时是计量历法的重要单位，是表述历法的重要元素。《礼记·礼运》："圣人作则，必以天地为本，以阴阳为端，以四时（季）为柄，以日星为纪，月以为量。"[1]月时是指朔望月周期，实为29.53日。合月纹是朔望月周期变化的月时表述形式。这类图式受古易思想影响，将望月（满月）变为对立弦月中间的一个圆点，节省了画面又显得美观，具有哲理。除合月纹之外，还有背月、覆月（眉月）、侧月等多种月时图式。因为阴阳合历，中华历法专家在仰韶文化早期就发现了历法的岁差（岁余），通过设闰除余不断对历法校验，使历法日时、月时、节气法则符合太阳、地球、月亮等自然变化规律。依据彩陶记载，从发现岁差，到三年一闰及十九年七闰，大约经历了1000年。十九年七闰是代表中华历法精确度的最高水平和历法发展的巅峰，文献记载汉代以后的历法特别是现在的农历，还是遵循"十九年七闰"的历法原则。

一、日时、月时、岁时的度量

　　山东省泰安县（现泰安市）大汶口遗址在1978年出土的一件彩陶钵[2]，泥质红陶，敛口，圆唇凸起，宽圆肩，腹壁斜直内收，小平底。高12厘米，口径16厘米，肩部大径23.6厘米，底径5.6厘米（图6.18:1）。肩腹部施白彩陶衣，绘黑彩、红彩形成的八组开光图文带一周（图6.18:2）。黑彩开光内绘红色合月纹和上下圆点，合月内又加绘两道黑色竖线。合月纹以下上红三角指示、前后相间的形式提示大月、小月的历法法则。红色三角应是数量表示，三

[1] 孙希旦：《礼记集解》，中华书局，1989年，第612页。
[2] 陈星灿主编：《中国出土彩陶全集》第3卷，科学出版社，2021年，第134页。

角在下边者为大月，在上面者为小月，大月 30 日，小月 29 日，这与朔望月约 29.53 日基本相当。合月纹以交午图文连接。这种纹饰也称"圆灯笼样"图形，但从仰韶文化的时代背景看，这种大小相间的开光图式应是表述历法大月、小月的精简图文（图 6.18）。

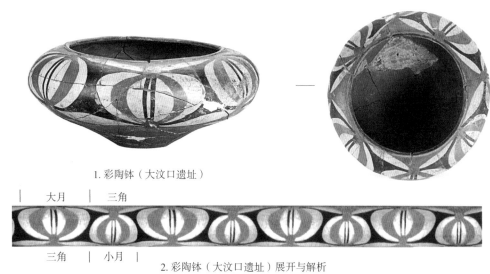

1. 彩陶钵（大汶口遗址）

| 大月 | 三角
三角 | 小月 |

2. 彩陶钵（大汶口遗址）展开与解析

图 6.18　大月、小月彩陶图文（大汶口遗址）

表述黄道、四季的彩陶历法一般都是比较规范的，但有一些彩陶减省了椭圆形黄道，与合月纹（月时）、数字等合成新的历法图文。例如大河村遗址、青台遗址的合月纹彩陶钵，把合月纹、变体四季纹直接绘在白色底纹上，形成三组一周的"四季＋合月"的历法图文，表述历法的"月""季""岁"等历制数理概念（图 6.19:1～4）。庙底沟遗址彩陶钵则用"眉

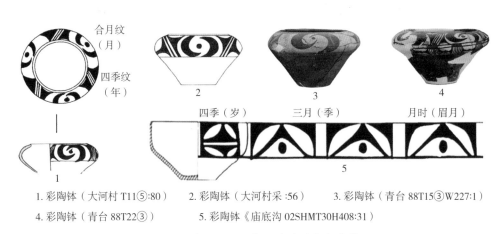

合月纹（月）
四季纹（年）

四季（岁）　　三月（季）　　月时（眉月）

1. 彩陶钵（大河村 T11⑤:80）　　2. 彩陶钵（大河村采:56）　　3. 彩陶钵（青台 88T15③W227:1）
4. 彩陶钵（青台 88T22③）　　　　5. 彩陶钵《庙底沟 02SHMT30H408:31》

图 6.19　四季、月时图文彩陶钵

月＋四季"的图文表述三月为季（时）的历法等量原理（图 6.19:5）。这样表述的朔望月周期为一月 30 日、三月为一季、四季为一岁的历法原则非常直白，让人一看便知，过目难忘。彩陶历法就是远古时代的阴阳合历，它是中国农历的祖源，所以彩陶历法的许多制度我们可以在中国农历中得到印证。中华文明延绵不断、发展壮大，如果文字的发明和使用功不可没，那么彩陶图文对中华文明的根脉维系巩固作用也是不可或缺的。

认识彩陶历法的难点在于阴阳合历的性质。中国思想文化基于对天文的观察和认识，对太阳、月亮的天象和运行规律的认知和思辨是首先要做到的，从天文到人文的日时、月时、年岁及其法则制度，这是创制历法需要的基本硬件。

陕西省西安市杨官寨遗址的彩陶盆（杨官寨 W32:1），泥质红陶，敛口，宽平沿，浅斜腹，小平底。口径 28.6 厘米，底径 13.5 厘米，高 12.6 厘米。沿面磨光，用红彩绘四组水波式反射弧线图文，沿面四分。依据彩陶器形与图文主题，宽平沿寓意"大道"，四分有四向、四季之意，每组三条水波式反射弧线有"三月为季（时）"，四组一周则合"四时为岁"。结合彩陶盆是瓮棺，图文表述时间（历法）、空间（四向）的内涵，是希望岁月安泰、四方祥和、生活幸福的愿景。

图 6.20　彩陶盆（杨官寨 W32:1）图文解析

泉护村遗址彩陶钵（泉护村 H87:284）[1]，泥质红陶，敛口，鼓腹，下腹斜折收，底微内凹，小平底。口径 30 厘米，底径 9.6 厘米，高 11.1 厘米。唇沿涂黑彩一周，口沿至腹中部的弦纹间绘两组一周历法图文，每组为包心合月纹和等距的四圆点构成，有三月一季、四季为岁的意涵（图 6.21）。

---

[1] 陕西省考古研究院、渭南市文物旅游局等：《华县泉护村——1992 年考古发掘报告》，文物出版社，2004 年，第 281 页。

1. 彩陶钵（泉护村 H87:284）

3. 三月为季图文分解

月时（朔望月）

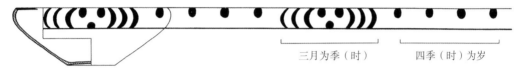

2. 彩陶钵展开与解析

三月为季（时）　　四季（时）为岁

图 6.21　彩陶钵（泉护村 H87:284）图文解析

二、历法的岁差

　　中华先人不仅精通阴历、阳历，并发现了其中的岁差，因此创制了科技含量更高兼具两种历法优点的阴阳合历。随着历法的颁行，一般两年多或接近三年"岁差"便积够一个月时，这一年就设置闰月，称为闰年。历制规定，月时必有"中气"，没有"中气"的月份为闰月。[1] 彩陶历法设置平年、闰年的历制，是基于对天文天象的科学认知和对"岁差"的充分掌握，展现了一种中华民族文化的自觉与自信。彩陶图文对"岁差"有许多记载。

　　姜寨遗址的一件彩陶壶（姜寨 M238:4），腹部绘"四季（岁）＋鱼（余）"组成的图文[2]，应是历法术语"岁差"的表述（图 6.22）。前面讲过，壶口的黑彩一周寓意"天极"，是人们遵循的基本准则。基本准则就是历法，具体内容是腹部的图文。彩陶"鱼"为象形，本义，以声通义，有"余"意。"四季"为"岁"。"岁"置鱼尾，会意"岁差"。一个四季周期（十二个月的阴历年）与岁差之和应是一个黄道年（历年），即"四季（岁）＋岁差＝历年"的核心历制。

[1]《汉书·律历志上》，中华书局，1964 年，第 984 页。月时"朔不得中，是谓闰月，言阴阳虽交，不得中不生"。
[2] 西安半坡村博物馆：《姜寨——新石器时代遗址发掘报告》，文物出版社，1988 年，第 255 页。

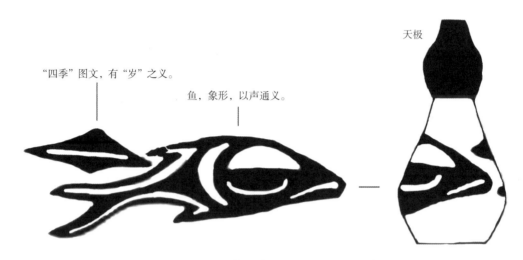

"四季"图文,有"岁"之义。

鱼,象形,以声通义。

天极

图 6.22　彩陶壶(姜寨 M238:4)图文解析

姜寨遗址彩陶盆(姜寨 T52W50:1)[1],沿面近平,饰黑彩,露白竖直线段分隔五组花纹。四组相同,每组均为三个露白菱状方形或三角形;另一组为单独的露白菱状方形(图 6.23)。盆沿一周宽带黑彩寓意黄道(阳历年),相同的四组(每组三个露白图文属阴性,表述三个朔望月)为阴历年四季十二月,一组露白一个菱形图文单元则为"岁差"。这是对阴阳合历岁差的图文记载。

彩陶盆(姜寨 T276M159:2)[2],泥质红陶,卷沿,敞口,腹略鼓,凹底,底部有一周凸棱。口径 27.2 厘米,高 12.8 厘米,底径 11.2 厘米(图 6.24)。沿面饰黑彩,露白相对四个箭头,形成"四正"有四季

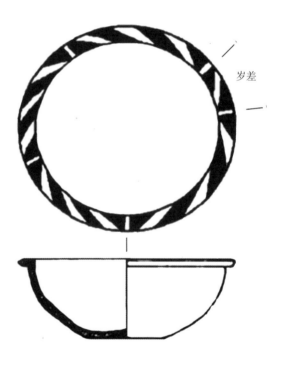

岁差

图 6.23　彩陶盆(姜寨 W50:1)图文解析

[1] 西安半坡村博物馆:《姜寨——新石器时代遗址发掘报告》,文物出版社,1988年,第页。

[2] 西安半坡村博物馆:《姜寨——新石器时代遗址发掘报告》,文物出版社,1988年,第 113 页。

之"二至二分"之意。内壁绘五鱼四组，其中两鱼一组，做游水状，形象生动。盆沿一周宽带黑彩为黄道（阳历年），四箭头以方位为"四正""四向"，以历法则为"二至二分"。盆内壁之鱼对照"二至二分"，鱼象阴阳，左向旋动。鱼与月同属阴性事物，类比为阴历年。其中一组多鱼为双，鱼音谐"余"，相对阳历年这多出的"鱼"就是岁差。沿面"四正"虽与腹内四组游鱼分开绘画，但还是一幅阴阳合历的简图。以四组五鱼阐述"天道有余"，俗语"连年有鱼"乃远古老话，由来久矣。后世将"连年有余"谐音为吉祥语"莲年有鱼"，没有了"天道"的神秘，却增添了生活的乐趣。

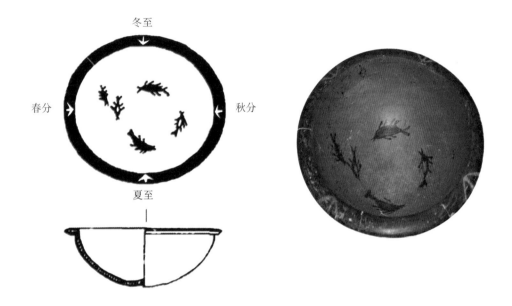

图 6.24　彩陶盆（姜寨 T276M159:2）图文解析

庙底沟遗址彩陶盆（庙底沟 02SHMT25H108:34）[1]，泥质姜黄陶，平沿方唇，上腹圆鼓，下腹斜收，平底。口径 35 厘米，底径 12.2 厘米，高 25.8 厘米。唇部绘一周黑彩，上腹绘四组开光合月纹黑彩一周，其中一组合月纹右侧月纹半漏底色。腹部图文为"交午＋合月"的书写图式。唇部一周旋纹黑彩为"道"的义项，腹部椭圆形开光为历年（四季）之象，合月纹本义为朔望月月时，这里有"季"时延伸义项，其中一组半漏底色的合月纹乃有不实、不足之意，指明了阴阳合历岁差之象（图 6.25）。

---

[1] 河南省文物考古研究院编著：《华夏之花：庙底沟彩陶选粹》，上海古籍出版社，第 61 页。

图 6.25　彩陶盆（庙底沟 02SHMT25H108:34）图文解析

　　远古中国幅员辽阔，许多周边部族深受中华彩陶文化影响，但思想观念和地理位置的差异，使得这些文化还保留一些自身的地方特点，这是"华夷"形势下的中国特色。比如玉玦，表述的是天道有缺，从历法角度看是岁差，实质上是中华文化的内涵，只是以实物的形式呈现出来，雅称"物语"（图 6.26）。如兴隆洼遗址、河姆渡遗址、红山文化遗址、凌家滩遗址等的玉玦，几千年来只注意它的光泽亮丽，华美贵重，它的天道神韵却很少有知。玉器非本书的主题，不遑多论。另外，古代文献记载的女娲补天，也是古人发现历法岁差进行闰月校历的实践活动，认为是神话传说。神话传说是有历史底蕴的，不是空穴来风。

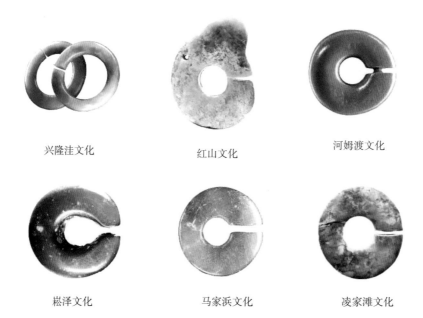

兴隆洼文化　　　　　　　红山文化　　　　　　　河姆渡文化

崧泽文化　　　　　　　马家浜文化　　　　　　　凌家滩文化

图 6.26　周边文化的玉玦

三、三年一闰

《尚书·尧典》"期三百有六旬有六日，以闰月定四时成岁"[1]，是最早记载"闰月"的历史文献。古代是按照太阳视运动的黄道周期确定的历年，"月"是根据朔望月周期划分的，积月为"岁"是阴历年。历年与岁二者有时差，需要用"闰月定四时成岁"，所以《尧历》属于阴阳合历。古代历法的闰月制度源远流长，早在新石器时代仰韶时期就有彩陶图文的文献记载，特别是"三年一闰"的彩陶表述尤为详明。

三年一闰的彩陶标本，在陕西泉护村遗址、河南庙底沟遗址、双槐树遗址都有出土，为研究彩陶历法提供了可靠实物依据。在研究过程中，我们发现可爱的"泉护村人"，还在彩陶瓮（泉护村 H107 ③ a:82）"闰月"图符上做了红圈黑点的特殊标记，这为我们破译彩陶历法秘密提供了绝佳的灵感和启示，解决了长期困扰学术界的彩陶历法闰月制的难题，这个重大突破将中国农历的形成时间上溯到距今 6000 年以前。

泉护村遗址彩陶瓮（泉护村 H107 ③ a:82）[2]，口部沿面及沿内饰一周黑彩。上腹部白色陶衣上绘三组图文组合，以两条红色斜线相联结，并作为单元分隔。相同两组的单元图为一个合月纹、一个弦月，表示大月、小月；另外一个单元则在大月、小月的基础上多绘出一个合月纹，并用毛笔在其左下方反捺了长点，如此还嫌主题不明，又用红笔画出一个"C"形圈（弁的初义，象珙形）加以提示，进一步点明它的"闰月"性质（图 6.27）。这个独特的标点符号，凸显了彩陶历法的主题效果，增加了彩陶画面的趣味。

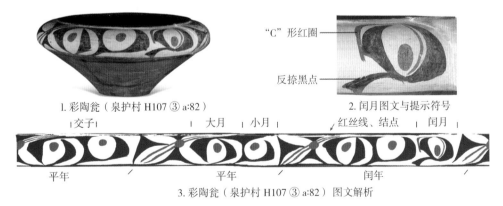

1. 彩陶瓮（泉护村 H107 ③ a:82）

2. 闰月图文与提示符号

3. 彩陶瓮（泉护村 H107 ③ a:82）图文解析

图 6.27　彩陶瓮（泉护村 H107 ③ a:82）闰月图文解析

---

[1] 慕平译注：《尚书·尧典》，中华书局，2009 年，第 8 页。

[2] 陕西省考古研究院、渭南市文物旅游局等：《华县泉护村——1992 年考古发掘报告》，文物出版社，2004 年，第 337 页。

合月纹是朔望月的月相，弦月是朔望月左部分的减省。依据图像而言，就有多少、大小、主次的阴阳内涵。大月、小月的历法内涵，可能是创作合月纹、弦月纹图形并联的思想初衷，但从整个图案看，是用这个并联图像表述阴历年月相，从本义延伸为阴历年。延伸义项在中国文化里面并不鲜见，汉字里面就很多。那么阴历年十二个朔望月（29.53 日）即为 354.36 日，取整则为 354 日。我国传统历法采用历年为 365.24 日，这是闰月制度必须参考的基数。除了历年常数之外，还有一个闰余（闰月整取之后的余数），在彩陶图形中难得一见，算是个隐数。阅读彩陶要有彩陶图形之外的功夫，这些常数、隐数应了然于心，否则很难读懂彩陶文化这部"天书"。历年比阴历年多了 10.88 日的岁差，两年则有 21.76 日，三年就有 32.64 日，不到三年便可折合一个朔望月成为闰月（30 日），合闰年十二月计 384 日。实际上两年 10 个月就达到闰月要求，但彩陶历法显示的则是"三年一闰"。多一个合月纹的单元图文，符合中国农历闰月、闰年的历法现象。世界上只有中国农历采用闰月制，闰月是中国特色历法的标记，由此可见中国农历形成历史之久远。

依据泉护村彩陶瓮图文，可归纳出的历法内容为：

图像元素：朔望月 29.53 日，阴历年 354.36 日，闰月提示符，次序，循环；

隐形元素：历年 365.24 日，日 12 时（时辰），闰余（2.64）；

平年：大月 30 日、小月 29 日相间，十二月，354；

闰年：大月 30 日、小月 29 日相间，三年一闰月（30 日），十二月，384；

闰制：阴历年拟合历年，三年一闰（足月即闰），闰余归入次年；

象数：三个阴历年（二个平年、一个闰年）加闰余等于三个历年，

即（354.36×2）+（354.36 + 30）+ 2.64 = 365.24×3

陕西省泉护村遗址彩陶盆（泉护村 H87:27）[1]，唇部施黑彩带纹一周，腹部绘黑彩月相图文两组和黑彩月相 + 覆月圆点图文一组。根据彩陶主题，唇部黑彩带纹一周为太阳年周期（即地球与太阳公转一周）之内涵。唇部带纹虽然简略，却是腹部历法"岁（俗称年）"比拟的基本历年。腹部每组月相图文单元指代阴历年周期，第三组多出一个覆月圆点应是闰月的内涵，就是闰年。这是中华农历的特殊历制——三年一闰的闰月制度。所谓"三年

---

[1] 陕西省考古研究院、渭南市文物旅游局等：《华县泉护村——1992 年考古发掘报告》，文物出版社，2004 年，第 278 页。

一闰"，是指闰年频度处在两年多与三年之间，图文表述就是"三年一闰"的历法现象。按照历制规定，有闰月的年份称为"闰年"，而没有闰年的年份则称为"平年"。

图 6.28　彩陶盆（泉护村 H87:27）图文解析

陕西省泉护村遗址彩陶盆（泉护村 H87:2）[1]，唇沿绘黑彩带纹一周，表述太阳年常数。腹部绘黑彩月相图文两组和黑彩月相 + 侧月圆点 + 竖式两点图文一组。腹部相同的两组月相图文表述阴历年周期，但第三组则是"月相 + 侧月圆点 + 竖式两点"的图文组合，是这篇彩陶图文的重点所在。第三组释读为，"侧月圆点"表述"闰月"，"月相 + 侧月圆点"形成"闰年"范式。那么，"竖式两点"在图文中就显得突兀，让人难以理解。其实这两点也有其合理性，它是随顺"交午"图文的弧线做出"夏至、冬至"的指示，复指"月相 + 侧月圆点"闰年的性质，是历法的"岁"。《尚书·尧典》"期三百有六旬有六日，以闰月定四时成岁"，与彩陶盆（泉护村 H87:2）图文讲的都是闰年的法则。根据彩陶主题，唇部黑彩带纹一周为太阳年周期之内涵，腹部每组月相图文指代阴历年周期，第三组多出一个侧月圆点应是闰月的内涵，这是中华历法的特殊历制——"三年一闰"的闰月制度。唇部施黑彩带纹一周，表述太阳黄道年的周期，与腹部历法及闰月现象，构成阴阳合历。

图 6.29　彩陶盆（泉护村 H87:2）图文解析

泉护村遗址彩陶盆（泉护村 H46③:220），口沿唇部绘黑彩一周，腹部绘黑彩月相图文两组和黑彩月相 + 侧月圆点图文一组。参照上图的历法义理，这也是一幅"三年一闰"

[1] 陕西省考古研究院、渭南市文物旅游局等：《华县泉护村——1992 年考古发掘报告》，文物出版社，2004 年，第 278 页。

的彩陶历法图形（图 6.30）。

图 6.30　彩陶盆（泉护村 H46 ③ :220）图文解析

庙底沟遗址彩陶盆（庙底沟 02SHMT38H408:44）[1]，唇部外侧绘黑彩窄带纹，上腹部绘黑彩三组月相图形一周，单元图以交午图文表述连续和分隔。其中，两组单元图相同，均为合月纹；另外一组为合月纹和并立的弦月（图 6.31）。

图 6.31　彩陶盆（庙底沟 02SHMT38H408:44）图文解析

这件庙底沟彩陶盆图文与泉护村遗址彩陶瓮比较，显然简单了一些，但却表述了"三年一闰"闰月制度的历法主题。两组单元图形的合月纹为平年月相，指代彩陶历法的两个平年；合月纹与并立的弦月组成闰年的月相，并立弦月的图形（不是合月纹，应是特别强调的标示）显然表示多出一个月。合月纹本义是一个朔望月月时，由此延伸出平年的 12 个朔望月（即阴历年）的义项。可见图形的本义和延伸义项是彩陶表述常用的手法。每个朔望月时长 29.53 日，那么合月纹代表一个平年则是：$29.53 \times 12 = 354.36$ 日。这件陶盆整个图文的象数形式是：合月纹（平年）＋合月纹（平年）＋合月纹（平年）又朔望月（闰月）＋闰余＝三个历年，即（29.53×12）＋（29.53×12）＋（$29.53 \times 12 + 30$）＋ 2.64，这个时长正好与三个历年（$365.24 \times 3 = 1095.72$ 日）相合。"三年一闰"法则在现行农历中仍然沿用，可见这种闰月制度不仅科学还很实用，是经过历史岁月检验的历法精华。

---

[1] 河南省文物考古研究院：《华夏之花：庙底沟彩陶选粹》，上海古籍出版社，2013 年。

泉护村遗址彩陶瓮（H118⑥:9）[1]，沿面饰一周黑彩，肩腹部绘一周黑彩纹饰带，三组图形以交午形纹分隔，下部绘粗线段一周为界（图 6.32:1、2）。纹饰带三块露地椭圆形开光，其内绘黑彩椭圆形与内置对立弧边三角形的四季图式，椭圆与弧边三角相交的上下两处各施加一圆点，以标识节点"二至"（即夏至、冬至，另外三角顶点所示为"二分"即春分、秋分），其中一个单元图的四季图式内又横置一组以线贯心的小型四季图式（图 6.32:3、4）。"分、至者，中也"，古人制历"时（季）中必在正数之月"[2]。这幅彩陶在强调了"二分"的同时，闰月的小型四季图式特意加了一条横线且与"二分"方向一致，表明彩陶历法在朔望月制的前提下，还要以冬至、夏至为基准保持历年的四季范式。小型四季图式内的一横细线，具有"衡"的意涵，表述以闰月的方式逐步达到历法的平衡和规范。（图 6.32:5）。

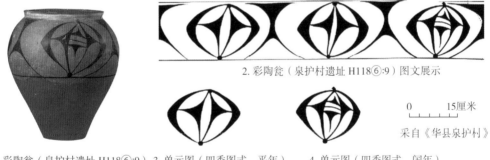

2. 彩陶瓮（泉护村遗址 H118⑥:9）图文展示

0   15厘米

采自《华县泉护村》

1. 彩陶瓮（泉护村遗址 H118⑥:9）   3. 单元图（四季图式、平年）   4. 单元图（四季图式、闰年）

5. 彩陶瓮闰月图文的象数解析

图 6.32   彩陶瓮（泉护村 H118⑥:9）图文解析

巩义双槐树遗址于 2016 年出土一件彩陶罐（双槐树 T4608H330:1）[3]，鼓肩部位绘白地黑彩纹饰一周，由三组六角星组合（朔望月）、一组合月纹，以两组交午点纹、叶片中字纹为间隔（图 6.33:1）。我们对这组图文作如下分解，以究明其中内涵。

六角星图文是一个单元图（图 6.33:3），表述朔望月的过程，即月亮受阳光而变化的图解。

[1] 陕西省考古研究院、渭南市文物旅游局等：《华县泉护村》，文物出版社，2004 年。

[2] 《前汉书·律历志上》，上海古籍出版社、上海书店影印，1988 年，第 98 页。

[3] 双槐树彩陶罐图采自《黄河·黄土·黄种人（华夏文明）》2019 年第 16 期。

两侧为侧月相合，居中的圆圈、圆点为太阳，六角形则为其光芒，这光芒与黑色背景齿合，则寓意阴阳抱合一体的满月。本义望月，日月光华，也为"明"字象意。六角星图文指代阴历年。合月纹就象数而言则表示朔望月（平均 29.53 日），具体到此图则是代表闰月（图 6.33:4）。交午点纹则是气候时序连续、交替之意，还有日时法则的义项（图 6.33:5）。叶片"中字纹"应是四季图式的变体，在图中的位置是以四季交替的形式连接六角星，是辅助性的，与六角星纹相呼应，是"四时成岁"历法制度的表述（图 6.33:2）。审视整幅图文，三个六角星和合月纹是主题，这与前面介绍的闰月图文的义理相同，也应该是一幅"三年一闰"的历法图文（图 6.34），其中的历法元素更加丰富多彩。通过分解，双槐树彩陶罐图文概括了月时、气候、四季、闰月等历法制度，应是一幅纯正中国特色的阴阳合历，即农历。应该说，这是中国历法比较完美的实物见证。

图 6.33　彩陶罐（双槐树 T4608H330:1）图文展示与解析

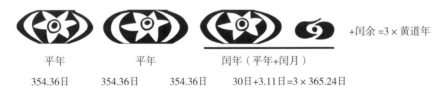

图 6.34　彩陶罐（双槐树 T4608H330:1）象数解析

四、十九年七闰

中华古代天文历法家按照历制闰法、经过测验和推算发现，十九年加七个闰月就能很好把黄道年和阴历年协调一致，形成一个"（冬）至朔（朔望月）同日"的闰年周期，称为"闰周"。现在农历就是采用"十九年七闰"的古法，在彩陶实物中也有这样的图文内容。

杨官寨遗址的彩陶壶（杨官寨 M64:1）[1]，泥质橙黄陶，敞口，方唇，高颈，扁鼓腹，底微凹。口径 9 厘米，底径 11 厘米，高 13 厘米。腹部绘黑彩，以五组子午图文连续形成椭圆形漏地开光，开光内置四季图文。叶形漏地内随势画一条贯中线段。共有 19 条贯中线段，其一为空白。四季图文有一个中分内画有"丨"，为始元之意。五组四季图文，其中一组的叶形白底与四季中分内添加"丨"纹，使整幅图案益然生趣。

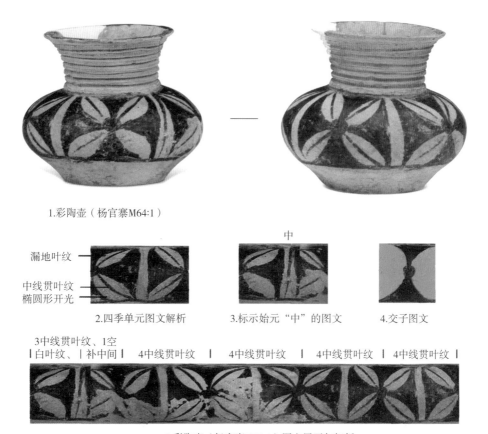

1.彩陶壶（杨官寨M64:1）

漏地叶纹
中线贯叶纹
椭圆形开光

2.四季单元图文解析　　　3.标示始元"中"的图文　　　4.交子图文

3中线贯叶纹、1空
丨白叶纹、丨补中间　丨4中线贯叶纹　丨4中线贯叶纹　丨4中线贯叶纹　丨4中线贯叶纹丨

5.彩陶壶（杨官寨M64:1）图文展开与解析

图 6.35　彩陶壶（杨官寨 M64:1）图文解析

杨官寨彩陶壶（杨官寨 M64:1）图文以往出土较多，一般叫作"花瓣纹"或"玫瑰花纹"，现在看来并不正确的，应该加以纠正，应称之为"四季"或历法图文。这个图文除了表述四季历法之外，还告诉人们一个历法道理，即"十九年七闰"的闰年周期。五组开

[1] 王炜林：《彩陶中华：中国五千年前的融合与统一》，陕西师范大学出版总社，2020 年，第 184 页。

光的四季图形，形成 20 个漏地叶纹循环模式，其中 19 个叶纹有"中"线贯通，一个空白叶纹，这个"中"线却画在留白的隔断内，表示下一个历法周期开始（图6.35:3）。"丨"纹乃中华古人用以立杆测量日影的木杆，称为"中"，古尚天道，认为是通天圣物。历法以闰月制度十九年闰尽，以白叶、"丨"纹加以指示，说明"至朔同日"，天道复始。这应是"十九年七闰"法则的彩陶记载。象数形式为：十九个阴历年加七个闰月（朔望月），即 $354.36 \times 19 + 29.53 \times 7 = 6939.55$ 日，这和十九个黄道年（$365.24 \times 19 = 6939.56$ 日）仅有 0.01 日的微差。历数计时皆为取整，这个微差是可以忽略的。

青海省民和县核桃庄遗址的彩陶壶（核桃庄 MHM1:8）[1]，口沿外折，唇微卷，长颈，溜肩，鼓腹，平底。高 28.5 厘米，口径 13 厘米，腹径 27.5 厘米，底径 12.5 厘米（图6.36）。器形典雅，打磨光滑，通体彩绘，色调明快。器表施浅黄色陶衣，绘黑彩图文，自上而下依次分述。口沿涂黑，并绘三个斜向（旋转）三角，有"道生一，三生万物"之意。颈肩部位平行旋纹 19 道，天时之数，寓意"十九年七闰"历法周期。肩下及腹上部，绘四组四季图文、方格纹一周。四季图文为倾斜展臂图式，圆形开光内置四向方位并指代四季节点。腹中部绘一道旋纹，应是"道一""中道"之意。腹下绘一周波浪图文，表述气候变化，

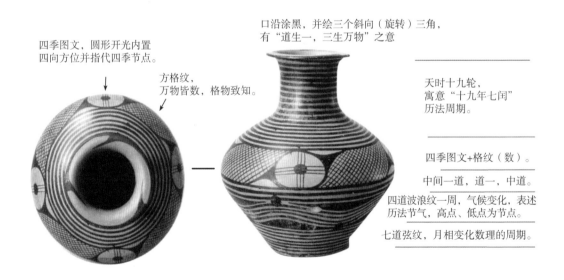

图 6.36 彩陶壶（核桃庄 MHM1:8）图文解析

[1] 青海省考古队：《青海民和核桃庄马家窑类型第一号墓葬》，《文物》1979 年第 9 期。

历法节气，在高点、低点处以圆点标识历法节点。腹下及壶底绘七周平行旋纹，根据彩陶主题，七数表述"七日来复"，是月相变化的数理周期。

彩陶历法一经发明，其实用性和社会生产价值得到了普遍认同，迅速推广和传播，产生了广泛的社会影响。青海省民和县核桃庄遗址处在中国西北部，古代属于戎羌杂居区，是中国文化与西方文化交汇的场所。核桃庄遗址彩陶壶（核桃庄MHM1:8）集古易思想、天文历法和数学知识于一体，是中华思想、天文历法和数学成就的产物，这是中华历法向西传播的实物见证。彩陶壶出土于墓地的一座墓葬（M1），还出土了盆、瓶、壶等彩陶10余件，大多都是关于历法内容的图文。由此可见戎羌民族对古中华文化尊信和认同，并为传播中华文明做出了重要贡献。有学者认为古西亚两河流域、古埃及也是阴阳合历，即使是，其时代都晚于中华彩陶历法。反观中华历法经历贾湖、上山遗址的距今9000年——7000年的创制完善，仰韶时期彩陶记载的古易思想、数学、天文学等成就已臻完备，才能有成熟的彩陶历法系统，而古西亚两河流域、古埃及没有相关知识文化的储备，何来阴阳合历，唯一可能的是中华彩陶历法的传播。

考古发现的彩陶历法实物，可以确认早在6500年前中华天文历法学者已创立精密而成熟的闰月制度，并进行"三年一闰"、"十九年七闰"的历法实践。前后《汉书·律历志》称"十九年七闰"的周期为"章"，十九年闰法为章法，这是我国自古以来传统的历法制度。"十九年七闰"的闰年法则，我国有完备具体、传承有序、记载详明的彩陶图文，要比公元前5世纪左右的雅典人梅屯早了至少3000年。究其原因，还是我国一些学者低估了对彩陶文化的全面认识，不知道彩陶历法，多侧重研究艺术美术史而走入了误区。

第四节
历法的节气制度

认识太阳是从太阳地球公转的黄道和与之相关的四季、节气开始的，这有丰富的彩陶记载。黄道图形一般为漏地的椭圆形，然后四分或八分，表示四季或二至二分四立的历法形式。这种椭圆形黄道图形与现今我们所认识黄道轨迹几乎一样。

一、四季与二分二至四立

伊川土门遗址的二至二分四立图文彩陶缸，夹砂红陶，上腹部磨光处绘三组椭圆形图案一周，每单元以白彩作底，再用红褐色在椭圆形内绘两

1.彩陶缸（土门遗址）

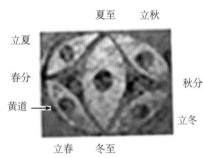

2.图文单元解析

图 6.37　彩陶缸（土门遗址）二至二分四立图文

个相对的弧边三角形，构成"四向八方"图式（图 6.37:1）。[1] 椭圆形轮廓为"黄道"，白彩平面为黄道面，短径与三角顶端相交处分别为夏至、冬至，是一年白昼最长和最短的时候；椭圆长径与两个三角相交处则是春分和秋分，是昼夜等长时间；中间大圆点表示太阳，其

---

[1] 洛阳市第二文物工作队、伊川县文化馆：《伊川土门、水寨新石器时代遗址调查简报》，《中原文物》1987年第3期，第21页。

余四点含有"中点"之意，表示四立（立春、立夏、立秋、立冬）节气。另外还有口沿及腹部分别绘制的四季图文的彩陶盆（H24④:9）[1]，也是经典的历法图文。类似的彩陶图文在三门峡庙底沟、陕西泉护村等遗址也有较多的出土。伊川土门的四季图式，酷似一副"晷表"，是彩陶历法的基本定式。特别是黄道之内对立的三角，一般用以表述四季，这样的彩陶历法图文非常之多。

伊川土门遗址圈足碗（H24②:27）、郑州尚岗杨遗址彩陶盆都是比较典型的四季图文（图6.38:1）。尚岗杨陶盆图案还用"｜"形中纹两端指示黄道的夏至、冬至。四季图式有许多变体，除四季本义之外，往往引申、指代为季（时）、岁等义项。现代用地球围绕太阳公转的黄道轨迹（图6.38:2右），

1.四季图文彩陶圈足碗（伊川土门遗址H24②:27）

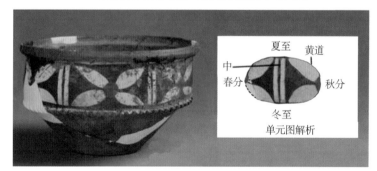

2.四季图文彩陶盆（郑州尚岗杨遗址）

图6.38　四季图文彩陶

也是划分四季气候、昼夜长短等时间、历法原理的依据。这和土门遗址四季彩陶缸图文几乎相同，两相比较，古今相通，可见彩陶历法对后世影响至深。

三门峡庙底沟遗址的彩陶钵（庙底沟02SHMT38H408:42）[2]，虽然是件残品，但正好残存一个单元四季图式，黄道、四季特征完好（图6.39:1）。陕西华阴市西关堡遗址的彩陶簋，口径22.7厘米，高14.7厘米，现藏于陕西历史博物院。陶簋泥质红陶，敛口，方圆唇深腹盘，高圈足，近足底部均匀分布有3个圆形钻孔。陶簋簋盘外壁涂白色陶衣，并绘制有两

[1] 洛阳市文物考古研究院：《河南伊川土门遗址新石器时代遗存发掘简报》，《中原文物》2022年第4期，第21页。
[2] 河南省文物考古研究院：《华夏之花：庙底沟彩陶选粹》，上海古籍出版社，2013年，第121页。

方连续的黑彩纹饰，分为上、中、下三层。上层为的交互纹，表述人与天（自然环境气候）关系和影响。中层为八组的四季图文与两竖道，表述四季的历法主题。下层为八组的斜线、三角组合（数量），表述了自然变化的规律和法则（图6.39:2）。

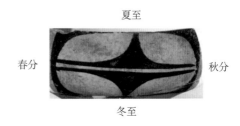

1.四季图式彩陶钵（庙底沟02SHMT38H408:42）

2.四季历法彩陶簋（西关堡遗址）

图 6.39　四季彩陶历法图文

二、中气与二十四节气

彩陶历法对气候有许多种表述手法，图文精彩，趣味盎然。远古时期，中华先人对气候问题向来十分重视，事关人们的生产生活和未来发展，是彩陶历法的重要内容。以"三""四""五"等线段数字展现"五日为候，三候为气，六气为时，四时为岁"的气候谚语，使得彩陶语言生动而接地气，成为千古不朽的经典。这则气候法则，至今还为我们关注气候变化提供科学参考，它是最早气候学理论和成果研究的图文记载，弥足珍贵。

陕西省西安市雁塔区鱼化寨遗址彩陶盆（鱼化寨W1）[1]，泥质红陶，直口微敞，圆唇，折沿，沿面略向外侧下斜，深弧腹，圜底近平，底心有一由外向内打制而成的不规则形小孔。高14.5厘米，口径35厘米（图6.40）。器身抹光，沿面与内壁打磨光滑。沿面绘黑彩，

---

[1] 陈星灿主编：《中国出土彩陶全集》第6卷，科学出版社、龙门书局，2021年10月，图见第35页。

形成露底、黑彩起伏波动的图文一周。并在露底和黑彩隔断处，分别写出三、四、五的线段数目字。其中，三组数目字 4，三组数目字 5，一组数目字 3，一组为空白，其和为 30，这是大月月制的天数。沿面露底、黑彩起伏波动的图文应是气候变化的图文表述，三、四、五数目字除了表述月制 30 日外，还表述"五日为候，三候为气，六气为时，四时为岁"的远古历法谚语。其中一个隔断为露白侧斜带状，应是历法"气"的意涵。由于"气"巧妙介入，整体历法图文匀称美观，妙趣横生，意境深厚。

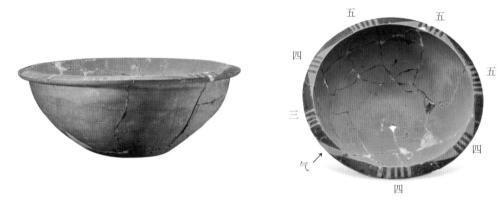

图 6.40　彩陶盆（鱼化寨 W1）图文解析

陕西省渭南市的彩陶盆（采集）[1]，腹内绘黑彩左向四鱼，口沿黑带纹一周，以斜向、正向贴片将黑带纹分割四组十二分，正方相间分布，其中正向漏地内画"四""五"黑色竖道。"四""五"为"四时为岁""五日为候"简语，表述"五日为候，三候为气，六气为时，四时为岁"的节气变化规律（图 6.41）。

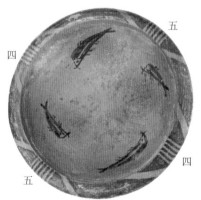

图 6.41　彩陶盆（渭南市采集）图文解析

---

[1] 高润民：《中国史前陶器》，北京：东方出版社，2017 年 7 月，第 268 页。

许多遗址的折带（线）形彩陶图文，是对气候冷暖变化的记述，并以"｜"表述"中气"。

宝鸡市北首岭遗址彩陶壶（图6.42:1）、张家川县圪垯川遗址彩陶尖底缸（图6.42:2）都有"折带（线）＋中"，是表述历法"中气"的彩陶图文。折带（线）表示阴阳变化，提示历法节气和气候冷热，"｜"形线段是测影立杆，

1.彩陶壶（北首岭遗址）

2.彩陶尖底陶缸
（圪垯川遗址）

图6.42　历法节气彩陶图文

定方位、候风向风力仪器的图文，表述"中"的意涵。"折带（线）＋中"会意历法的"中气"。这是强调历法"中气"的重要性，即每个月必有一个"中气"。

秦安县大地湾遗址彩陶壶（大地湾 M1:1）[1]，泥质红陶，器形雅致，杆形头圆弧状，小圆口，短细颈溜肩，鼓腹下屈，小平底。口径1.6厘米，底径3.5厘米，高13.5厘米。顶部涂黑彩，漏地"＋"四分。肩腹部满施黑彩，显示漏地"｜"和折线纹（11折），形成一周上下咬合的齿状三角图文。顶部黑彩四分为四季之意，腹部折线为气候冷暖变化，"｜"为天文观测仪器，有规则、准则之意，这里借指历法的"中气"制度，"｜＋11折线"表述一年为十二中气的历制。从口沿、腹部的图文内容，是对一年四季十二中气历法制度的记载（图6.43）。

[1] 甘肃省文物考古研究所：《秦安大地湾——新石器时代遗址发掘报告》，文物出版社，2006年，第227、278页。

四季

十一折线

中

图 6.43　彩陶壶（大地湾 M1:1）图文解析

河北省张家口市蔚县三关遗址[1]，泥质红陶，直口，圆唇，深腹，圜底，最大径在下腹部，腹部两侧各置一环形耳。口径 12.1 厘米，高 19.5 厘米。通体施黄色陶衣，颈与腹部绘褐红彩三角四个与对应的十二道折线（图 6.44）。折线周回，象气之形。立法节气有"五日为候，三候为气，六气为时，四时为岁"历制，每月有一"中气"一节气（简称节）。一般历法的"气"，指每月的"中气"。三角，函数。四个三角表示一年四时（季）的历法周期，十二道折线应是一年十二个月暖热寒冷的气候特征。

三角，数也。
四数，四时（季）。

折线应和三角，
周回不断。象气
之形。十二条线
四折，即一年四
时（季）十二气

图 6.44　彩陶罐（三关遗址）图文解析

---

[1]　王炜林主编:《彩陶·中华——中国五千年前的融合与统一》,陕西师范大学出版总社,2020年5月,图见第279页。

　　郑州大河村遗址、荥阳青台遗址彩陶钵在四季图形中间加入"三""四""五"数目字（图6.45:1、2），表述"五日为候，三候为气，六气为时，四时为岁"的气候法则。这是当时人们口耳相传、耳熟能详的历法谚语。大河村遗址彩陶钵（F1:26）出现使用圭表（日晷）测影仪器，获取的天文数据更加精确，在每节中间的最细部以圆点标出"中气"，还有数目二十四数表，说明已有二十四节气的内容（图6.45:1）。

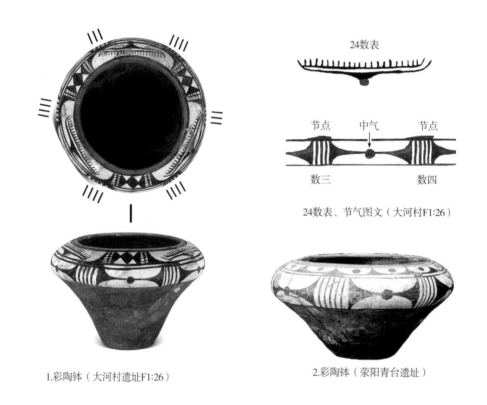

24数表

24数表、节气图文（大河村F1:26）

1.彩陶钵（大河村遗址F1:26）

2.彩陶钵（荥阳青台遗址）

图6.45　历法中气、节气图文彩陶钵

　　仰韶时期，流行的"五日为候，三候为气，六气为时，四时为岁"的历法谚语，说明彩陶历法不仅有"二至二分四立"的基本节气，而且还划分了"二十四节气"甚或"七十二候"。每个月必有一个中气，一年二十四节气，这是我国现行农历所固有的历法原则，这实在让人诧异！

第七章

图文例释

　　彩陶器是我国的图文载体，图文记录了人们的思想和生活。彩陶是人们生活的组成部分，既是生活实用器皿，也是学习、礼仪用品。文字是社会文明的标志。从图文的彩陶载体来看，文明就是人们的生活态度和对世界的认识能力。这种生活态度概括了人们的世界观和价值观。《易·系辞上》记载："有圣人之道四焉，以言者尚其辞，以动者尚其变，以制器者尚其象，以卜筮者尚其占。"彩陶有钵、碗、瓶、盆、缸、瓮、豆、壶，等等，记载的内容有古易思想、天文知识、数学和历法，其中历法的内容最多。历法是在古易思想指导下，在数学、天文学研究取得巨大成就的基础上产生的伟大成果，也是社会文明的标志。

　　我国出土的彩陶数量浩繁，本章以彩陶器形分类，设立 10 节内容，所录彩陶以二级序号顺序排列，尽量多收录多阐释，以满足考古、文史学者和文史爱好者对远古文献的研究和鉴赏之需。

第一节
彩陶钵

钵是生活常用陶器，器形多种，用于食器、饮器和储物。裴李岗文化时期已有出土实物。

一、彩陶钵（原子头 F35）

陕西省宝鸡市陇县原子头遗址出土。泥质红陶，红衣磨光，直口，浅弧腹，圜底。口径 21 厘米，高 8 厘米。口沿下施黑彩宽带纹一周。宽带纹有"周天历度"的内涵（图 7.1）。远古文字初萌，载体不甚完备，以陶器口沿或沿下

图 7.1　彩陶钵（原子头 F35）

规整的一画会意天道自然之序列，简略而意旨深远。据传伏羲始画八卦，立杆测影，确定太阳运行周期（365.24 日）为年的历法制度体系，历法口传心授，播布于中国。中原仰韶时期早期盛行彩陶载体，是裴李岗、大地湾、老官台等文化彩陶的延续，之后带纹逐渐被具体的历法内容所取代，历法从简略到更加完备。所以，早期彩陶以带纹为多，这是中国文化、文字、文明发展需要经历的。这些带纹大多以黑色、红色为主，一般视为趋吉避害的符号，其实是"周天历度"的简易历法，有深刻的世界观和人生价值内涵，体现的是中华先人的社会意识形态。

二、彩陶钵（下王岗 M10:2）

河南省淅川县下王岗遗址出土彩陶钵（下王岗 M10:2）[1]，泥质红陶，尖圆唇，折腹，小底内凹。口径 14 厘米，腹径 12 厘米，底径 2.6 厘米，高 7 厘米。腹部黑彩带纹露地形成"子午＋空间"单元图文，表述一日之时从子正时刻开始，体现了空间是时间的循环。倾斜空白叶纹既有空间的内涵，也有地球轴线倾斜的天文学内容。空间是"无"的状态，时间（历法）是空间体现。时间是可以计量的，日时法则是历法制度的基本常识（图 7.2）。

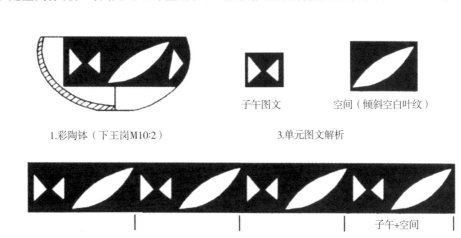

1.彩陶钵（下王岗M10:2）　　　　　3.单元图文解析

子午图文　　空间（倾斜空白叶纹）

2.彩陶钵（下王岗M10:2）展开

图 7.2　彩陶钵（下王岗 M10:2）图文解析

三、彩陶钵（瓦窑沟 H156）

陕西省铜川市黄堡镇瓦窑沟遗址出土。[2] 泥质褐陶，直口，微敞，圆弧腹，圜底。口径 16.9 厘米，高 8 厘米。口沿下绘褐彩带纹，带纹上刻有一个"｜"刻符（图 7.3）。远古文字初萌，带纹表述"周天历度"太过简略，日月周回但也应有始有终，故又在带纹上刻画了"｜"，历法的意义更加完整。"｜"是远古测日影、定方位、候风向的多功能天文仪器，一般以"立杆测影"指代，认为是"通天地的神物"。"｜"为"中"初文，也是竖式数的"一"，表述历法的"至朔"的纪元之始。历元一定是年始、月始、日始，因此为正月夜半合朔。仰韶早期应有一个大家公认的历法纪元。据相关研究，大约处在公元前 4721 年，即所谓的"上

[1] 河南省文物考古研究所等：《淅川下王冈》，文物出版社，1989 年，第 149 页。

[2] 陈星灿主编：《中国出土彩陶全集》第 6 卷，科学出版社、龙门书局，2021 年，图见第 45 页。

元纪年"[1]，相当于仰韶半坡类型的繁盛时期，这和半坡遗址、姜寨遗址、北首岭遗址、大河村遗址早期（距今 6800—6500 年）处在相同的时间段内。

黑带纹上的刻符"｜"

图 7.3 彩陶钵（瓦窑沟 H156）

四、彩陶钵（姜寨 T274W170:1）

陕西省西安市临潼区姜寨遗址彩陶钵（姜寨 T274W170:1）。[2] 泥质红陶，口微敛，浅腹，圜底。高 15 厘米，口径 37.2 厘米。口沿绘一周黑彩宽带纹，并刻画一个"｜"符号（图 7.4）。与前述瓦窑沟彩陶钵（瓦窑沟 H156）一样，也是黑彩带纹上刻画一个"｜"符号。这些"｜"符号，都有"周天历度"纪元之意，反映了远古中国"同历度"的社会实际情况。

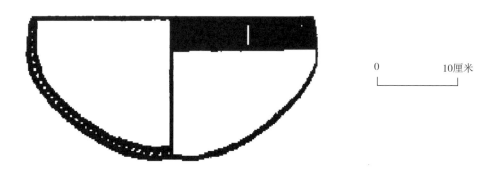

0　　　　　10厘米

图 7.4 彩陶钵（姜寨 T274W170:1）

---

[1] 武家璧：《论半坡彩陶盆的天象图式》，《文博》2020 年第 3 期。

[2] 西安半坡村博物馆等：《姜寨——新石器时代遗存发掘报告》，文物出版社，1988 年 10 月，第 107、108 页。

五、彩陶钵（庙底沟 02SHMT11H51:10）

河南省三门峡市庙底沟遗址彩陶钵（庙底沟 02SHMT11H51:10）。[1]泥质黄陶，直口，小圆唇，浅腹屈腹近折偏下，上部鼓圆，下腹斜内收，平底。口径 15.8 厘米，腹径 16.8 厘米，底径 6.1 厘米，高 7 ~ 7.9 厘米。器壁匀称，磨光发亮，内壁抹光，留有划痕。口部绘一周窄带纹，腹部绘黑彩倾斜状的"中"字图文四组一周，为四分等距离分布。口部窄带图文表述"周天历度"的历法内涵，腹部倾斜的四个"中"字图文，表述黄赤夹角是四季节气变化的主要成因（图 7.5）。

中，倾斜状，有标识黄赤夹角的内涵。黄赤夹角是形成四季变化的主要原因。

图 7.5　彩陶钵（庙底沟 02SHMT11H51:10）图文解析

六、彩陶钵（王家阴洼遗址）

甘肃省天水市秦安县王家阴洼遗址出土。[2]泥质红陶，红衣磨光，口微敛，圆唇，弧腹，圜底。口径 20 厘米，高 7.6 厘米。口沿外饰黑彩宽带纹一周，宽带纹上刻画"↓"符号（图 7.6）。宽带纹为太阳运行周期之"道"，表述历法"年"的概念，有远古时期伏羲发现的"周天历度"的内涵，"↓"表示历法纪元。

图 7.6　彩陶钵（王家阴洼遗址）

[1] 河南省文物考古研究院：《华夏之花——庙底沟彩陶选粹》，上海古籍出版社，2013 年，图见第 182 页。

[2] 陈星灿主编：《中国出土彩陶全集》第 7 卷，科学出版社、龙门书局，2021 年，图见第 15 页。

七、彩陶钵（王家阴洼遗址）

甘肃省天水市秦安县王家阴洼遗址出土，。[1] 泥质橙黄陶，磨光，敞口，圆唇，弧腹，平底。口径22厘米，高9.2厘米。口沿外绘黑彩宽带纹一周，宽带纹上刻画"⼴"符号（图7.7）。宽带纹为太阳运行周期之"道"，表述历法"年"的概念，有远古时期伏羲发现的"周天历度"的内涵，"⼴"表示历法纪元。

图 7.7　彩陶钵（王家阴洼遗址）

八、彩陶钵（姜寨 W158）

陕西省西安市姜寨遗址出土。[2] 泥质红陶，红衣磨光，口微敛，深弧腹，圜底。口径35厘米，高13.5厘米。沿下绘黑彩宽带纹一周，带纹上刻画"𐎀"，带纹底端为弦纹（图7.8）。

图 7.8　彩陶钵（姜寨 W158）

[1] 陈星灿主编：《中国出土彩陶全集》第7卷，科学出版社、龙门书局，2021年，图见第16页
[2] 陈星灿主编：《中国出土彩陶全集》第6卷，科学出版社、龙门书局，2021年，图见第42页。

九、彩陶钵（大地湾 0:26）

甘肃省秦安县大地湾遗址出土。[1] 细泥红陶，红衣，直口微敛，圆唇，圜底。磨光。口沿外绘黑色宽带纹一周，宽带上刻画一个"+"符号。这个符号与裴李岗文化贾湖遗址刻符"+"相似，应是"甲"字初文，表示"周天历度"纪元之始（图7.9）。

图 7.9 彩陶钵（大地湾 0:26）

一〇、彩陶钵（姜寨 T254W157:1）

陕西省西安市临潼区姜寨遗址出土。[2] 细泥红陶，红衣磨光，直口，深腹，圜底。口径 29 厘米，高 13.8 厘米。口沿外壁绘黑色宽带纹一周，带纹上刻画一个"⚹"符号（图 7.10）。

图 7.10 彩陶钵（姜寨 T254W157:1）

---

[1] 甘肃省博物馆文物工作队：《甘肃秦安大地湾遗址 1978 至 1982 年发掘的主要收获》，《文物》1983 年第 11 期。

[2] 西安半坡村博物馆等：《姜寨——新石器时代遗存发掘报告》，文物出版社，1988 年 10 月，第 107、108 页。

一一、彩陶钵（龙岗寺 M324）

陕西省汉中市南郑县（现南郑区）龙岗寺遗址出土。[1]细泥红陶，敛口，弧腹，圜底。高5厘米，口径12厘米。口沿外饰一周黑彩宽带纹，其内绘三个相连的三角图文，三角内画黑彩网格纹，网格纹三角之间为三角星状留白。口沿外的黑彩宽带纹为"周天历度"，表述历法内涵（图7.11）。腹内三角、网格纹为单元图文，

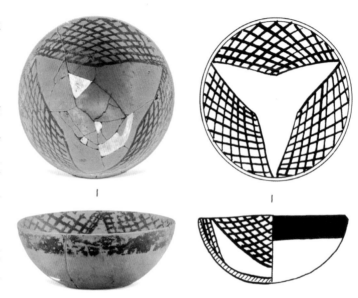

图 7.11　彩陶钵（龙岗寺 M324）图文解析

则是三角数理的内涵，三组三角连接一周，应是世界皆数的人文思想。腹内的网纹三角是对黑彩宽带纹"周天历度"的进一步阐释。

一二、彩陶钵（大河村 T40 ⑰ :25）

河南省郑州市大河村遗址出土，属于大河村前一期。[2]该钵细泥灰陶，敛口，圆唇，鼓腹，腹下及底部残损。口径21厘米，残高5厘米。口沿下有圆形穿孔一个，似曾修复使用。上腹绘红彩菱形开光纹带一周，据口径及菱形间隔可有菱形八组，菱形开光内绘"｜"形及其两侧的圆点（图7.12:1）。菱形开光内为四季历法图文，菱形上下端为夏至、冬至，两点指示春分、秋分。菱形以交午图文相连接。如果以横式子午纹解读，也是通顺的，两个圆点则有白天的义项。中华历法讲究"正朔"，如果日、月、年的始点都在朔日（初一）的子正时刻，就是最佳吉象。"｜"是"中"的象物初字，有平分、中点之意。菱形内圆

---

[1] 陈星灿主编：《中国出土彩陶全集》第6卷，科学出版社、龙门书局，2021年10月，第52页。
[2] 郑州市文物考古研究所：《郑州大河村》，科学出版社，2001年，第100、101页。

点应是"太阳"的象形图文，根据彩陶语境引申为白天或春分、秋分。菱形连续不断，周而循环，这是日复一日，年复一年的天时法则（图7.12:2）。"丨"与两圆点又呈现"一分为二"的古易内涵。所以说，彩陶是集思想、文化、科学于一体的元典文献，彩陶历法作为中华文明历史的标志。大河村遗址前二期四季印文陶罐（T58 ⑲ :27）[1]，圆形印章图文轮廓为黄道，其内菱形四角所至，则为春分、夏至、秋分、冬至四个历法节点。大河村前一期的测年不少于公元前4000年（距今6000年），属于仰韶文化早期。

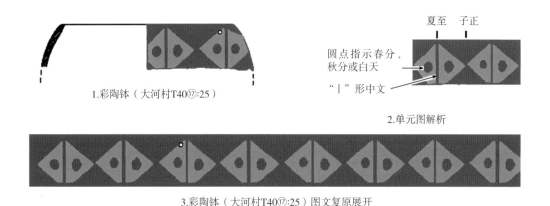

1.彩陶钵（大河村T40⑰:25）

2.单元图解析

夏至　子正

圆点指示春分、秋分或白天

"丨"形中文

3.彩陶钵（大河村T40⑰:25）图文复原展开

图 7.12　彩陶钵（大河村 T40 ⑰ :25）图文解析

一三、彩陶钵（黄瓜山遗址）

福建省霞浦县黄瓜山遗址。[2]泥质橙黄硬陶，敛口，屈腹，圆底。高7.6厘米，口径14.8厘米。内外均施赭色陶衣。外腹绘黑彩，下腹涂黑，上部绘12个黑彩连续菱形一周，菱形上、下对角画出与口沿垂直的竖线，竖线两侧各画一个黑点，菱形外部画斜向线段（图7.13）。"交午图文＋两点"应为子午图式的日时法则，这在彩陶中常常见到。对顶三角内的两个圆点为"日"字，引申为白天。这篇也可解读为连续的四季图文，菱形内"中"的两端为夏至、冬至，两点指示春分、秋分。上腹图文是以大河村遗址彩陶钵（大河村T40⑰:25）子午式图文为底本的，是传播中华历法的图文，包含了日时、四季的历法内容。大河村遗址彩陶钵（大河村 T40 ⑰ :25）属于遗址的前一期，距今6000年以前，处在中

[1] 郑州市文物考古研究所：《郑州大河村》，科学出版社，2001年，第56、57页。

[2] 陈星灿主编：《中国出土彩陶全集》第3卷，科学出版社、龙门书局，2020年，图见第91页。

原仰韶文化的核心区域，而黄瓜山遗址一般认为距今 4500 年—至 3500 年，处在东南沿海的福建省，这两件彩陶钵图文证明，中原与东南沿海虽然遥远，但两地的文化交流和传播十分紧密。

夏至

冬至

图 7.13　彩陶钵（黄瓜山遗址）图文解析

一四、彩陶钵（下王岗遗址 M563:10）

河南省淅川县下王岗遗址出土。[1]泥质红陶，红衣磨光，圆形，敛口。尖唇，鼓腹下收，平底。口径 22 厘米，高 10.3 厘米。外壁绘一周黑彩图文，即四组"米"字形的方位图和一组"四向八方"的线段标识，前者是图文主题，后者是图注，表述立杆测影观念下的时间空间概念（图 7.14:1）。腹部彩绘，运用了贴片印制技法，黑彩红地，规整大气。腹部图案细致入微，四组"米"字形图文中间以横式（空白、细线段）区分阴阳属性，增加了图文的思想性；这样的图文范式比半坡、北首岭遗址在盆口沿的形式不同。这幅图文除了"四向八方"的方位意义，还有指示"二分二至四立"的历法内涵。图文以直角三角构图，立意于立杆测影和勾股定理，给图文赋予了中华文化特点。图注采用了线段数字的方式对图文加以解释。以往都将"四向八方"作为彩陶绘图失败所致，不予示人，现在看应是特意留出的点睛之作，实乃彩陶亮点，足见画师是一位天文历法高手。彩陶钵"四向八方"图，看是十分简单，其实是建立在时空

---

[1] a.河南省文物研究所等：《淅川下王岗》，文物出版社，1989 年，第 149 页；b.陈星灿主编：《中国出土彩陶全集》第 4 卷，科学出版社、龙门书局 2021 年，第 1 页。

背景下的历法图式，揭示了天道的实质内涵，凸显出彩陶文化的无限魅力（图 7.14:2）。

1.彩陶钵（下王岗M563:10）

四向八方　　　"米"字形方位，
　　　　　　　由三角形构成

2.彩陶钵（下王岗M563:10）展示

图 7.14　彩陶钵（下王岗 M563:10）图文解析

一五、彩陶钵（东庄 T104:4:1）

山西省芮城县东庄遗址出土。[1] 泥质红陶，直口微敛，尖圆唇，浅腹，平底。复原。口径 29 厘米，高 11 厘米（图 7.15）。腹部黑彩，绘"子午易变"图文三组一周。"子午易变"图文一般作为日时阴阳变化的原理法则，也是中华古人认识自然的世界观和方法论，认为是"大道"之源。

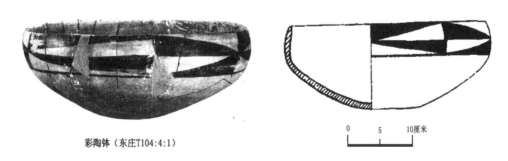

彩陶钵（东庄T104:4:1）

0　　5　　10厘米

图 7.15　彩陶钵（东庄 T104:4:1）图文解析

[1] 中国科学院考古研究所山西工作队：《山西芮城东庄村和西王村遗址发掘》，《考古学报》1973 年第 1 期。

一六、彩陶钵（东庄 H104:2:16）

山西省芮城县东庄遗址出土。[1]泥质红陶，敛口，浅腹，平底近圜。复原。口径31.8厘米，高13厘米。唇沿、上腹间绘黑彩，椭圆形开光四组一周，椭圆形开光内绘"子午易变"单元图文（图 7.16:1）。开光是贴片印刷图文的一种方法，有方形、长方形、圆形、椭圆形等，这种技法在唐宋、元明时期的绘画艺术仍有继承和发展，如一些陶瓷器常以开光的形式讲述的人物故事。"子午易变"图文是古易思想的精髓，是中华先人认识世界的宇宙观和方法论，就是所谓的自然法则的"道""大道"，这是最早的中华文明的思想理论体系和图文话语体系。东庄遗址还有许多相类似的图文彩陶钵（东庄 H103:1:018）、彩陶盆（东庄 H124:1:013），展现了"子午易变"古易思想的对中华文明初期发展的积极影响（图 7.16:2、3）。

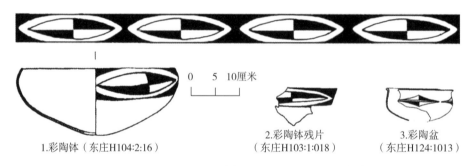

1.彩陶钵（东庄H104:2:16）

0　5　10厘米

2.彩陶钵残片（东庄H103:1:018）

3.彩陶盆（东庄H124:1013）

图 7.16　彩陶钵（东庄 H104:2:16）图文解析

一七、彩陶钵（桃园 H359:10）

山西省临汾市桃园遗址出土。[2]泥质黄褐陶，敛口，圆唇，上腹微鼓，下腹斜收，平底。口径23厘米，残高8.5厘米，最大腹径25厘米，器壁厚0.6厘米。绘黑彩。口沿一周窄带纹，上腹绘"节气＋四季"的复合图文三组一周。唇沿窄带纹为太阳回归年周期的"周天历度"（图 7.17）。腹部图文为节气图文和四季图文的组合。节气图文象阶节，上下两点指空气，中间阴纹长横表示中气，会意历法节气。四个圆点组合处在节隙部位提示太阳一年周期的春、夏、秋、冬的四季内涵。

[1] 中国科学院考古研究所山西工作队：《山西芮城东庄村和西王村遗址发掘》，《考古学报》1973 年第 1 期。

[2] 山西省考古研究所、山西大学历史文化学院等：《山西临汾桃园遗址 T0534 发掘简报》，《文博》2019 年第 5 期。

节气图文 四季

0 8厘米

图 7.17 彩陶钵（桃园 H359:10）图文解析

一八、彩陶钵（西山 W136:2）

河南省郑州市西山遗址出土。[1]泥质红陶，敛口，鼓腹，圜底。口径 24 厘米，高 8 厘米。腹部施一周白色宽带，绘 11 组黑彩菱形网格纹，菱形四角绘红褐色圆点。菱形网格应有数理意义，有 8×8、8×7 的单元。菱形象意四季，红褐色圆点表示春、夏、秋、冬四季（图 7.18）。

彩陶钵（西山 W136:2）

数表
（8×8）

数表
（8×7）

图 7.18 彩陶钵（西山 W136:2）图文解析

一九、彩陶钵（下王岗 M248:1）

河南省南阳市淅川县下王岗遗址。[2]泥质红陶红衣，口微敛，弧腹内收，小平底。口径 14.4 厘米，高 7.6 厘米。腹部沿下绘黑彩七组露地图文一周（图 7.19）。露地叶形轮廓六组，其中有两组绘一个圆点、两组绘三个圆点，两组较小的叶纹内一个绘竖线、一个为空白，另外一个露地方形内绘两个圆点。其实它是映照千古的老子《道德经》的精彩片段，可谓之《道德经》彩陶图文版本。所以说《道德经》有部分内容是对中华远古文化的一种文字转换，老子记载时经过了将近 3500 年的历史洗练。

---

[1] a. 国家文物局考古领队培训班：《郑州西山仰韶时代城址的发掘》，《文物》1999 年第 7 期；b. 高润民：《中国史前陶器》，东方出版社，2017 年 7 月，图见第 235 页图 695 号。

[2] a. 河南省文物研究所等：《淅川下王岗》，文物出版社，1989 年；b. 王炜林：《彩陶中华：中国五千年前的融合与统一》，陕西师范大学出版总社，2020 年 5 月，第 262 页。

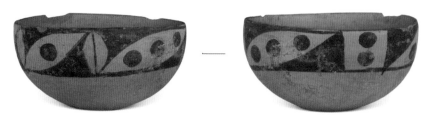

1.彩陶钵（下王岗M248:1）

2.彩陶钵（下王岗M248:1）图文解析

3.图文译释：

　　天下 （万物）生于 （有）， （有）生于 （无），

（有） （无）相生是为 （道）。

（道）生 （一）， （一）生 （二），

（二）生 （三）， （三）生 （万物）。

4.图文哲学与数理阐释：

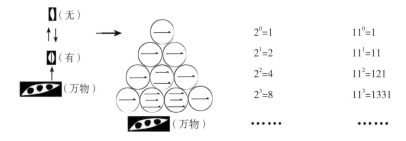

$2^0=1$　　　　$11^0=1$

$2^1=2$　　　　$11^1=11$

$2^2=4$　　　　$11^2=121$

$2^3=8$　　　　$11^3=1331$

……　　　　……

图 7.19　彩陶钵（下王岗 M248:1）图文解析

214

二〇、彩陶钵（庙底沟 02SHMT38H408:30）

河南省三门峡市庙底沟遗址出土。[1]泥质黄陶红衣，直口微敛，尖圆唇，弧腹略鼓，下腹斜收，平底。通体磨光。口径 13.3 厘米，底径 5.5 厘米，高 6.9~7.5 厘米。图文分两层：上层为口沿及上腹绘黑彩"圆点＋仰式圆弧纹"单元图文四组一周，这是时为天道的一种图文形式，表述一日之时的历法原则；下层为黑彩双平行线段一周，并以圆点作四分，表述一年四季的历法内涵，是阴阳合历的历法特征。上层以圆点部位指示太阳的中午时刻，以圆弧纹指示"天道尚圆"哲理，一日之始（子时），一月之始（朔日），一年之始（元日）。下层以双线段会意太阳的运行轨迹或"周天历度"，其上的四个圆点则是春、夏、秋、冬四季的节点（7.20）。"圆点"图文，一为太阳，本义；一为节气点，引申义。

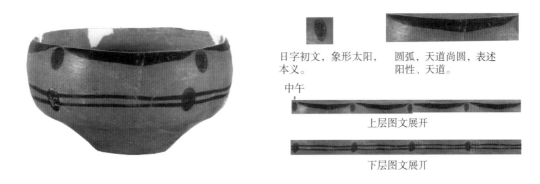

图 7.20 彩陶钵（庙底沟 02SHMT38H408:30）图文解析

二一、彩陶钵（庙底沟 02SHMT1H9:50）

河南省三门峡市庙底沟遗址出土。[2]泥质红陶，直口，尖圆唇，弧腹，平底。上部涂黄色陶衣，通体磨光。口径 14.5 厘米，底径 5.5 厘米，高 8 厘米。沿及上腹绘黑彩弦纹、波折纹、三角纹和圆点，以圆点将一周图文分为四个单元。上部的三角（数、时）及起伏线段，表示气候冷热变化（天道、天气）；底部的线段应是太阳运行轨道或"周天历度"，其上的四个圆点则是四季节点（图 7.21）。"圆点"图文，为太阳，本义，此为节气点，引申义。

---

[1] 河南省文物考古研究院：《华夏之花——庙底沟彩陶选粹》，上海古籍出版社，2013 年 6 月，第 84 页。

[2] 河南省文物考古研究院：《华夏之花——庙底沟彩陶选粹》，上海古籍出版社，2013 年 6 月，第 131 页。

图 7.21　彩陶钵（庙底沟 02SHMT1H9:50）图文解析

二二、彩陶钵（庙底沟 02SHMT43H166:66）

河南省三门峡市庙底沟遗址出土。[1]泥质红陶，直口微敛，尖唇，弧鼓腹，平底。通体磨光。口径 20 厘米，底径 8.8 厘米，高 9 厘米。沿下绘黑彩圆弧纹、三角纹四组一周，底部绘黑彩四圆点分隔的平行线纹。上部的圆弧（天道、天气）纹及三角（数、时），表示气候冷热变化；底部的平行线段应是太阳运行轨道或周天历度，其上的四个圆点则是四季节气点（图 7.22）。"圆点"图文，为太阳，本义，此为节气点，引申义。

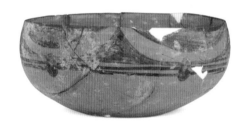

1.彩陶钵
（庙底沟02SHMT43H166:66）

2.彩陶钵（庙底沟02SHMT43H166:66）图文展开

图 7.22　彩陶钵（庙底沟 02SHMT43H166:66）图文解析

二三、彩陶钵（庙底沟 02SHMT1H9:86）

河南省三门峡市庙底沟遗址出土。[2]泥质浅黄陶，直口，尖圆唇，鼓腹，下腹部略屈斜收，平底（图 7.23:1）。口径 18.2 厘米，底径 7.6 厘米，高 9.2 厘米。腹部磨光。上腹绘黑彩日

[1] 河南省文物考古研究院：《华夏之花——庙底沟彩陶选粹》，上海古籍出版社，2013 年 6 月，第 150 页。
[2] 河南省文物考古研究院：《华夏之花——庙底沟彩陶选粹》，上海古籍出版社，2013 年 6 月，图见第 91 页。

月图文四组一周，以倾斜的双线为分隔。圆点为"日"字简体初文，指太阳的视运动周期；🌙则是"月"字的初文，本义月亮，引申为月时，是月亮的朔望月周期；倾斜的分隔图文则是"中道"，双线的倾斜形状表述了黄赤夹角的天文现象；顶部圆弧纹则是天道、天气之义项。太阳、月亮、中道的历法元素组成一部中华特色的历法体系（图7.23:3）。这样历法图文在三门峡庙底沟、山西西阴村、西安泉护村等遗址非常之多，这里不再具体列举。

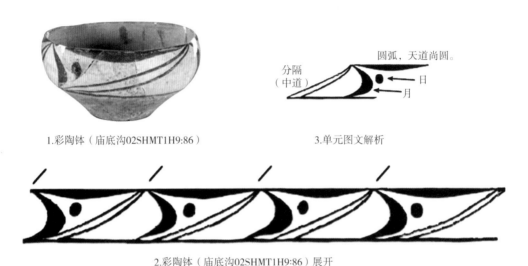

1.彩陶钵（庙底沟02SHMT1H9:86）　　　　　　3.单元图文解析

2.彩陶钵（庙底沟02SHMT1H9:86）展开

图 7.23　彩陶钵（庙底沟 02SHMT1H9:86）图文解析

二四、彩陶钵（泉护村 H4 ① :26）

陕西省渭南市泉护村遗址出土。[1]泥质红陶红衣，大口微敛，尖唇，上腹鼓圆，下腹斜收，平底，器残可复原。口径16.8厘米，残高4.6厘米。上腹绘黑彩四组一周历法图文，分别为相间的"日＋月""｜＋日＋月"格式（图7.24）。"日＋月"图文，表述"昼夜为日时"的法则；"｜＋日＋月"图文，表述以中午时刻确定子时为一日之始的方法。参照类似的庙底沟遗址彩陶钵（庙底沟02SHMT1H9:86）图文，也是阴阳合历特色的历法图文。"｜"更明确了中道和立杆测影的文化内涵，以"｜"的有无现象表述其阴阳变化的属性。立杆测影是"中文化"的典型范式：立杆测影可以获得中午时刻，中午对时为一天（即昼

---

[1] 陕西省文物考古研究院、渭南市文物旅游局、华县文物旅游局：《华县泉护村——1992年考古发掘报告》，
文物出版社，2014年，图见第50页。

夜为日时，现在认为是地球自转的周期），便有子时为一天之始；以月亮圆满时刻的对时为月时的开始（朔日、初一），便有朔望月的月时；以夏至、冬至的日影变化测定岁时周期和春分、秋分，即使有阴历、阳历的岁差，中华历法因立杆测影的校验而使历法有序不乱。远古"中道"思想是认识世界万物的基本方法，展现的是一种大智慧和科学能力。

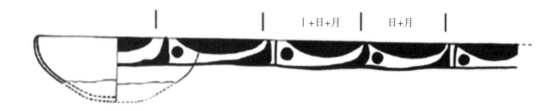

图 7.24　彩陶钵（泉护村 H4 ① :26）图文解析

二五、彩陶钵（泉护村 H87:30）

陕西省渭南市泉护村遗址出土。[1] 泥质红陶，略泛黄，大口微敛，圆唇，上腹鼓圆，折腹靠上，下腹斜收，底部微凹。口径 25.4 厘米，底径 10.2 厘米，高 12.4 厘米（图 7.25）。上腹绘黑彩"｜＋日＋月"四组一周的历法图文。参照类似的庙底沟遗址彩陶碗（02SHMT21 ⑨ :80）图文，也是阴阳合历特色的历法图文。"｜"更明确了中道和立杆测影文化内涵，以每组图像占比的度量显示四季昼夜长短的变化，其中较短小者应是夏季夏至日影最短的象数。

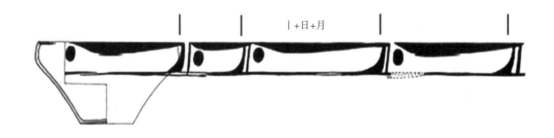

图 7.25　彩陶钵（泉护村 H87:30）图文解析

---

[1] 陕西省文物考古研究院、渭南市文物旅游局、华县文物旅游局：《华县泉护村——1992 年考古发掘报告》，文物出版社，2014 年，图见第 281 页。

二六、彩陶钵（段家庄 H3:8）

山西省汾阳段家庄遗址出土。泥质红陶，敛口，圆唇，圆肩，腹斜收，平底。口径 28 厘米，高 11.6 厘米，底径 10.8 厘米。肩腹部饰黑彩四组一周图文，每组由四季、中道图文组成（图 7.26）。四季图文为倾斜相合的三角、形成中部椭圆形开光、内置"÷"表述夏至、秋分、冬至、春分的四季节气。大臂式圆形开光、内置"÷"的图文是大河村菱形开光、内置"｜"和两圆点的变体，所表述的历法内容相同。中道图文以斜叶形开光，内置双线、中点加以指示。这个中道倾斜应是有科学依据的，中华古代天文历法专家懂得地球、太阳公转及黄道、赤道交角大约 23° 的天文常识，是形成四季气候的原因。这是专门记述四季成因的彩陶图文文献。类似的图文记载在庙底沟、泉护村等遗址都有比较经典的彩陶图文。

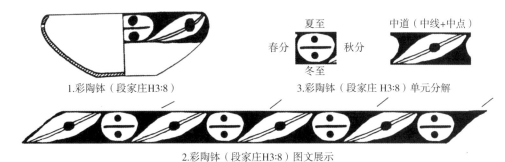

1.彩陶钵（段家庄 H3:8）　　　　3.彩陶钵（段家庄 H3:8）单元分解

2.彩陶钵（段家庄 H3:8）图文展示

图 7.26　彩陶钵（段家庄 H3:8）图文解析

二七、彩陶钵（大河村 T11 ⑥ B:111）

河南省郑州市大河村遗址出土。[1]泥质红陶，敛口，方唇，鼓腹，下腹及底部残。口径 28 厘米，残高 5.3 厘米。上腹部白衣，绘黑彩大臂式四季图文（图 7.27:1、2）。根据同类图文应是数组绕器壁一周。另外一件葫芦瓶残器（大河村 T39 ⑭ :46）[2]，泥质灰陶，杯型口，束颈，仅存口部（图 7.27:3）。残存部分可见，器表白衣，绘黑彩开光式四季图文。这两件彩陶标本均处在大河村遗址的第一期，大约在距今 5900 年—5600 年间（前 3900 年—前 3600 年），在之后的第二期、第三期得到迅猛发展。这样的图式在庙底沟、泉护村、青台等遗址都有大量出土。

[1] 郑州市文物考古研究所：《郑州大河村》，科学出版社，2001 年，第 124、125 页。

[2] 郑州市文物考古研究所：《郑州大河村》，科学出版社，2001 年，第 131、132 页。

1.彩陶钵（大河村T11⑥B:111）　　　　　　　3葫芦瓶（大河村T39⑭:46，残器）

2.彩陶钵（大河村T11⑥B:111）复原图文

图7.27　历法图文彩陶钵（大河村第一期）

二八、太阳纹彩陶钵残片（大河村遗址）

郑州市大河村遗址出土，共有 12 块之多。[1] 根据陶片图文特征和复原陶器形状，均为泥质红陶钵，腹部白衣绘黑彩圆形开光，每个开光内绘一个太阳纹（图 7.28:1）。太阳纹光芒四射，形象逼真。其一，彩陶钵（大河村 T11 ④ A），复原器，敛口，矮直沿，圆唇，上腹圆鼓，下腹斜收（图 7.28:2）。上腹白衣黑彩圆形开光 12 个布列一周，每个开光内绘黑彩太阳纹；其二，彩陶钵（大河村 T23 ③），复原器，敛口，圆唇，斜肩，上腹圆鼓，下腹斜收（图 7.28:3）。肩及腹部施白衣，肩部绘黑彩锯齿（实为三角）纹一周，上腹绘黑彩 12 个圆形开光布列一周，每个开光内一个太阳纹，并以子午图文相连接。锯齿纹与太阳纹之间的白纹带，以短带红彩作四等分，指示四季之意。三角为数，三角与太阳纹应有对应，因是复原器不便确说。依据图文主题和殷商甲骨文，圆圈加点（圆圈）一般应是"日"的初文，其周边放射的光芒则是太阳的基本图文。有的圆圈或黑彩或红彩涂实，增加了描述太阳的写真效果。十二个太阳纹循环一周，表示一年十二个月的黄道年周期，是远古时期人们的历法常识。武家璧先生认为这是"黄道十二次"的历法纪年体系，提醒有关学者不能"疑古"，大河村彩陶"十二太阳纹"证实古文献记载的"十二次"可以追溯至仰韶文化中晚期，即中国文明的起源时期，绝非从西方文明传播而来。[2]

[1] 郑州市文物考古研究所：《郑州大河村》，科学出版社，2001 年，第 596、597 页

[2] 武家璧：《大河村彩陶"十二太阳纹"研究》，《中原文物》2020 年第 5 期。

1.大河村遗址太阳纹彩陶片

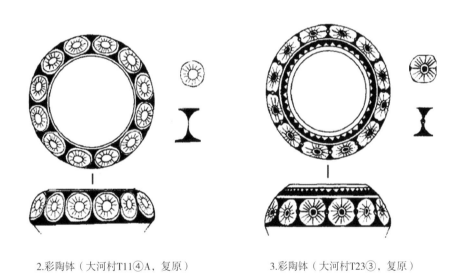

2.彩陶钵（大河村T11④A，复原）　　　3.彩陶钵（大河村T23③，复原）

图 7.28　太阳纹彩陶钵残器（大河村遗址）图文解析

二九、彩陶钵（庙底沟 02SHMT1H9:91）

河南省三门峡市庙底沟遗址出土。[1] 泥质黄陶，折沿，直口微敛，圆唇，上腹略鼓，下腹斜收，小平底。口径 16.6 厘米，底径 6.9 厘米，高 8.7 厘米。上腹部白衣并绘黑彩月相

[1]　河南省文物考古研究院：《华夏之花——庙底沟彩陶选粹》，上海古籍出版社，2013 年 6 月，第 95 页。

图文一周，以漏白分隔为五组。每组单元为上弧下平的扁长形露白，其内绘"覆月＋圆点"的月相图文（图 7.29 ）。"覆月＋圆点"的月相图文是"月"字的初文，是月时之意，指月亮的一个朔望月周期，一般为 29.53 日。五组月相循环一周应是彩陶历法的常用形式。庙底沟遗址五组覆月式月相彩陶历法出土不少，一般称为"眼目纹"。覆月是月时的一种彩陶图文表述手法，具有"月"字的初文性质。腹部覆月图文为月时，圆点指代月时的中气（十五），具有"五日为候，三候为气"历法内容。合月图文之间为空白的竖格隔断，表述"空间"。这是一篇表述气候内容的历法图文。

1.彩陶钵（庙底沟 02SHMT1H9:91）

月时，覆月，圆点指示中气。象眉目，俗称眼目纹。

3.图文单元解析

2.彩陶钵（庙底沟02SHMT1H9:91）图文展开

图 7.29　彩陶钵（庙底沟 02SHMT1H9:91）图文解析

眼目纹彩陶在庙底沟遗址很多，例如庙底沟遗址还有H900、H169:1的彩陶钵、彩陶碗等，都是五组覆月循环一周的彩陶图文（图7.30:1～3）。[1]

1.彩陶钵（庙底沟遗址）

2.彩陶钵（庙底沟02H900出土）

3彩陶碗（庙底沟02SHMT11H169:1）

图 7.30　眼目纹彩陶（庙底沟遗址）

---

[1] 陈星灿主编：《中国出土彩陶全集》，科学出版社、龙门书局，2021 年 10 月，第 92、93、100 页。

三〇、彩陶钵（庙底沟 03SHMTG23H900:22）

河南省三门峡市庙底沟遗址出土。[1]泥质黄陶，口近直，尖圆唇，屈腹，上下腹缓折，平底略内凹。器表磨光，内壁抹光。口径 23.2 厘米，腹径 25.4 厘米，底径 9.4 厘米，高 11.5 厘米。上腹绘黑彩覆月图文五组一周，以空白底纹为分隔，其中一宽大地纹内填绘三竖道。每组单元为上弧下平的扁长形露白，其内绘"覆月 + 圆点"的月相图文（图 7.31）。"覆月 + 圆点"的月相图文是"月"字的初文，是月时之意，指月亮的一个朔望月周期，一般为 29.53 日。五组月相循环一周应是彩陶历法的常用形式。宽大隔断内填绘三竖道，应是远古数字"三"的写法，或有"三候为气"的义项。覆月与空白隔断形式时空循环的图文。

图 7.31　彩陶钵（庙底沟 03SHMTG23H900:22）图文解析

三一、彩陶钵（庙底沟 02SHMT41H297:19）

河南省三门峡市庙底沟遗址出土。[2]泥质黄陶，直口，尖圆唇，上腹弧鼓，下腹内屈明显，平底。上腹及口沿涂白衣，并绘黑彩眉月六组一周，其中一个间隔较宽大，内绘一个"∣"式中字（图 7.32）。据《周髀算经》记载，"凡为日月运行之圆周，七衡周而六间，当以六月为节。六月为百八十二日、八分日之五。……衡复更终冬至。故曰：'一岁三百六十五日、四分日之一。'"这幅彩陶图文的时代大约处在 5000 年以前，但与《周髀

---

[1] 河南省文物考古研究院：《华夏之花——庙底沟彩陶选粹》，上海古籍出版社，2013 年，第 36 页。

[2] 河南省文物考古研究院：《华夏之花——庙底沟彩陶选粹》，上海古籍出版社，2013 年，第 96 页。

算经》的相关记载有相似之处。据考证，《周髀算经》的成书时间，最早者在西周早年，比较晚的在西汉前期。根据彩陶的文化背景，《周髀算经》应是对远古科技成果的文字转述，是一种文化的传承。彩陶记载的天文、历法、数学等文化比较先进，超越者不多，成为后世历代景仰遵循的范式。

间隔　眉月（月时）　"｜"式中。

3.局部解析

1.彩陶钵（庙底沟02SHMT41H297:19）

2.彩陶钵（庙底沟02SHMT41H297:19）展开

图 7.32　彩陶钵（庙底沟 02SHMT41H297:19）图文解析

三二、彩陶钵（西阴村 H30:5）

山西省运城市夏县西阴村遗址出土。[1] 细泥红陶，敛口，圆唇，浅弧腹，平底。口径23.7 厘米，底径 13 厘米，高 11 厘米。陶钵外壁施红衣，底部漏胎。口沿至上腹处绘黑彩露地的覆月图文五组一周。每组单元图文以露地矩形分隔，形成周回不断的图式（图 7.33）。黑彩覆月也有称为眉月或峨眉月，是"月"字的初文写法之一，象形，表述朔望月历法的月时之意。如此看来，这篇图文的历法意义是明确的。

"月"之初文，表述朔望月的月时历制。

1.彩陶钵（西阴村H30:5）

2.彩陶钵（西阴村H30:5）图文展开

图 7.33　彩陶钵（西阴村 H30:5）图文解析

[1] 王炜林主编：《彩陶·中华——中国五千年前的融合与统一》，陕西师范大学出版总社，2020 年，图见第 172 页。

三三、彩陶钵（大河村 T11 ⑤ A:83）

河南省郑州市大河村遗址出土。[1]泥质红陶，敛口，小圆唇，弧肩，屈腹，下腹及底残。口径 20 厘米，残高 10 厘米。肩及上腹部涂施白色陶衣，绘黑彩"合月＋四季"单元图文三组一周（图 7.34）。合月图文为月时，象形会意，应为本义。其中心的红色圆点指示望日，是月时朔望月之意。四季图文本义是"四时为岁"，结合整篇图文语境，又有三月为时（季）之义，故四季图文是时（季）、四时（季）两个意思。四季图文中间有倾斜的"二"，是数字"二"，也是"道生一，一生二，二生三，三生万物"的古易思想。"二"在四季图文中，可能指示大月、小月的历法月制。这篇图文的意思是：朔望月是一个月时，三个月是一季，四季是一年。

月时　　　　四季

图 7.34　彩陶钵（大河村 T11 ⑤ A:83）图文解析

三四、彩陶钵（大河村采 :56）

河南省郑州市大河村遗址出土。[2]泥质红陶，敛口，小圆唇，弧肩，腹斜直内收，小平底。口径 20.8 厘米，底径 12 厘米，高 18.4 厘米。肩及上腹绘黑彩"合月＋四季"单元图文三组一周（图 7.35）。合月图文为月时，即朔望月，应为本义。合月图文中间圆点指示望日，表述月时满月和历法的"十五"。四季图文本义"四时为岁"，结合整篇图文语境，又有三月为时（季）之义，故四季图文是有时（季）、四时（季）两个意思。四季图文中间有一个倾斜的"｜"，是数字"一"，也是"道一"的古易思想，还有"立杆测影"定历度的表述。"｜"在四季图文中，指明月时、一年四季的科学性。这篇图文应是：朔望月是一个月时，三个月是一季，四季是一年。

---

[1] 郑州市文物考古研究所：《郑州大河村》，科学出版社，2001 年，第 149、150 页。

[2] 郑州市文物考古研究所：《郑州大河村》，科学出版社，2001 年，第 149、150 页。

单元图文： 由"合月+四季"
图文组成。合月为月时，中间圆点指示望
日；四季为岁，中间斜线段为"中"。

图 7.35 彩陶钵（大河村采 :56）图文解析

三五、彩陶钵（后庄王遗址）

河南省郑州市后庄王遗址出土。[1]泥质红陶，敛口，圆唇，上腹外鼓，下腹屈收，小平底。口径 22 厘米，高 18 厘米。下腹、底部器胎有大片的铁锈色褐斑。上腹施白色陶衣，其上绘黑彩、红彩主题图文四组一周（图 7.36）。每组为"四季＋合月（朔望月）"，红彩主要为合月纹的中心圆点，漫漶不清。四季图文内竖式的"二"，积四为八，有"四向八方"之意。

四季　　合月（朔望月）

3.单元图文解析

1.四季合月图文彩陶钵（后庄王遗址）

2.彩陶钵四季合月图文展开

图 7.36 彩陶钵（郑州后庄王遗址）图文解析

[1] 陈星灿主编：《中国出土彩陶全集》第 4 卷，科学出版社、龙门书局，2021 年，第 79 页。

三六、彩陶钵（青台 88T15 ③ W227:1）

河南省荥阳市青台遗址出土。[1]泥质红陶，敛口，圆唇，鼓肩，腹部向下斜收，小平底。口径 22.4 厘米，底径 10.8 厘米，高 18.1 厘米。肩腹部绘白色陶衣，绘黑彩三组"合月 + 四季"图文组合一周，图文带上部绘一周黑彩界线（图 7.37）。合月图文中间为红色圆点，指示月时的朔月，有强调朔日（初一）之意。四季图文向右倾斜的弧边三角内画有"／（中）"，应是道法、原则之意。图文有月、三月为一季（古时称为时）、四季为岁之意，非常直白，通俗易懂。这样的彩陶即可实用，也是教育启蒙的读物。

合月　　四季

图 7.37　彩陶钵（青台 88W227:1）解析

三七、彩陶钵（青台 88T22 ③）

河南省荥阳市青台遗址出土。[2]泥质红陶，大敛口，广肩斜鼓，腹部斜收至底，半底。器残，可复原。口径 26.4 厘米，底径 12.4，高 19.2 厘米。肩与上腹为白色陶衣，以黑彩、红彩绘上、下、中三层历法图文（图 7.38）。上层为"月时 + 四季（内含三候为气图文）"四组一周，表述历法的月时制度、四季法则和"三候为气"的历制。月时是朔望月图形，象形，本义，红圆点强调朔月朔日（初一）。下层为"子午 + 数五"的图文组合九组一周，表述日时法则和"五日为候"的历法内容。子午图文一般多为立杆测影定日中并以求得子正夜分时刻，为一日之始，这是中华先人规定的"昼夜为日"的时间法则。这个法则，至今沿用。数五九组，其数和为 45，则是"洛书"之数。中间一层为上层、下层之间弦纹的间隔，其中点绘有红色窄带图文，对应下层的数五，说明红色窄带是节气点。这篇图文先施白衣，再绘黑色图文，最后以红彩点绘图文的重点。上层"三候为气"图文的两端、下层子午图文的圆点、中间

---

[1] 顾万发主编：《华美与灵动——院藏文物精品三维动态鉴赏》，科学出版社，2016 年，图见第 13 页。

[2] 顾万发主编：《华美与灵动——院藏文物精品三维动态鉴赏》，科学出版社，2016 年，图见第 14 页。

的窄短带纹，都是以红彩显示。

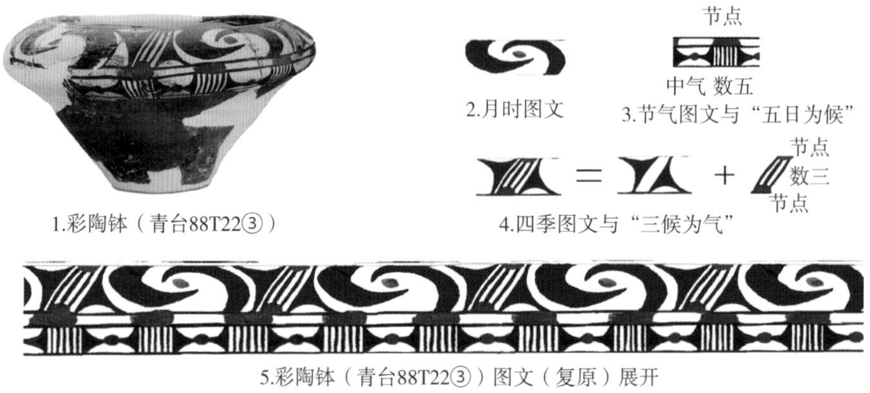
节点
中气 数五
节点
数三
节点
1.彩陶钵（青台88T22③）
2.月时图文
3.节气图文与“五日为候”
4.四季图文与“三候为气”
5.彩陶钵（青台88T22③）图文（复原）展开
图 7.38　彩陶钵（青台 88T22③）图文解析

三八、彩陶钵（大河村 F1:26）

河南省郑州市大河村遗址出土。[1]泥质红陶，敛口，小圆唇，弧形广肩，最大腹径在肩下，屈腹，小平底。口径 22 厘米，底径 11.5 厘米，高 21 厘米。肩腹部施白衣。白衣上绘黑彩、红彩图文，以黑彩、红彩绘三层历法图文（图 7.39）。图文分上、下、中三层：上层为口沿与肩部一道黑色弦纹之间，绘三组数表常识与日时法则图文组合一周；下层为底部一道黑色弦纹与白色陶衣底缘之间，绘六组日时子午图文一周，日时子午图文之间为“三”“四”

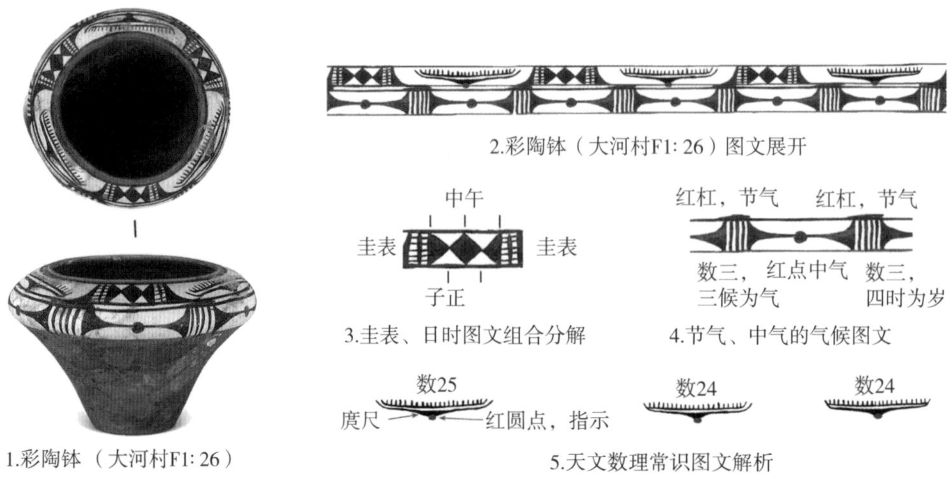
中午
圭表
圭表
子正
红杠，节气
红杠，节气
数三，
三候为气
红点中气
数三，
四时为岁
数25
度尺
红圆点，指示
数24
数24
1.彩陶钵（大河村F1: 26）
2.彩陶钵（大河村F1: 26）图文展开
3.圭表、日时图文组合分解
4.节气、中气的气候图文
5.天文数理常识图文解析
图 7.39　彩陶钵（大河村 F1:26）图文解析

[1] 郑州市文物考古研究所：《郑州大河村》，科学出版社，2001 年，第 204、205 页。

数字（图 7.39:2）。中层为上下层之间，绘六组红色杠条，对应其下的"三""四"数字，表述节气的节点。

上层图文组合三组，每组由"日时法则 + 数表"构成。日时历理图文也是一个组合，由"圭表 + 日时法则"合成（图 7.39:3）。▉为圭表图文，象圭表形，本义圭表，是立杆测影的天文仪器。圭表中间的黑边填红菱形为白天，菱形上下端为正午（中午），菱形两侧半拉白色三角则为分割的黑夜时分，菱形与三角相交处则为子正（夜半）时刻。西汉《尚书大传》："周以十一月为正，色尚赤，以夜半为朔。"朔者，始也。夜半为朔，即以子正时刻为一天的起点。唐代李淳风制《麟德历》时沿用"古时分日，起于子半"。即以子时的中点，今天半夜 12（零时），为一日之始。午时与子时相对应，则为白昼之正中，而正午就是午时中点，即中午 12。古人聪明，立杆测影取得中午数据，据以确定夜分。这是以太阳高度为参照的土圭测时、定时和计时系统。日时历理图文两侧为"▉"，系表盘刻度"五道"（数五，五为中数）与立杆侧影的"丨"（圭）相合而成，圭表的象形初文。圭表即日晷，是测定历时、制定历法的天文仪器，这里引申为准则、范式、法则。远古以历法安排生活和生产活动，"日出而作，日落而息"是人们遵守的一般准则和习俗。数表三组，图文组合，由"庹尺 + 数齿 + 红色圆点"构成，表述日常的知识常数（图 7.39:5）。数表有两个"二十四"、一个"二十五"。数二十四是二十四节气的一种简述，是中华历法的核心内容。数 25 图文，应是勾股定理弦的平方数，这与"圭表"刻度 5 相一致，说明"勾股定理"在远古天文测量、历法算术中已经得到广泛运用。

下层图文一周六组气候图文，表述历法连续不断（图 7.39:4）。气候图文以节气、中气为表述，以线段数字作注解。红色圆点指示中气，节间填入线段数字"三""四"，表述"五日为候，三候为气，六气为时（季），四时为岁"的气候谚语。嵩山地区的大河村、青台等遗址的历法节气多运用这种修辞法。远古图文简略、文字稀少，人们多以历法谚语口传心记，在图文中加入数字以提示历法内容。这种提示还表现在"三""四"数字上面对应的红色标识，因为数字排列占位较大，红色标识就成了一条短杠。每月有两个节气，居于月首的称为节气，表述气候的变化交替；居于月中的称为中气，表述同一气候的持续发展。历法规定，若一个月份没有中气，此月为其前月的闰月。

彩陶钵（大河村 F1:26）依据三层图文，可分三段，表述了历法的日时法则、生活常数、节气制度等内容，这是中华阴阳合历历法的核心元素。应该注意的是，出现了"▦"（圭表）图文，与周边区域以"｜"表示是不同的，或许这是表明天文测量的一种进步。

三九、彩陶钵（大河村 F19：1）

河南省郑州市大河村遗址出土。[1]泥质红陶，敛口，小圆唇，弧形广肩，最大腹径在肩腹部，下腹斜收，小平底。口径 22 厘米，底径 11.5 厘米，高 21 厘米。肩腹部施白衣。白衣上绘黑彩、红彩图文，以黑彩、红彩分层设色，进一步深化图文内涵（图 7.40:1）。图文分上、中、下三层：上层为口沿与肩部一道黑色弦纹之间，绘数理图表与日时圭表图文三组一周；下层为肩部一道黑色弦纹与腹部白色陶衣底缘之间，正是肩部的最大径处，绘节气气候图文六组一周。节气图文之间绘线段式"三""四"数字，数字上面以红短杠标识节气点，提示"五日为候，三候为气，六气为时，四时为岁"的历法谚语，节气中间以红圆点标示中气；中层为上、下层之间的一周黑色弦纹，表示"中道"的义项。上层数 29 图文是表述月制 29 日的义项（图 7.40:2）。这篇图文除增加了"中道"和数表改作数 29 外，气候法则、日时法则图文与大河村遗址彩陶钵（F1:26）图文相一致，在此不再赘述。

1.彩陶钵（大河村 F19:1）

2.数29单元图文

红短线段，节气点

红圆点，中气　　数四，四时成岁

3.中气、节气气候图文

图 7.40　彩陶钵（大河村 F19:1）图文解析

---

[1] 郑州市文物考古研究所：《郑州大河村》，科学出版社，2001 年，第 204、205 页。

四〇、彩陶钵（大河村 F20:38）

河南省郑州市大河村遗址出土。[1]泥质红陶，敛口，小圆唇，弧形广肩，屈腹，小平底。器残，可复原。口径 23 厘米，底径 11 厘米，高 20 厘米。上腹为白色陶衣，以黑彩、红彩绘三层图文，与前述大河村遗址彩陶钵（F1:26、F19:1）图文范式相同，表述历法元素的内容。这件陶钵除了记载圭表与日时法则、节气与节气点的内容，还记述了 30 日的大月常数，弥补了此项彩陶文献的不足（图 7.41）。

大河村遗址、青台遗址都还有这样的彩陶钵图文残片，数表上记载的相关数目字，颇为珍贵（图 7.42 ）。

数表30，大月常数

圭表与日时法则

节气与节气点

彩陶钵（大河村F20:38）图文历法元素

图 7.41 彩陶钵（大河村 F20:38）图文解析

数表，数13。两月丫形，结合处下部一红点，上部绘线段13根。残存图文可见圭表、节气、节气点

彩陶钵残片：大河村遗址

数表，数30。数表为通用的度尺形，上部绘有线段30根。残存图文可见圭表、节气

彩陶钵残片：大河村遗址

数表，数30。数表为通用的度尺形，上部绘有线段30根。残存图文可见圭表、节气、节气点

彩陶钵残片：青台遗址

图 7.42 彩陶残片的数表图文

四一、彩陶钵（青台遗址）

河南省荥阳市青台遗址出土。[2]泥质红陶，敛口，圆唇，圆肩，弧腹下部内收，小平底。高 17.3 厘米，口径 23.4 厘米。肩部及腹上部施白色陶衣，其上用黑色、熟红绘出图案一周

[1] a.郑州市文物考古研究所：《郑州大河村》，科学出版社，2001 年，第 204 页。b.河南省文物考古研究所：《河南史前彩陶》，河南美术出版社，1996 年，图见彩版二。

[2] 常维华、陈万卿主编：《荥阳市文物志》，中州古籍出版社，2011 年 5 月，图见第 211 页。

（图7.43）。图案分为上、下、中三层：上、下层图文以平行线分隔；上部图文绘两方连续的十二组弧边三角形和圆点；下部为节气与节气点图文。一年以朔望月制十二月为岁时制度，中气立月。下部图文表述气候法则。反对三角的交点为中气，象竹节中空并以圆点指示，竹节间隙填入四或五的线段数字，表述"五日为候，三候为气，六气为时，四时为岁"的气候法则。如此，彩陶历法确实有二十四节气、七十二候的气候制度，所以说我国的"二十四节气"至少有6500年的历史。

1.彩陶钵（阳青台遗址）　　　　　　　2.节气与节气点图文分解

图7.43　彩陶钵（荥阳青台遗址）图文解析

四二、彩陶钵（西山 T5141:4）

河南省郑州市西山遗址出土，[1] 泥质红陶，敛口，上腹圆鼓。下腹斜直，平底。口径19.5厘米，底径12厘米，高18厘米。陶钵肩及上腹部涂白彩陶衣，以黑彩绘四季、合月四季和"虫"候等图文组合三组，即一组"平年＋闰年"、一组"平年＋闰年＋虫候（一只）"、

1.彩陶钵（西山T5141:4）

2.彩陶钵（西山T5141:4）线图

3.彩陶钵（西山T5141:4）图文展开

图7.44　彩陶钵（西山 T5141:4）图文

[1] 国家文物局考古领队培训班：《郑州西山仰韶时代城址的发掘》，《文物》1999年第7期。此图采自《彩陶·中华》第235页。

一组"平年＋闰年＋虫候（两只）"。物（虫）候的多足"虫"形，可能是常见的"土元"虫类，俗名节节虫、湿生虫。成虫身体一般有十三节，喜阴生活于春夏秋三季。湿生虫十三节，既用以物候，又类比闰年十三个月的历象。这幅图文增加了物（虫）候，还把闰年图文竖杆式"中"改为横式的了，指示的节点由"二至"变为"二分"，是历法内容比较丰富的图文文献。总之，这是一幅"平年、闰年"与物（虫）候的历法图文（图7.44）。

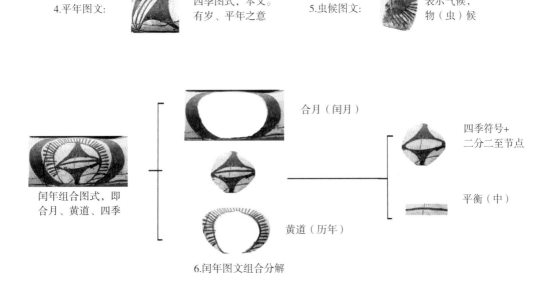

4.平年图文：四季图式，本义。有岁、平年之意

5.虫候图文：表示气候，物（虫）候

合月（闰月）

四季符号＋二分二至节点

平衡（中）

闰年组合图式，即合月、黄道、四季

黄道（历年）

6.闰年图文组合分解

图 7.45　彩陶钵（西山 T5141:4）图文解析

四三、彩陶钵（后庄王遗址）

河南省郑州市后庄王遗址出土。[1] 泥质红陶，敛口，尖唇，折腹，平底。口径17厘米，高8.3厘米。上腹绘褐彩横"S"图文和竖道式数字12（图7.46）。横"S"图文为月时周期，郑洛地区仰韶晚期这样的月时符号很多。竖道式数字12，与前面的月时符号连缀起来才有意义，就是12月，表达一岁12月的历法常数。

[1] 陈星灿主编：《中国出土彩陶全集》第4卷，科学出版社、龙门书局，2021年，图见第212页。

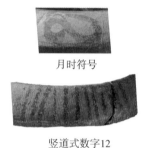

月时符号

竖道式数字12

图 7.46　彩陶钵（后庄王遗址出土）图文解析

四四、彩陶钵（大墩子 M33:8）

江苏省邳县大墩子遗址出土。[1] 泥质红陶，敛口，上腹圆鼓，下腹斜收，平底。口径 18 厘米，底径 6.8 厘米，高 11.5 厘米（图 7.47:1）。图文制作程序大致为：上腹先施白色陶衣并贴圆形、叶形面

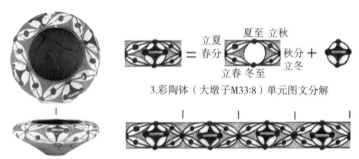

1.彩陶钵（大墩子M33:8）　　2.彩陶钵（大墩子M33:8）部图文展开

3.彩陶钵（大墩子M33:8）单元图文分解

图 7.47　彩陶钵（大墩子 M33:8）图文解析

片四组一周，刷涂通体红色陶衣，揭去贴敷的叶片，在露白处分别手绘黑彩斜弧线、圆点、小样四季和红色横线。采用了原始刷印、手绘等绘画技法，原始刷印在创作彩陶时就已大量运用。这是一幅由四组四季图文构成的历法图文，每组单元有四季和小样四季组成（图 7.47:2）。这篇图文构思巧妙，图文规整，极具中国传统文化特色。单元图的大四季有历法节气的立春、春分、立夏、夏至、立秋、秋分、立冬、冬至的八个节点，其内心的小样四季及红色"横线"（图 7.47:3）则有四向方位的义项。如果从彩陶图文的时空思维角度看，小样四季也具有指示空间意义，它的四点应是四向的标识。

[1] 南京博物院：《江苏邳县刘林遗址新石器时代第二次发掘》，《考古学报》1965 年第 2 期。

四五、彩陶钵（大河村 H241:2）

河南省郑州市大河村遗址出土。[1] 泥质红陶，大直口微敛，圆唇，折腹，小平底。修复。口径23.2厘米，底径10厘米，高12厘米。上腹红衣，绘黑彩，书写"太阳、中、时空"图文四组一周（图7.48）。◉为"日"字初文，太阳之意。太阳是人类生命之本，历法之基。"┃"为测日影之表（杆），"中"的初文，是中华民族知天文历度、体悟思想文明的象征，是中华、中国名称之由。弯曲的▦▦▦（圭表）表述"时间"，与四方形（空）组合成"时空"的意象。空间是时间的循环，时间是立杆测影的结果。时间和空间即宇宙。这篇图文内容，概括了中华先人宇宙观认识的精神实质。

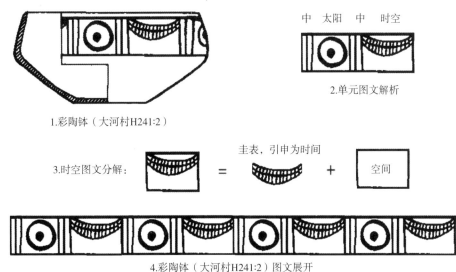

1.彩陶钵（大河村H241:2）

中　太阳　中　时空

2.单元图文解析

3.时空图文分解：　＝　圭表，引申为时间　＋　空间

4.彩陶钵（大河村H241:2）图文展开

图 7.48　彩陶钵（大河村 H241:2）图文解析

四六、彩陶钵（王墓山坡下 IF12:14）

内蒙古自治区乌兰察布市凉城县王墓山坡下遗址出土。[2] 细泥红陶，敛口，尖唇，斜直腹，平底。可复原。口径22.2厘米，底径7.5厘米，高10厘米。外壁口沿下绘黑彩"三角＋┃"图文，正反依次布列六组一周。单元图文为"三角＋┃"，以开光叶纹作衬托并相互用，形成阴阳图文的"玄图"模式。"┃"式中纹直立三角中部，有"立杆测影"，天地通合之意。"┃"，《说文》

[1] 郑州市文物考古研究所：《郑州大河村》，科学出版社，2001年，第206、208页。

[2] 王炜林主编：《彩陶·中华——中国五千年前的融合与统一》，陕西师范大学出版总社，2020年5月，图见第281页。

"上下通也"。据彩陶图文，此"丨"应是"中"之初文，属多意字符，后被"一""中""杆""棍"等分别取代，《说文》。时已属消亡的古字。三角则是"数"的意涵，万物皆数，数是万物的本质。作为"玄图"，它还可将空白叶纹视作"空间"，以"丨"为隔断，六组图文一周。表述时间是空间循环的宇宙观认识。这样的"玄图"在彩陶中比较常见，释读时要特别注意。

叶形开光，　　"丨"式中，立杆
前后共用　　　测影通天地之数

2.单元图解析

1.彩陶钵（内蒙古王墓山坡下遗址IF12:14）

3.彩陶钵（内蒙古王墓山坡下遗址IF12:14）图文展开　　　图1采自《彩陶·中华》

图7.49　彩陶钵（王墓山坡下遗址 IF12:14）图文解析

四七、彩陶钵（大汶口 M2009:16）

山东省泰安市岱岳区大汶口遗址出土。[1]泥质红陶，口微敛，浅腹，山腹略鼓，最大径近口部，下腹壁斜直内收，小平底。口径 38 厘米，高 14.2 厘米，底径 7.2 厘米。上腹绘褐彩并以白彩勾边绘"空白叶纹＋四方空间"图文十组一周。空白叶纹、四方空间均为空间、无、没有之意（图 7.50）。空白叶纹为阴性，四方空间为阳性，这是"空空为道"的宇宙观思想。空又谓之玄。《道德经》："道可道，非常道；名可名，非常名。无名，天地之始；有名，万物之母"的大道根源，正是"玄之又玄，众妙之门"的真谛。

空白叶纹　四方空间

彩陶钵（大汶口M2009:16）

图7.50　彩陶钵（大汶口遗址）图文解析

[1] 王炜林主编：《彩陶·中华——中国五千年前的融合与统一》，陕西师范大学出版总社，2020 年 5 月，图见第 244 页。

四八、彩陶钵（杨官寨 H374:1）

陕西省西安市杨官寨遗址出土。泥质红陶，敛口，尖唇[1]，上腹微鼓，下腹急收，小平底。口径31.5厘米，底径11厘米，高13厘米。口沿及上腹部绘黑彩五组图文带一周，五组图文相同。每组单元为四季和中道图文组成，四季图文内为倒"品"形三圆点，倒"品"形三圆点有"三月为季"的历数。中道即黄道，以倾斜的"中"若黄赤交角，指代黄道（图7.51）。

1.历法图文彩陶钵（杨官寨H374:1）

3.历法图文彩陶钵（杨官寨H374:1）单元图

2.历法图文彩陶钵（杨官寨H374:1）展开

图 7.51　彩陶钵（杨官寨 H374:1）图文解析

四九、彩陶钵（庙底沟 02SHMT2H72:3）

河南省三门峡市庙底沟遗址出土。泥质红陶，直口，尖圆唇，上腹圆鼓，下腹内屈，半底，通体磨光。口径13厘米，底径4.6厘米，高7.1厘米。黑彩图文，口部一周微弧带纹，其下为五组连续一周的四季图文，底部为一周弦纹（图7.52）。

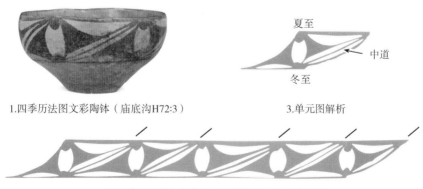

1.四季历法图文彩陶钵（庙底沟H72:3）

3.单元图解析

2.四季历法图文彩陶钵（庙底沟H72:3）图文展示

图 7.52　彩陶钵（庙底沟 02SHMT2H72:3）图文解析

[1] 王炜林主编：《彩陶·中华——中国五千年前的融合与统一》，陕西师范大学出版总社，2020年5月，图见第186页。

五〇、彩陶钵（界段营遗址）

河北省邯郸市界段营遗址出土。[1] 泥质红陶，敛口，鼓肩，下腹，平底。口径 25 厘米，底径 8 厘米，高 11 厘米。肩至口部以红彩绘六组历法图文一周，每组单元为四季、云纹、中字纹和数目字等元素组成（图 7.53）。四季图文为常见的长臂三角对合的图式。四季图式内含 15 道、14 道、23 道等细丝状线段，数 15 为中气月时，即望月；数 14 为既望数 23 为眉月。三者皆为月时月相节点，都与月时相关。古人已知月时 29.53 日，故有大月、小月的历制。15、14 象数的月制表述，也是彩陶历法常用的修辞手法。线（道）发光，居四季图文（岁）中间，会意光道、黄道、中道。这种线（道）发光、将四季图文分隔的"黄道"表述，彩陶历法并不鲜见，如大河村文化的西山、青台等都有类似的黄道。

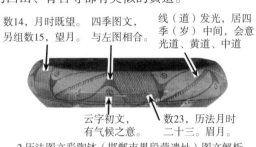

数14，月时既望。另组数15，望月。

四季图文，与左图相合。

线（道）发光，居四季（岁）中间，会意光道、黄道、中道

云字初文，有气候之意。

数23，历法月时二十三。眉月。

1.历法图文彩陶钵（邯郸市界段营遗址）
上图采自《彩陶·中华：中国五千年前的融合与统一》第280页

2.历法图文彩陶钵（邯郸市界段营遗址）图文解析

图 7.53　彩陶钵（邯郸市界段营遗址）图文解析

五一、彩陶钵（杨官寨 H776:11）

陕西省西安市杨官寨遗址出土。[2] 泥质红陶，口微敛，直腹，下腹斜收，底略内凹。口径 21 厘米，底径 7.5 厘米，高 9 厘米。口沿与腹中部涂黑彩弦纹一周。腹部弦纹与口沿之间绘黑彩六组四季历法图文一周。四季图文中部为圆形开光，内置"+"，两端以圆点连接（图 7.54）。

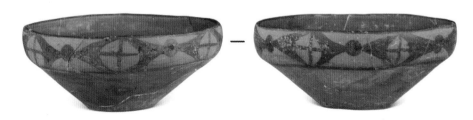

图 7.54　彩陶钵（杨官寨 H776:11）图文解析

[1] 王炜林主编：《彩陶·中华——中国五千年前的融合与统一》，陕西师范大学出版总社，2020 年 5 月，图见第 180 页。
[2] 王炜林主编：《彩陶·中华——中国五千年前的融合与统一》，陕西师范大学出版总社，2020 年 5 月，图见第 205 页。

五二、彩陶钵（泉护村 H234:498）

陕西省渭南市泉护村遗址出土。[1] 泥质红陶，敛口，浅弧腹，平底。口径 30.7 厘米，底径 11.5 厘米，高 11.1 厘米。腹部以上绘黑彩，八组椭圆形开光内置"="和上下两圆点图文一周。每组椭圆形开光内置"="和上下两圆点分别表述春分、夏至、秋分、冬至四个历法节点，"="有平分、平等之意，连续不断寓意年复一年的黄道周期，体现"中道"的思想。一笔一画，具有天文底蕴，历法是理，真理取自天道（图 7.55）。

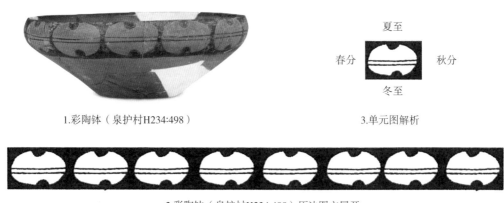

1.彩陶钵（泉护村H234:498）

3.单元图解析

2.彩陶钵（泉护村H234:498）历法图文展开

图 7.55　彩陶钵（泉护村 H234:498）图文解析

[1] 黄河水库考古队华县队：《陕西华县柳子镇考古发掘简报》，《考古》1959 年第 2 期。

第二节
彩陶碗

陶碗为生活实用器，泥质，用于食器、饮器。裴李岗文化食器已有实物出土。

五三、彩陶碗（庙底沟 02SHMT29H164:19）

河南省三门峡市庙底沟遗址出土。[1] 泥质黄陶，直口，圆唇，鼓腹，腹部近底急收，小平底。口径 14.7 厘米，底径 5.7 厘米，高 7.5 厘米。腹部红衣磨光，口沿绘黑彩窄带纹一周。口沿处黑彩窄带纹与腹部鲜亮的红彩形成对照，红彩有阳光的内涵，窄带纹应是"周天历度"的内容（图 7.56）。西安半坡、宝鸡北首岭、三门峡庙底沟、郑州大河村、荥阳青台

图 7.56　彩陶碗（庙底沟 02SHMT29H164:19）

等仰韶文化遗址，这类彩陶图文非常盛行，曾称红带纹为"红顶碗"、后来又泛称"窄带纹""带纹"等。从文化序列的发展来看，属于远古历法的"周天历度"范畴，反映了人们的宇宙观和认识世界的方法论。教导人们应遵循天道和依照历法从事农业生产生活，就能趋吉禳灾，生活安泰。这样简简单单的一道黑彩或红彩，包含了中华远古人们深刻的世界观、价值观、

---

[1] 河南省文物考古研究院：《华夏之花——庙底沟彩陶选粹》，上海古籍出版社，2013 年 6 月，图见第 125 页。

是人们对美好生活、和谐社会的殷殷期盼。《道德经》开篇的"道可道，非常道；名可名，非常名。无名，天地之始；有名，万物之母"的"大道"真蕴，是远古中华先祖仰观天文、天下文明的文献记载，这恰恰在彩陶文献中得到了印证。

五四、彩陶碗（庙底沟 02SHMT21 ⑨ :77 ）

河南省三门峡市庙底沟遗址出土。[1]泥质黄陶，直口，尖圆唇，鼓腹，腹部斜收，平底。口径16厘米，底径6.8厘米，高9厘米。器形残，复原。口沿内绘黑彩窄带纹一周，应是"周天历度"的内容。上腹部施白彩，绘黑彩节气、四季（黄道）历法图文（图7.57）。

1.彩陶碗（庙底沟02SHMT21⑨:77）

 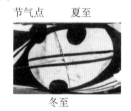

2.彩陶碗腹部图文解析

图 7.57　彩陶碗（庙底沟 02SHMT21 ⑨ :77 ）解析

五五、彩陶碗（大河村 T62 ⑤ :2 ）

河南省郑州市大河村遗址出土[2]。泥质灰陶，敞口，圆尖唇，浅弧腹，平底。口径20厘米，底径12厘米，高6厘米。绘红彩，口沿、近底部绘弦纹，腹部绘五叶禾苗纹。禾苗纹应是"禾"字初文，象禾苗形，本义为禾苗。凡此都应与农作物和农业生产有关系。这是彩陶

---

[1] 河南省文物考古研究院：《华夏之花——庙底沟彩陶选粹》，上海古籍出版社，2013年6月，第5页。

[2] 郑州市文物考古研究所：《郑州大河村》，科学出版社，2001年，第340、341页。

241

记载农作物的图文，是最早的文献记录（图7.58）。

五六、彩陶碗（大河村 H232:11）

河南省郑州市大河村遗址出土。[1] 泥质灰陶，敞口，圆尖唇，浅弧腹，平底。口径20厘米，底径10厘米，高5.4厘米。绘红彩，口沿、近底部分别绘两道平行弦纹，腹部绘五叶禾苗纹（图7.59）。

五七、彩陶碗（大河村 H81:36）

河南省郑州市大河村遗址出土。[2] 泥质红陶，敞口，圆尖唇，浅弧腹，平底。口径17厘米，底径7.8厘米，高6.4厘米。绘红彩，口沿、近底部分别绘平行直线，腹部绘四叶禾苗纹和短线段四组。禾苗纹为"禾"字初文，象禾苗形，本义禾苗。禾苗纹两侧的短线段四组，可能表述农作物的籽实，是庄稼成熟时果实累累的景象。（图7.60）甲骨文的年字是一人背负成熟的庄稼，这件陶碗图文是展示年成丰硕的图文。

图7.58 彩陶碗（大河村 T62⑤：2）图文解析　　图7.59 彩陶碗（大河村 H232：11）图文解析

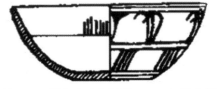

图7.60 彩陶碗（大河村 H81:36）图文解析　　图7.61 彩陶碗（大河村 H19:1）图文解析

五八、彩陶碗（大河村 H19:1）

河南省郑州市大河村遗址出土。[3] 泥质灰陶，敞口，圆尖唇，浅弧腹，平底。口径20

[1] 郑州市文物考古研究所：《郑州大河村》，科学出版社，2001年，第340、341页。

[2] 郑州市文物考古研究所：《郑州大河村》，科学出版社，2001年，第340、341页。

[3] 郑州市文物考古研究所：《郑州大河村》，科学出版社，2001年，第340、341页。

厘米，底径 9 厘米，高 7.6 厘米。绘红彩。口沿外部、腹部中间、近底部各绘平行直线三组，将腹部分割为上下两个区域，上面绘三叶禾苗纹数组，下面区域绘数四线段图文数组。内壁绘直线纹一周。数四线段图文一般是"四时为岁"之意，与禾苗纹相联系，说明人们注意适时农耕，重视历法对农业生产指导意义（图 7.61）。这件陶碗图文比较客观地记载了历法与农业的关系问题。

第三节
彩陶瓶

陶瓶为生活用器，有夹砂（尖底瓶）、泥质两类，用于水器、酒器（礼器）。

五九、彩陶瓶（北田马陵遗址）

陕西省西安市临潼区北田马陵遗址出土。[1] 泥质红陶，包口，细颈，大腹径在下腹部，平底。器形呈葫芦状，底径8.5厘米，高27.8厘米。绘黑彩。包口涂黑彩，表述周天历度或天道的思想内涵。腹部绘一神面二鱼形图文。神面是表述人的思想聪明智慧，以大三角形（脑囟）比喻知晓天道，以小三角形比喻耳聪，以"日"比喻目光明亮，以口齿比喻言语清晰，这是圣人的品德（图 7.62）。鱼形关联鱼部族，有"日"眼睛、三角鱼嘴、尖利牙齿，还有鱼鳍、鱼尾。这与当时陕西西安、宝鸡一带盛行的神面鱼纹相同，只是两条鱼限于陶瓶表面而画成头朝下俯立的形式。

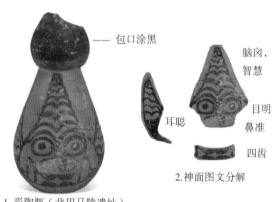

1.彩陶瓶（北田马陵遗址）　　2.神面图文分解

3.彩陶瓶腹部图文展开

图 7.62　彩陶瓶（北田马陵遗址）图文解析

---

[1] 王炜林主编：《彩陶中华——中国五千年前的融合与统一》，陕西师范大学出版总社，2020 年，图见第 86 页。

六〇、彩陶葫芦瓶（大地湾 M216:1）

甘肃省天水市秦安县大地湾遗址出土。[1]细泥红陶，形体较高，敛口，颈微鼓，细腰，鼓腹下移，小平底。小底内凹。口径2.8厘米，底径7.2厘米，高24.4厘米。颈部绘黑彩一周。在大地湾遗址还有细颈壶（大地湾M219:1），细泥红陶，宽顶大圆头，敛口，斜弧沿，头部微内屈，细颈，鼓腹中折，小平底为内凹。口径1.9厘米，底径4.6厘

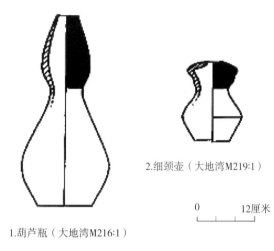

2.细颈壶（大地湾M219:1）

0　　　12厘米

1.葫芦瓶（大地湾M216:1）

图 7.63　彩陶葫芦瓶（大地湾 M216:1）

米，高10.4厘米。颈沿部位涂绘黑彩一周。葫芦瓶一物两体，但相分而不相离，即俗语中所说"囫囵"的形态（图7.63）。葫芦瓶上半部涂染为黑色，使其两半形体上下对应，使陶器底色与黑色相对比，显示了特别的意义。黑色为幽远苍苍天色的再现，而葫芦瓶上下两半的色彩对比中已显示了"天地玄黄"的观念模式。[2]口部的黑彩，显然是《道德经》"玄之又玄，众妙之门"哲学阐述，展示了《千字文》开篇的"天地玄黄，宇宙洪荒"的太初景象。半坡、姜寨、北首岭等遗址葫芦瓶、壶等器物就有了更多的图文形式，口沿黑彩四分、六分、八方等，腹部绘出鱼、鸟鱼、人面、历法图文等，这些内容不仅是人们世界观反映，也为人们生产生活和社会实践提供了方法论指导。

六一、彩陶瓶（青台 M145:1）

河南省荥阳市青台遗址出土。[3]泥质红陶，整体形状呈葫芦形。口部近似觚杯状，束颈，鼓腹略扁，腹部有一桥形单耳，平底。口径3.7厘米，腹径23厘米，底径12厘米，

---

[1] 甘肃省文物考古研究所：《秦安大地湾新石器时代遗址发掘报告》，文物出版社，2006年，第277页。

[2] 蒋书庆：《破译天书——远古彩陶花纹揭秘》，上海文化出版社，2001年1月，第263、264页。

[3] 陈星灿主编：《中国出土彩陶全集》第4卷，科学出版社、龙门书局，2021年，第235页。此组图片为郑州市文物研究考古院焦建涛提供。

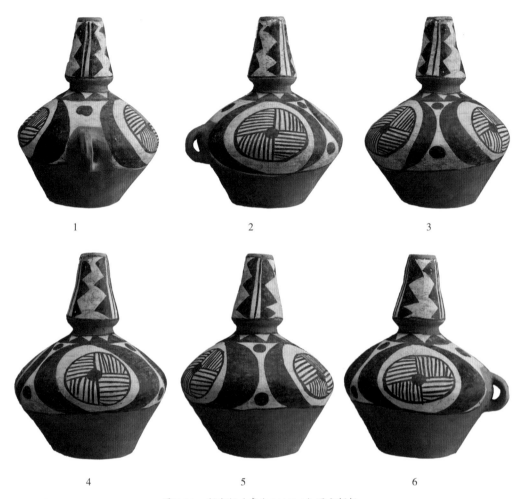

图 7.64　彩陶瓶（青台 M145:1）图文解析

高28.6厘米。口及腹部施白色陶衣，其上绘黑彩。图文以瓶口、平上腹、腹部分为三层（图
7.64）。瓶口绘三组竖式三角锯齿与"丨"（中）的图文组合，瓶腹上部为数个平列式三角
形，腹部为合月四象与间隔两点（瓶耳部位的一个圆点）的图文组合。瓶口的竖列式三角，
三三相对，表述空间皆数的意涵；"丨"为"中"，测影立杆，天地贯通。瓶上腹为三角形布
列，三角形为函数。腹部的合月四象表述月相及其变化，腹部一点、两点应是夏至、冬至的彩
陶表述，它与口部的"丨"相照应，立杆测影可确定其天文数据。这篇图文是说，数是万物的
根本，人是自然的一分子，可以通过立杆测影获取天道（具体的讲是天文知识）信息，并为人
类生产生活服务。中华先人立杆测影测定冬至、夏至，创制历法，就是一项伟大的贡献。

六二、女人头像彩陶瓶（大地湾 QD0:19）

甘肃省天水市秦安大地湾遗址出土。[1] 泥质红陶，小口，鼓腹，小平底。口径4厘米，底径6.6厘米，高29厘米。器口部位捏塑一位制齐耳短发的女人头像，眼、鼻、嘴、耳和面容五官俱备，耳孔以孔洞表示，相貌恬静端详（图7.65:1）。瓶身通体饰黑彩图文，图文上、中、下三层，每层绘两组四季历法图文，单元图文以倾斜的细线相分隔（图7.65:2）。远古中国人以天文、数学和古易思想发明历法，极为尊奉，用以规范人们的生产生活，民殷国富，社会和谐。女人头像表示人口繁盛，安居乐业，头顶圆形为瓶口，头顶为天，寓意智慧聪明自天，腹部三层四季历法图文象征风调雨顺、社会文明。这件彩陶瓶使人联想到女娲抟土造人、伏羲"周天历度"的远古传说，发明历法是古易思想、天文、数学等多项科技成果的产物，是中国人对世界文明历史的一项伟大贡献，是文明的标志。

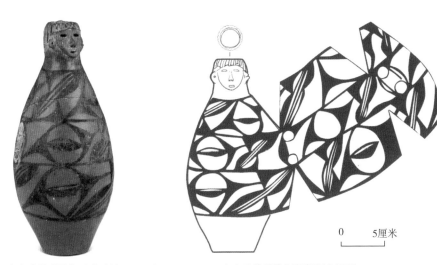

0　　5厘米

1.女人头像彩陶瓶（大地湾QD0:19）　　2.女人头像彩陶瓶腹部图文展开

图 7.65　彩陶瓶（大地湾 QD0:19）图文解析

六三、彩陶瓶（王家阴洼遗址）

甘肃省天水市秦安县王家阴洼遗址。[2] 泥质橙黄陶，通体磨光。小口，大头，细颈，折腹，平底。高20.6厘米，底径6.8厘米。绘黑彩（图7.66:1、2）。口部绘四组赫红色四季图文

---

[1] 甘肃省文物考古研究所：《秦安大地湾——新石器时代遗址发掘报告》，文物出版社，2006年4月，第152、153页。

[2] 陈星灿主编：《中国出土彩陶全集》第7卷，科学出版社、龙门书局，2021年，第24、25页。

范式（图7.66:3）；腹部绘四组黑彩图文组合，即子午、月时、大月小月图文等（图7.66:5）。子午图文表述立杆测影的场景，内一圆点挂于顶端，则是日中之天象，四角为四向之意。日时、大月小月均是立杆测影所能确定，包括口沿的四季。口沿、腹部图文均为历法元素的内容，概括阴阳合历的中华历法特色（图7.66:4）。

1.彩陶瓶（王家阴洼遗址）

2.彩陶瓶（俯视）

3.彩陶瓶口沿图文

日中
子午
子午图文

日　大月小月

4.彩陶瓶腹部图文展示

5.彩陶瓶腹部图文单元解析

图7.66　彩陶瓶（王家阴洼遗址）图文解析

第四节
彩陶盆

盆是生活陶器，泥质，器形种类较多。陶盆壁面光滑规整，较适合图文载体。

六四、彩陶盆（半坡 P.4665）

陕西省西安市半坡遗址出土。[1] 泥质红陶，口外侈，方唇，上腹外鼓，下腹内折斜收，平底。高 17 厘米，口径 31 厘米。器表磨制光滑。口沿涂黑彩，上腹三条黑彩鱼纹，头向左旋。鱼头以线条勾勒，大致呈三角状，鱼嘴大张；用黑彩绘三角形尖锐牙齿，头部留白区域以圆圈及圆点绘鱼眼，靠鱼头处的月牙形留白表示鱼鳃；中部的黑色三角及外侧的弧线构成鱼身，其上部绘有较大的背鳍，下部前后分别绘制胸鳍与臀鳍，鱼尾涂黑成剪刀状（图 7.67:1）。口沿一周黑彩带纹，表述"周天历度"。三条鱼纹左向绕器腹一周，鱼为鱼部族徽记，三

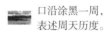 口沿涂黑一周，表述周天历度。

牙齿，象齿曲折形，牙齿四颗，本义。牙齿排列有序，引申齿序、序列

 鱼眼，象形太阳，本义。又日时

鱼鳃，象形月亮，本义。又月时

鱼尾，谐音会意指代岁余

1.彩陶盆（半城P.4665）及图文单元（隐语）解析

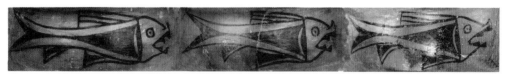

2.彩陶盆（P.4665）腹部图文展开

图 7.67　彩陶盆（半坡 P.4665）图文解析

[1] 陈星灿主编：《中国出土彩陶全集》第 6 卷，科学出版社，2021 年，第 18、19 页。

鱼有生生不息之象。鱼纹之中含有隐语，如鱼眼为 ◉，◉ 为"日"字初文；鱼鳃为露白的
◖ 形，◖ 为"月"字的初文；鱼口呈三角状，显露四颗锐利的三角牙齿，三角有数的内涵，
牙齿序列严谨整齐，故其牙口齿列是表述历法四时（春夏秋冬）运行有序的内容（图7.67:2）。
口沿"周天历度"与三鱼图文的隐语，则是阴阳合历的历法。

六五、彩陶盆（姜寨 T16W63:1）

陕西省西安市临潼区姜寨遗址出土。[1] 泥质红陶，直口，平沿，鼓腹，平底。口径30.4厘米，
高11.8厘米。沿面和盆内壁分别绘制黑彩图文一周（图7.68:1）。沿面绘黑、白三角图文
为间隔九组，空白三角内绘有三短线（数字三）（图7.68:2）。盆内壁绘制相对的蟾蜍、双鱼，
呈四分形式（图7.68:3）。

　　口沿与内壁图文相对应，是一篇月时朔望月周期变化的时空图文。口沿图文以数字方
式把几何圆形分为九段，每段表示三数（三日），共27日。27日是月亮在天空可见的时间，
还有大约两天半的不可见的晦月，则月时有29.5日。中华文化史上，蟾蜍被赋予神圣的使
命，成为月亮形象的代称，作为月神形象而被崇拜。《淮南子·精神训》："日中有踆乌，
月中有蟾蜍。"《太平御览》卷四引《春秋纬演礼图》："蟾蜍，月精也。"蟾蜍指代月亮。
第一个蟾蜍圆盘腹，四爪，爪有三趾，扁月形嘴，圆眼。嘴部的一竖线与两眼隐含子午内
涵，上有黑色小三角，下有横式"午"字图文，表述子正时刻和一日之始，为初一。相对

0　　　6厘米

朔日。蟾蜍代月。
头部"中"示子时

望月。蟾蜍代月。
头部以"中"指示

上玄月。月本圆象，
八日半月半隐

下玄月。月本圆象，
二十三日半月半隐

1.彩陶盆（姜寨T16W63:1）　　2彩陶盆（姜寨T16W63:1）平剖图　　3.盆腹内图文解析

图7.68　彩陶盆（姜寨 T16W63:1）与图文解析

---

[1] 陈星灿主编：《中国出土彩陶全集》第6卷，科学出版社、龙门书局，2021年，第75页。

的第二个蟾蜍，则图形清明，不见特别指示，则应是月圆时刻的"十五"。爪趾十二，应是历法一年12个月规制的隐语。鱼是表述月时的常用的彩陶图文，"双鱼合抱"形状也不例外。据此彩陶环境，两组双鱼分别表述上弦月、下弦月，则是月历的初八日、二十三日。月亮本圆形，在初八日、二十三日的天象是半隐半现，这是以"双鱼"表述月时的象数原理的古易思想内涵，这和大河村、青台等遗址盛行的"合月"图式有相通之妙。

六六、彩陶盆（姜寨 T254W162:1）

陕西省西安市临潼区姜寨遗址出土。泥质红陶，陶质细腻，方唇，卷沿，敞口，腹较深，腹微圆鼓，凹底。口径 42 厘米，底径 14 厘米，高 16.8 厘米。盆口沿面涂黑彩，以露白相对的方形、菱形分割成八等分。盆内壁绘一对写实的鱼纹

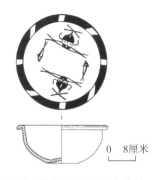

1.彩陶盆（姜寨T254W162:1）　　2.彩陶盆（姜寨T254W162:1）线图

图 7.69　彩陶盆（姜寨 T254W162:1）

和一对人面鱼纹，两两相对，间隔排列。鱼头左向，头、身、鳍、尾俱全，可明确看出鱼的形貌。人面图文构成复杂。人面圆脸，眼睛用两条细线表示，仿佛双目紧闭。两眼之间为抽象的鼻子，由"丨+一"组成。口以露底的方形表示。人面头部涂黑中间为倒置的白底三角，头顶为黑色尖三角，并与头部白底三角相对。头顶上面与口部两侧有带点的"×"数表，人面两侧的耳朵部位有翘起的有外伸向上弯曲的线段数表（图 7.69）。

　　口沿八分应为四向八方或节气的二分二至四立之意。参照彩陶盆（姜寨 T253M176:1）口沿方形露底隔断内有"四""五"的线段数字，应是"五日为候""四时为岁"的节气内容。头部涂黑并以阴阳三角表述大脑意识、人的思想和智慧。头顶上面的"×"数表为"天道"所自，为人脑思想的反映。"×"数即易数，所谓"天道"。耳朵部位的数表则是获取"天道"的信息，双目闭合为思考的状态，鼻子则是鼻准、准则之意。方形之口与其两侧数表，则是以口表述天数的意涵。有的人面图文的口部是露白的子午，为"吾"之初文，陈述、

传达天道旨义。

六七、彩陶盆（王家阴洼遗址）

甘肃省天水市秦安县王家阴洼遗址出土。[1]泥质红陶，广口，沿略外敞，圆卷唇，略束颈，鼓腹，下腹斜收，圜底。口径 36 厘米，高 13.6 厘米（图 7.70:1、2）。器表抹光。口沿涂黑彩一周，表述"周天历度"。腹部黑彩绘二组"子午＋数三"、一组"子午＋数三＋空（气）"的组合图文，表述"五日为候，三候为气"之意。子午图文为日时法则，此处为一日之时。空白的侧斜的伞形图文表述"气"。数三，表述三候为气或三生万物。口沿和腹部的图文，应是阐释中华阴阳合历历法元素的相关内容（图 7.70:3、4）。

1.彩陶盆（王家阴洼遗址）

2.彩陶盆（王家阴洼遗址）线图

子午图文，日时　空白，　　数三，三候为气
法则，日时　为"气"　　或三生万物

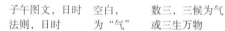

3.图文单元解析

4.彩陶盆（王家阴洼遗址）图文展开

图 7.70　彩陶盆（王家阴洼遗址）图文解析

六八、彩陶盆（半坡 P.1162）

陕西省西安市半坡遗址出土。[2]泥质红陶，侈口，卷沿圆唇，上腹较直，下腹斜收，圜底。

---

[1] 陈星灿主编：《中国出土彩陶全集》第 7 卷，科学出版社、龙门书局，2021 年 10 月，第 10 页。

[2] 王炜林主编：《彩陶中华——中国五千年前的融合与统一》，陕西师范大学出版总社，2020 年，图见第 293 页。

口径 21 厘米，底径 9 厘米，高 11 厘米（图 7.71:1）。通体磨光。唇部涂黑彩一周。上腹绘黑彩两组图文组合，每组有两个"阴阳消长"和一个"日时交子"图文单元（图 7.71:2）。"阴阳消长"图文表述一日的阴阳变化机理（图 7.71:3）。"日时交子"图文为交午图文和交子图文的合文，其中交午图文内有"日"字标注，交子图文有"月（夜）"字标注（图 7.71:4）。口沿黑彩带纹一周表述太阳黄道周年常数，即"周天历度"，盆腹为日时法则原理。日时以昼夜为度，中午为日中，日中之半（夜半、夜分即为子正）则为一日之始。日时是最基本的历法单位，它是历法的月制、岁时制的基础。所以，彩陶大量的子午图文是告诉人们"日时"的基本知识，遵循古易思想理念，依照历法天道进行生产生活。表面上是彩陶的传播，其实是一次社会性的文化革命和社会文明的春风化雨。

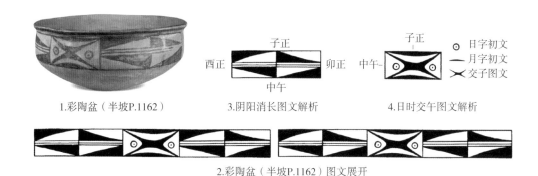

1.彩陶盆（半坡P.1162）　　3.阴阳消长图文解析　　4.日时交午图文解析

2.彩陶盆（半坡P.1162）图文展开

图 7.71　彩陶盆（半坡 P.1162）图文解析

六九、彩陶盆（东庄 H104:4:11）

山西省芮城县东庄遗址出土。[1]泥质红陶，口微敛，宽沿圆唇微侈，上腹部近直，中部微鼓斜收，小平底。复原。口径 36 厘米，高 15 厘米（图 7.72:1）。唇沿与沿面涂黑彩一周，沿面形成条带和方形相间分布的露白，方形露白内为一圆点，分别表述四向，条带露白内为两条平行线段。沿面图文是一组自然顺畅、规整和谐的圆周形，体现了大道自然的天地法则。盆腹部为"子午易变"图文四组一周，进一步以古易思想表述历法日时法则的基本原则（图 7.72:2）。古易思想是中华先人认识世界的宇宙观和方法论，所谓的"道""大道"就是自然法则，是最早的思想理论体系和图文话语体系。

[1] 中国科学院考古研究所山西工作队：《山西芮城东庄村和西王村遗址发掘》，《考古学报》1973 年第 1 期。

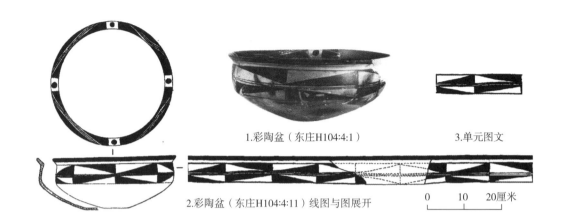

1.彩陶盆（东庄H104:4:1）

3.单元图文

2.彩陶盆（东庄H104:4:11）线图与图展开

0　10　20厘米

图 7.72　彩陶钵（东庄 H104:4:11）图文解析

七〇、彩陶盆（王家阴洼 QWM42:1）

甘肃省天水市秦安县王家阴洼遗址出土。[1]泥质红陶，方唇，卷沿，折腹，圜底。口沿 14.5 厘米，高 6.6 厘米。唇部涂黑彩。上腹部绘三组"子午图文 + 四季图文"一周。子午图文十分常见，此图文以子正时刻居中，故有强调一日之始的内涵。四季图文为倾斜的开光带内绘四条平行线段，倾斜图式源于黄赤夹角造成的四季变化，会意四季图文。口沿、腹部图文综述日时、四季与阴阳合历的历法元素（图 7.73）。

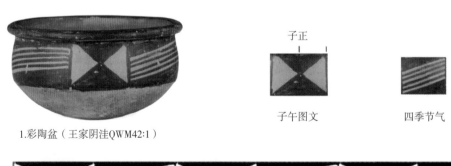

子正

子午图文

四季节气

1.彩陶盆（王家阴洼QWM42:1）

2.彩陶盆（王家阴洼QWM42:1）图文展开

图 7.73　彩陶盆（王家阴洼 QWM42:1）图文解析

---

[1] 王炜林主编：《彩陶中华——中国五千年前的融合与统一》，陕西师范大学出版总社，2020 年，第 85 页。

七一、彩陶盆（大地湾 Q.D.F1:4）

甘肃省天水市秦安县大地湾遗址出土。[1] 泥质红陶，侈口，卷沿，屈腹，小平底。口径 20.8 厘米，底径 7.2 厘米，高 12.4 厘米（图 7.74:1）。口沿图黑彩一周。腹部绘黑彩图文一周，上、下弧边三角表述天时、地时，分别交结四条一组、五条一组线段连续贯穿盆腹，以四时图文为交接处，四时图文内置"日月交合气数"（图 7.73:2）。日月交合气数图文为"日＋弧边三角（气数）＋月"的组合，进行直白地叙事。四条一组、五条一组线段表述"五日为候，三候为气，六气为时，四时为岁"历法谚语，概括腹部图文内容（图 7.73:3）。口沿为窄带图文，表述周天历度常数，与腹部图文结合，则是阴阳合历的内涵。

1.彩陶盆（大地湾Q.D.F1:4）

2.彩陶盆（大地湾Q.D.F1:4）图文展开

四时为岁　　日月交合气数　　五日为候

时（阳）　　　　　　时（阴，以月指示）

3.彩陶盆（大地湾Q.D.F1:4）图文解析

图 7.74　彩陶盆（大地湾 Q.D.F1:4）图文解析

七二、彩陶盆（大河村 2014W189:2）

河南省郑州市大河村遗址出土。[2] 泥质红陶，侈口，仰折沿，圆唇，鼓腹，下腹急收，底部残失。口径 46 厘米，底径 12.5 厘米，最大腹径 36.8 厘米，高 15.2 厘米。上腹近口沿

[1] a. 甘肃省文物考古研究所：《秦安大地湾——新石器时代遗址发掘报告》，文物出版社，2006 年，第 146 页；

　　b. 王炜林主编：《彩陶中华——中国五千年前的融合与统一》，陕西师范大学出版总社，2020 年，第 114 页。

[2] 郑州大河村遗址博物馆：《郑州大河村遗址 2014 ～ 2015 年考古发掘简报》，《华夏考古》2016 年第 3 期。

2.彩陶盆（大河村2014W189:2）复绘

1.彩陶盆（大河村2014W189:2）

3.彩陶盆（大河村2014W189:2）腹部图文展开

| 岁制 | 月制 | 节气 |

4.彩陶盆（大河村2014W189:2）腹部图文解析

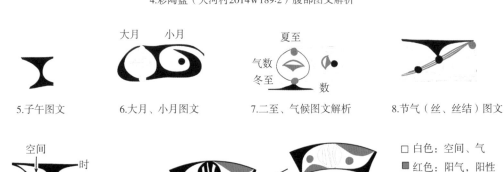

5.子午图文　　6.大月、小月图文　　7.二至、气候图文解析　　8.节气（丝、丝结）图文

9.时空观念的图文分解　　　　　10.口沿图文组合分解

□ 白色：空间、气
■ 红色：阳气，阳性
　　圆点为太阳
■ 黑色：阴气，阴性
◉：立杆测影

图7.75　彩陶盆（大河村2014W189:2）图文解析

处有两对对钻的修复孔。口沿和腹部外表分别以白彩、红彩、黑彩三色组成图文一周（图
7.75:1）。图文华美典雅，构思缜密，规矩合法度，是思想、文化、历法、礼制集于一体的
彩陶图文佳作。

口沿绘阴阳鱼形图文八组，以线段数字 3、4 为间隔，形成圆形循环团一周。每组阴阳
鱼形图文为图文组合，由两个阴阳鱼形图文和一个居中的"立杆测影"图文组成（图 7.75:2）。
阴阳鱼形图文由白、黑红三色构成，白色图文呈弧边三角形状，是空间、气的内涵，中间
一红色圆点则是太阳。两个阴阳鱼形顺向相对具有旋转互动势态。阴阳鱼形中部则是黑色
圆形、三条露白，这是"立杆测影"的图文。长白条会意立杆（中），两侧短者则是日影
（图 7.75:10）。这样，红点太阳与中部"立杆测影"相呼应，形成一组阴阳互动、天人相应、
时空循环的微观宇宙。扩而大之，则为八组，符合方位的四向八方和历法的二分二至四立，
这是彩陶图文"言大道"思想主题。八组阴阳鱼形图文的间隔为七个 3、一个 4，又符合"五
日为候，三候为气，六气为时，四时为岁"历法谚语，这些数目字之和为 25，巧妙地应和
了"$3^2 + 4^2$"的勾股定理的弦数平方（5^2）。《周髀算经》记载："数之法，出于圆方。
圆出于方，方出于矩，矩出于九九八十一。故折矩以为句广三，股修四，径隅五。既方之外，
半其一矩。环而共盘，得成三、四、五。两矩共长二十有五，是谓积矩。"这与彩陶图文
记载相印证，说明"勾股定理"在远古时代已经运用于历法实践和日常生活。总之，口沿
图文表述了比较成熟的古易思想和坚实的天文学、数学、历法知识的科学原理，为腹部的
历法内容提供了理论支持。

腹部绘四组相同历法组合图文，以倾斜的三丝红色线段为分隔，形成一周循环（图
7.75:3、4）。腹部图文因为分层设色之故，黑色红色图文自成体系，均以三丝红色线段分
隔四组，但又相互关联。黑色图文有子午（一日以子正为始）、大月小月（大月 30 日、小
月 29 日）、空间、时节等历法元素（图 7.75:5、6、9），这是人们应该知道的历法常识。
红色图文的夏至、冬至与气数是利用大月内缘圆形的点位，表述历法的二至节点、气候和
岁制；三丝红色线段为历时图文的连结（圆点为结），又为组合图文的倾斜轴线，这是黄
道倾斜的角度（图 7.75:8）。黄道倾斜角应是黄道与赤道的夹角，表述地球倾斜身子并产生
气候变化。事实上，彩陶的倾斜式图文很多，其取象造字也基于地球倾斜的天文知识，说
明中华先人认识黄赤夹角非常久远，也是天文常识。

一篇彩陶图文的制作完成，要有坚实的科学成果支撑的。大河村彩陶盆（大河村2014W189:2）的彩陶图文，也不例外。腹部白色、黑色、红色三色一体的图文，它的内容包含历法的岁制、月制和节气的制度，构建了一个阴阳合历的历法纪年体系。这个系统架构，是以二至节点为基准的12月周期的岁制，有朔望月、大月小月、闰月等月制法则，还有时节、中气等气候指向。不论小技术，还是大成果，都是中华先人几千年甚至1万多年的智慧结晶，最终以彩陶图文的形式把这个历法成果完整地展现于世。彩陶图文一经面世，迅速风靡世界，这是中华文明为世界文明做出的巨大贡献。古埃及、古苏美尔文字比彩陶图文要晚，自然受到图文影响，那些文字含有图文的影子并不意外，让人惊诧的是彩陶图文却鲜有人知。

七三、彩陶盆（雕龙碑 T2314 ④ A:122）

湖北省枣阳市鹿头镇雕龙碑遗址出土。[1] 泥质红陶，宽沿，圆唇，上腹微鼓，下腹斜收，平底。口径17.4厘米，残高11厘米。口沿外侧施黑彩一周，表述"周天历度"的常数。腹部施白色陶衣，以黑彩、红彩绘"子午＋圆点"的八组图文一周，子午图文向右侧倾斜，左上角连接上面的天际线，右下角连接下面的地平线。红色圆点象意太阳，与子午图文右上角相接（图7.76）。子午图文是表述"昼夜为日"的日时法则。以立杆测影确定日中，

1.彩陶盆（雕龙碑T2314④A:122）

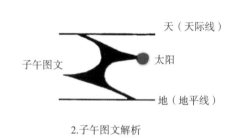

2.子午图文解析

3.彩陶盆（雕龙碑T2314④A:122）腹部图文展开

图 7.76　彩陶盆（雕龙碑 T2314 ④ A:122）图文解析

---

[1] 王炜林主编：《彩陶中华——中国五千年前的融合与统一》，陕西师范大学出版总社，2020年，第266页。

以日中定夜分，夜分为子正，是一日之始。历法日时非常重要，是制定历法的基础。这个图文说明，日时是地球一个昼夜的时间长度，是天地、日月运化的产物。现在来看，日时法则具有朴素辩证法的思想，还有天文学、数学等科学性，7000年以来世界历法许多种类，这个日时法则举世公认，是真的伟大。这是一篇阐述子午图文相关知识内涵比较深刻的彩陶图文，文献价值很高。

七四、彩陶盆（尚岗杨 F4）

河南省郑州市尚岗杨遗址 F4 出土。[1] 泥质红陶，直口，尖圆唇，折腹，下腹斜弧内收，平底。口径 18.2 厘米，底径 8 厘米，高 11.6 厘米。折腹处有压印堆纹一周。上腹部位施白彩陶衣，绘六组黑彩四季图文一周，子午图文中间为红色圆点（图 7.77）。子午图文为"一日之始"的本义，红色圆点指示子正（夜分）时刻，又兼有连续、交替之意。四季图文是主题，处在子午图文相合构建的椭圆形露白的空间内，随顺椭圆形分布形成"二分二至"节点。这样的图文是彩陶比较规范的四季范式，椭圆形内缘像地球、太阳公转的黄道形状，符合彩陶图文的取象表意法则。露白椭圆形在艺术上称为"开光"，其滥觞就是彩陶。根据彩陶图文主题，这类艺术手法应是"开天光"，"开光"为简称。既是"开天光"，就

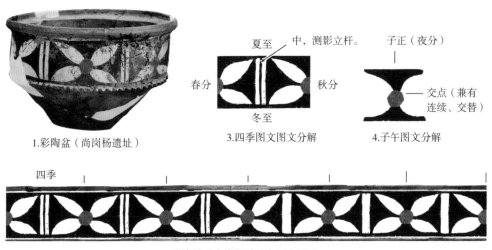

1.彩陶盆（尚岗杨遗址）　　3.四季图文图文分解　　4.子午图文分解

2.彩陶盆（尚岗杨遗址）图文展示

图 7.77　彩陶盆（尚岗杨 F4）图文解析

[1] 陈星灿主编：《中国出土彩陶全集》第 4 卷，科学出版社、龙门书局，2021 年 10 月，图见第 65 页。

必定与天文历法相关。三组四季图文内有"｜"为"中"，三组没有，表述时间因为立杆测影而存在。"中"的两端又指示夏至、冬至，分别是一年日影的最短、最长，可为岁时准则，并划分二分、四立等立法节气。

七五、彩陶盆（杨官寨 H776）

陕西省西安市杨官寨遗址出土。[1] 泥质红陶，敛口，斜沿，尖圆唇，上腹微鼓，下腹弧腹斜收，平底。高 13.2 厘米，口径 31.1 厘米，底径 9.5 厘米。唇沿内、外侧均饰一周黑彩窄带纹，沿面饰三个黑彩弧边三角形，将沿面分割为三个部分。器表上腹磨光，绘两个造型基本相同的黑彩俯视动物纹样，头部以圆点表示，嘴巴为三角形，似鸟之喙，梭形身体，身体中部留白亦呈梭形，表示动物之脊背，身体上、下绘出对称的前后肢，张开做爬行状。四肢大腿部分与身体垂直，小腿部分与身体平行。爪三趾，西长尾巴。陶盆下腹黑褐色为套烧所致（图 7.78）。

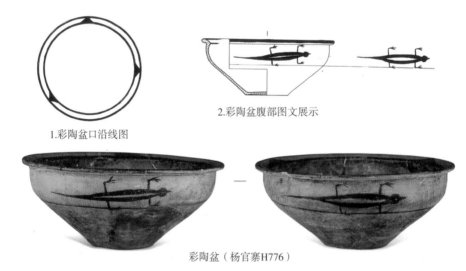

1.彩陶盆口沿线图

2.彩陶盆腹部图文展示

彩陶盆（杨官寨H776）

图 7.78　彩陶盆（杨官寨 H776）图文解析

七六、彩陶盆（庙底沟 02SHM T17H787:20）

河南省三门峡市庙底沟遗址出土。[2] 复原器。泥质黄陶，大敞口，弧折沿略宽，内折棱明显，方圆唇，深腹，上腹圆鼓，下腹屈收，平底。口沿 36.5 厘米，腹径 38.4 厘米，底

[1] 陈星灿主编：《中国出土彩陶全集》第 6 卷，科学出版社、龙门书局，2021 年 10 月，图见第 175 页。
[2] a. 河南省文物考古研究院：《华夏之花——庙底沟彩陶选粹》，上海古籍出版社，2013 年 6 月，第 197 页；b. 陈星灿主编：《中国出土彩陶全集》第 4 卷，科学出版社、龙门书局，2021 年，第 9 页。

径 13 厘米，高 24.6 厘米。黑彩。器表磨光发亮，细腻光滑，内壁抹光。唇部饰一周窄带纹，上腹绘一组"平年＋中气月"、三组"闰年＋中气月"组合图文一周，图文内有节点、抽象子午图文（图 7.79:1、2）。唇部窄带纹为"周天历度"，表述太阳公转的轨迹，一般为 365.24 日，这是历法常数。腹部图文主要表述节气在历法中重要性，特别是闰年。三组"闰

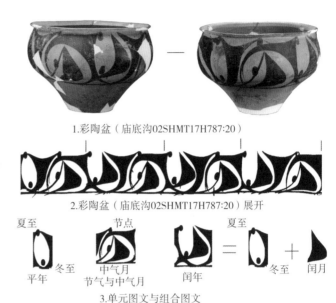

1.彩陶盆（庙底沟02SHMT17H787:20）

2.彩陶盆（庙底沟02SHMT17H787:20）展开

3.单元图文与组合图文

图 7.79　彩陶盆（庙底沟 02SHMT17H787:20）图文解析

年＋中气月"组合图文在整篇图文似乎不甚谐和，其实它是强调两年多、三年内的闰月历制。

七七、彩陶盆（庙底沟 02SHMT25H108:34）

河南省三门峡市庙底沟遗址出土。[1] 泥质深黄陶。侈口，折沿近平，厚圆唇，圆

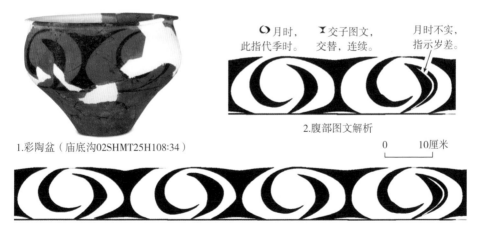

1.彩陶盆（庙底沟02SHMT25H108:34）

2.腹部图文解析

0　　　10厘米

3.彩陶盆（庙底沟02SHMT25H108:34）腹部图文展开

图 7.80　彩陶盆（庙底沟 02SHMT25H108:34）图文解析

[1] 河南省文物考古研究院：《华夏之花——庙底沟彩陶选粹》，上海古籍出版社，2013 年 6 月，第 61 页。

腹微鼓，小平底。口径 35.2 厘米，底径 12.2 厘米，高 25.8 厘米。唇部绘一周黑彩。上腹绘黑彩合月图文四组一周，每组以交子图文为隔断（图 7.80）。◖ 为月时，据图文语境应指代季时。其中一个月时，内心空白，是不实、不足之意，表述岁差。口沿黑彩一周则是"周天历度"，与腹部图文则是阴阳合历及其特色的"岁差"。整篇图文就是阴阳合历的内容。

七八、彩陶盆（白泥窑子 BAF2:2）

内蒙古自治区呼和浩特市清水河县白泥窑子遗址出土。[1] 泥质红陶，卷沿下垂，尖圆唇，鼓腹，下腹斜收，小平底。口径 26.4 厘米，底径 10 厘米，高 20 厘米（图 7.81:1）。唇与沿面涂黑彩。上腹部绘黑彩，以"太阳（日）+ 空间"图文四组一周，"太阳（日）"图文以弧三角（数）指示（图 7.81:2）。腹部图文以"太阳（日）+ 空间"形成曲折而有序的轨迹，这个轨迹是太阳在天空运行的时间周期，以数量表示就是历法（图 7.81:3）。《尚书·大禹谟》："时为天道。"上腹一处"太阳（日）"图文上钻有三个小圆孔。

1.彩陶盆（白泥窑子BAF2:2）

日字初文，太阳

空间，四向

弧三角，数

3.组合图文解析

2.彩陶盆（白泥窑子BAF2:2）图文展开

图 7.81　彩陶盆（白泥窑子 BAF2:2）图文解析

[1] 王炜林主编：《彩陶·中华：中国五千年前的融合与统一》，陕西师范大学出版总社，2020 年 5 月，图见第 284 页。

七九、彩陶屈腹盆（庙底沟 02SHMT38H408:44）

河南省三门峡市庙底沟遗址出土。[1] 泥质红陶，敛口，折沿圆唇，下腹屈收，小平底。口径 32.5 厘米，底径 11.5 厘米，高 20.6 厘米（图 7.82:1）。唇部外侧绘一周黑彩窄带纹，上腹部绘黑彩三组月相图形一周，以对顶三角形交子图文以示连续和分隔。依据彩陶图文语境，这是"三年一闰"的历法记载（图 7.82:2）。其中，两组单元图文相同，均为中间圆点式合月图文，表述平年的月制并指代平年；另外则是合月图文和并立弦月的组合，并立弦月为闰月之意，这组图文表述闰年月制并指代闰年。交子图文本是日时之始，有与合月连接之象，这是朔日（初一）的历法内涵（图 7.82:3）。

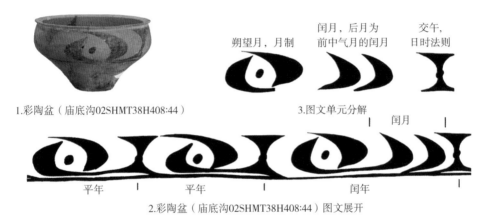

1.彩陶盆（庙底沟02SHMT38H408:44）

3.图文单元分解

闰月

2.彩陶盆（庙底沟02SHMT38H408:44）图文展开

图 7.82　彩陶盆（庙底沟 02SHMT38H408:44）图文解析

八〇、彩陶盆（庙底沟 02SHMT38H408:9）

河南省三门峡市庙底沟遗址出土。[2] 泥质红陶，敛口，折沿圆唇，上腹弧鼓腹，下腹斜屈，平底。通体磨光。口径 32 厘米，底径 11 厘米，高 19.3 厘米。口沿绘黑彩窄带一周，肩腹部绘黑彩三组历法图文一周，每组单元图文以交子图文为分隔（图 7.83:2）。每组单元图文以月相、数理为主题，表述历法内涵。每组三个月（月时）相，表述三月为季的历制。数理以圆点为象数，应是"4+4+5=13"，这是历法闰年的月数。口沿窄带纹一周提示太阳运行的周天历度。交子图文表示节制和分隔，也表述月时始自"朔日"（图 7.83:3）。

[1] 河南省文物考古研究院：《华夏之花——庙底沟彩陶选粹》，上海古籍出版社，2013 年 6 月，第 161 页。

[2] 河南省文物考古研究院：《华夏之花——庙底沟彩陶选粹》，上海古籍出版社，2013 年 6 月，第 148 页。

这些历法元素，是阴阳合历的基本特征。

1.彩陶盆（庙底沟02SHMT38H408:9）

2.彩陶盆（庙底沟02SHMT38H408:9）图文展开

图 7.83　彩陶盆（02SHMT38H408:9）图文解析

八一、彩陶盆（庙底沟 02SHMT41H278:15）

河南省三门峡市庙底沟遗址出土。[1]泥质黄陶，敛口，折沿圆唇，上腹圆鼓，下腹屈收，小平底。器残，复原。口径 36.5~37 厘米，底径 13 厘米，高 20.1 厘米。唇部及沿面外侧绘一周黑彩窄带纹。腹部黑彩图文残存大半，有月亮、隔断内的丝线（三条）与节点、平年等图文。平年图文为带尾的椭圆形内以两点表述二至、等号两端表述二分。结合口沿窄带纹、腹部残存的月亮、节点、平年等历法元素，应是记载关于阴阳合历的历法内容（图 7.84）。

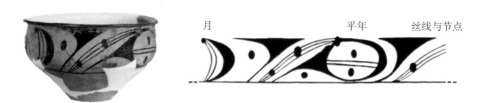

图 7.84　彩陶盆（庙底沟 02SHMT41H278:15）图文解析

八二、彩陶盆（泉护村 H125:2）

陕西省渭南市泉护村遗址出土。[2]泥质红陶，敛口，圆唇，唇沿外卷，屈腹，底中部内凹。口径 26.8 厘米，底径 11 厘米、高 18.6 厘米（图 7.85:1）。唇部图黑彩一周，沿面以黑彩绘

---

[1] 王炜林主编：《彩陶·中华：中国五千年前的融合与统一》，陕西师范大学出版总社，2020 年 5 月，第 55 页。

[2] 陕西省文物考古研究院、渭南市文物旅游局、华县文物旅游局：《华县泉护村——1992 年考古发掘报告》，文物出版社，2014 年，第 157 页。

弧线三角和柳叶纹，表述节气、中气的气候变化（图 7.85:2）。腹部绘三组相同的历法图文一周，每组以倾斜的丝线纹作分隔而为单元图（图 7.85:3）。单元图有小大月、历年等历法元素，表述历法的概称（图 7.85:4）。大月、小月分别以联结的合月纹、侧月圆点图文进行特别提示，指代阴历年的月时制度。历年由椭圆形开光的黄道面及其内置的扁弧状、圆点，提示夏至、冬至及春分、秋分的四季"岁"义项；合月纹由三根丝线贯通，丝线象形，三数为多，会意连接、赓续。

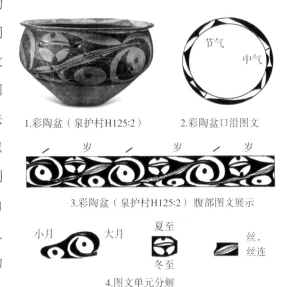

1.彩陶盆（泉护村H125:2）　　2.彩陶盆口沿图文

3.彩陶盆（泉护村H125:2）腹部图文展示

4.图文单元分解

图 7.85　历法图文彩陶盆（泉护村 H125:2）图文解析

相同的三组单元图绕陶盆腹壁一周，循环往复，这是纪时历法。

八三、彩陶盆（泉护村 H107 ② b:64）

陕西省渭南市泉护村遗址出土。[1]泥质红陶红衣，敛口圆唇，口沿外撇，腹部微曲，底部内凹。唇部黑彩带纹一周，腹部黑彩月相图文，一周三组。（图 7.86）月相单元为侧月、合月，图文简洁疏朗，意境隽永。唇沿带纹一周（指代太阳年周期 365.24 日），为历法连年周回。腹部月相组合三个，即指阴历年之月制内涵，又有指代阴历年制的法则，又有"易数"的"三生万物"哲理。彩陶图文主题应是记述阴阳合历即农历的历法原则和基本制度的内容。

图 7.86　彩陶盆（泉护村 H107 ② b:64）图文解析

[1] 陕西省文物考古研究院、渭南市文物旅游局、华县文物旅游局：《华县泉护村——1992 年考古发掘报告》，文物出版社，2014 年，第 329 页。

八四、彩陶盆（泉护村 H87:2）

陕西省渭南市华州区泉护村遗址出土。[1] 泥质红陶红衣，敛口，斜沿，上腹外鼓，下腹内收较甚，小平底。口径 34.2 厘米，高 19.3 厘米，底径 12.5 厘米（图 7.87:1）。器内外磨光。绘黑彩。唇沿绘黑彩带纹一周，表述太阳年常数"周天历度"。上腹部绘"平年"月相图文两组和"平年"月相＋侧月圆点＋竖式两点图文一组，其间以交午图文为链接。（图 7.87:5）腹部相同的两组月相图文表述阴历年周期即平年，但第三组则是"平年月相＋侧月圆点＋竖式两点"的图文组合，是这篇彩陶图文的重点所在。第三组释读为："侧月圆点"表述"闰月"，"平年月相＋侧月圆点"形成"闰年"范式（图 7.87:2）。那么，"竖式两点"在图文中就显得突兀，让人难以理解。其实这两点也是合理性的历法现象。它是随顺"交午"图文的弧线作出"夏至、冬至"节点的指示，复指"月相＋侧月圆点"闰年

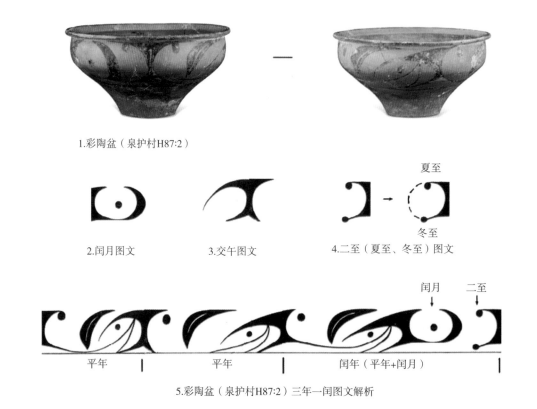

1.彩陶盆（泉护村H87:2）

2.闰月图文　　　　3.交午图文　　　　4.二至（夏至、冬至）图文

5.彩陶盆（泉护村H87:2）三年一闰图文解析

图 7.87　彩陶盆（泉护村 H87:2）图文解析

---

[1] a.陕西省考古研究院、渭南市文物旅游局等：《华县泉护村——1992 年考古发掘报告》，文物出版社，2004 年，第 278 页；b.陈星灿主编：《中国出土彩陶全集》第 6 卷，科学出版社、龙门书局，2021 年 10 月，第 143 页。

的性质，是历法的"岁"（图 7.87:4）。"二至"节点一般为圆形内上下两点，此图文仅借用交午纹侧面画出两点。《尚书·尧典》"期三百有六旬有六日，以闰月定四时成岁"，与彩陶盆（泉护村 H87:2）图文讲的都是闰年的法则。根据彩陶主题，唇部黑彩带纹一周为太阳年周期之内涵，腹部每组月相图文指代阴历年周期，第三组多出一个侧月圆点应是闰月的内涵，这是中华历法的特殊历制——三年一闰的闰月制度。

八五、彩陶盆（泉护村 H46 ③ :220）

陕西省渭南市华州区泉护村遗址出土。[1]泥质红陶红衣，敛口，折沿圆唇，肩腹圆鼓，下腹略屈斜收，小平底。口径 32 厘米，底径 11.6 厘米，高 13.5 厘米（图 7.88:1）。绘黑彩。口沿唇部绘黑彩带纹一周，表述太阳年常数"周天历度"。上腹部绘"平年"月相图文两组和"平年"月相 + 侧月圆点 + 竖式两点图文一组，其间以交午图文为链接（图 7.88:2）。腹部相同的两组月相图文表述阴历年周期即平年，但第三组则是"平年月相 + 侧月圆点 + 竖式两点"的图文组合，是这篇彩陶图文的重点所在。第三组释读为，"侧月圆点"表述"闰月"，"平年月相 + 侧月圆点"形成"闰年"范式。"竖式两点"是随顺"交午"图文的弧线做出"夏至、冬至"节点的指示，复指"月相 + 侧月圆点"闰年的性质，是历法的"岁"

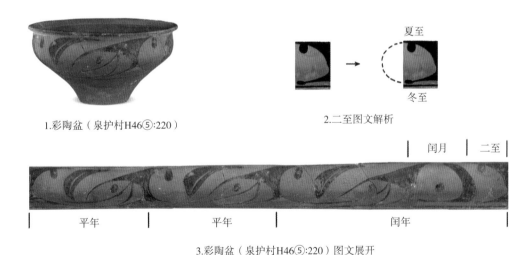

1.彩陶盆（泉护村H46⑤:220）

2.二至图文解析

3.彩陶盆（泉护村H46⑤:220）图文展开

图 7.88　彩陶盆（泉护村（H46 ③ :220）图文解析

[1] 王炜林主编：《彩陶·中华：中国五千年前的融合与统一》，陕西师范大学出版总社，2020 年 5 月，图见第109、110 页。

（图7.88:3）。《尚书·尧典》"期三百有六旬有六日，以闰月定四时成岁"的记载，与此图文的闰年法则相契合。根据彩陶主题，唇部施黑彩带纹一周，表述太阳黄道年的周期，与腹部历法及闰月现象，构成阴阳合历。我们注意到，这件彩陶盆图文与该遗址彩陶盆（泉护村H87:2）图文几乎相同，如出一个画师之手。

八六、彩陶盆（泉护村 H01:5）

陕西省渭南市华州区泉护村遗址出土。[1] 泥质红陶，敛口，口沿外折，卷唇，深腹，上腹大径鼓圆，下腹斜收，平底。唇部涂黑彩一周，上腹部黑彩绘四组扁椭圆形开光的四季图文。每组单元四季图文的扁椭圆形开光，内置切割式的四季简图。这种四季图式保留了扁椭圆形框架，而对菱形四季图式切去了一半，象意性地保留"黄实"和矩形直角，更好地体现了中华文化的基本特点。这个图看似简单，其实是有《周髀算经》"弦图"的数学底蕴，勾股定理知识不仅在天文实践中运用还记载于彩陶图文，由此可见5000多中华先人深得数学历算之奥旨。有扁椭圆形的黄道、四季内容并循环一周，应是《周髀算经》"数之法出于圆方"的图文滥觞。从图文→甲骨文→秦汉文字，中国文字发展经历了很长时期，但特色一直未变，欧几里得《几何原本》的内容都有彩陶图文的原始记载。彩陶图文的伟大是思想性，创造了最早的历法，系统记载了天文和数学成就，并且把中国特色的"中"表现的精准到位（图7.89）。

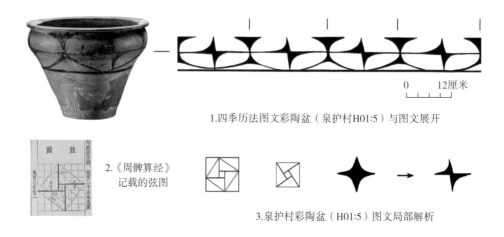

1.四季历法图文彩陶盆（泉护村H01:5）与图文展开

2.《周髀算经》记载的弦图

3.泉护村彩陶盆（H01:5）图文局部解析

图 7.89　彩陶盆（泉护村 H01:5）图文解析

[1] 陕西省考古研究院、渭南市文物旅游局等：《华县泉护村——1992年考古发掘报告》，文物出版社，2004年，第328页。

八七、彩陶盆（那树扎遗址）

甘肃省定西市岷县山那树扎遗址出土。[1]泥质红陶，折沿，圆唇，上腹微鼓，下腹斜收，小平底。口径 33 厘米，底径 18 厘米，高 29 厘米。唇沿涂一周黑彩。颈腹部黑彩五组四季图文一周，每组由四季、中线组成（图 7.90）。四季图文为倾斜相合的三角、形成中部圆形开光、内置指示夏至、冬至的圆点。中线图文置于四季图文间的倾斜叶形开光内。这个 ⟋ 是"中道"的内涵，大约是黄道、赤道交角的斜面角度，是阐释四季成因的天文学解读。唇沿、腹部图文为四季、中道和阴阳合历的历法元素的内容。

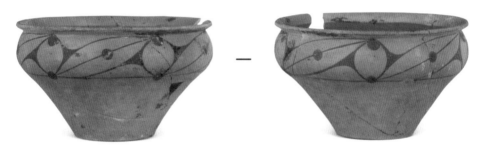

图 7.90　彩陶盆（岷县山那树扎遗址）图文解析

八八、彩陶盆（土门 H24 ④:9）

河南省洛阳市伊川县土门遗址。[2]泥质红陶，敞口折沿，圆唇弧腹，腹下部及底残。口径 44 厘米，残高 10 厘米。除口沿外侧以外器表及内壁施有白陶衣。口沿与腹部用黑色和红色颜料分别绘出九组、八组四季图文（图 7.91）。

夏至
春分　秋分
冬至
2.单元图文分解

1.四季历法图文彩陶盆（土门造址 H24④:9，复原）

图 7.91　彩陶盆（土门 H24 ④:9）图文解析

[1] 王炜林主编：《彩陶·中华：中国五千年前的融合与统一》，陕西师范大学出版总社，2020 年 5 月，图见第 254 页。

[2] 洛阳市文物考古研究院：《河南伊川土门遗址新石器时代遗存发掘简报》，《中原文物》2022 年第 2 期。

八九、彩陶盆（兴乐坊 09HTXT6H28 ② :3）

陕西省华阴市兴乐坊遗址出土。[1]泥质红陶，敛口圆唇，上腹大径圆鼓，下腹屈收，深腹，平底微凹。口径 29.2 厘米，底径 12.3 厘米，高 18.7 厘米（图 7.92:1）。口沿、唇部及上腹部施红衣。唇部及沿面涂黑彩一周，表述太阳回归年的"周天历度"。上腹绘黑彩叶形开光 12 个，叶形开光两两一组，前后共用，形成半圆内弧边三角（应是四季图文的一半）（图 7.92:2）。正立者顶端圆点标识"夏至"，倒置者底端圆点为"冬至"。如此共 12 个半体四季，表述了一年 12 个月的历制。强调夏至、冬至在历法中的关键节点，这是这篇图文主题的意义之所在（图 7.92:3）。弧边三角是函数之意，空白叶形开光则是空间内涵，这幅图文使用了"共用"的修辞手法，看似玄秘，其实是以时空思想阐述复杂历法成就的一篇图文。

夏至

冬至

3.单元图解析

叶形开光两两一组，前后共用，形成半圆内弧边三角（应是四季图文的一半）。正立者顶端圆点标识"夏至"，倒置者底端圆点为"冬至"。共12个，连续不断。

1.彩陶盆（华阴市兴乐坊遗址09H28②:3）

2.彩陶盆（华阴市兴乐坊遗址09H28②:3）图文展开

图 7.92　彩陶盆（兴乐坊 09HTXT6H28 ② :3）图文解析

九〇、彩陶盆（下马遗址）

山西省运城市垣曲县下马遗址出土。[2]泥质橘红陶，敛口，圆唇，宽沿外折，口沿部位不甚规整，鼓腹，下腹屈收，平底。通高 22 厘米，沿宽 4.5 厘米，口内径 26.5 厘米，最大腹径 34 厘米，底径 12 厘米（图 7.93:1）。沿面及唇部涂黑，这是表述"周天历度""道"的主题。外壁上腹部施黑色彩绘两组一周，每组由大月、小月和四季＋子午等单元图文组成（图

---

[1] 王炜林主编：《彩陶·中华：中国五千年前的融合与统一》，陕西师范大学出版总社，2020 年 5 月，第 162、163 页。

[2] 陈星灿主编：《中国出土彩陶全集》第 2 卷，科学出版社、龙门书局，2021 年 10 月，图见第 20 页。

7.93:2）。每组内的单元图文以交午纹相连接。组合图文以平行斜线分隔，平行线有气脉之象，其中圆点为节气点，联系组合图文内的历法元素。四季 + 子午图文为岁时朔日，即一年之始，这是中华历法最为重视的"正朔"。四季图文内上下两圆点，则是冬至、夏至节点，是岁时之意。一年四季，并以夏至、冬至为准则。四季图文内的子午纹由日时子正时刻即一日之始，引申为岁时之始。大月、小月分别为 30 日、29 日，以交午纹连接，表述月时制度为朔望月，大月、小月相间。大月、小月、四季、正朔、节气等图文，这是中华阴阳合历法的特征。

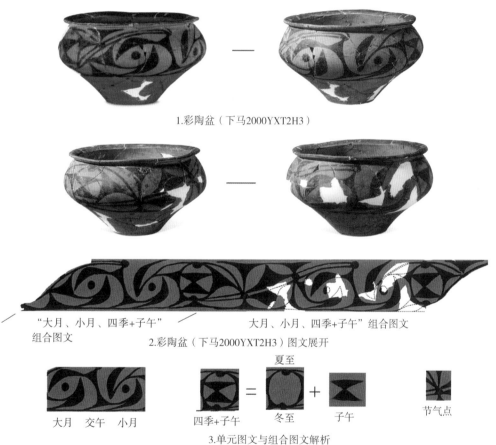

1.彩陶盆（下马2000YXT2H3）

2.彩陶盆（下马2000YXT2H3）图文展开

"大月、小月、四季+子午"
组合图文

大月、小月、四季+子午"组合图文

大月　交午　小月

四季+子午

夏至

冬至

子午

节气点

3.单元图文与组合图文解析

图 7.93　彩陶盆（下马 2000YXT2H3）图文解析

九一、彩陶盆（方山县采集）

山西省吕梁市方山县（采集）。[1]泥质红陶，口沿平折，上腹弧鼓，下腹斜收，平底。口

---

[1]　王炜林主编：《彩陶中华——中国五千年前的融合与统一》，陕西师范大学出版总社，2020 年，图见第 275 页。

径 36 厘米，高 24 厘米（图 7.94:1）。口沿涂一周黑彩。腹部绘黑彩图文二组一周（图 7.94:2）。图文组合为三角（数）、小月、大月、岁时等历法元素，并以交子纹相连接。小月内有一横式"中"，有"平衡"之意。岁时为圆形露地内绘两点（二至）、两平行线段和点（二分），表述四季的历法内涵。交子纹本义为"一日之始"，这里兼有连接、交替之意。图文组合以丝线结为隔断，丝线结（节）表述历法的节气制度，三角与贯通的丝线成结，则为"气数"（图 7.94:3）。口沿的黑彩带纹一周，是"周天历度"的历法表述。口沿、腹部图文则是阴阳合历的历法内容。

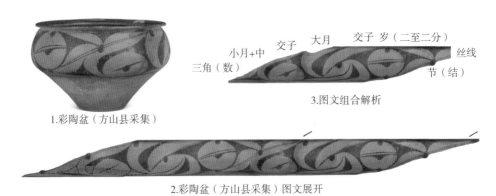

1.彩陶盆（方山县采集）

3.图文组合解析

2.彩陶盆（方山县采集）图文展开

图 7.94　彩陶盆（方山县采集）图文解析

九二、彩陶盆（庙底沟 02SHMT41H278:5）

河南省三门峡市庙底沟遗址出土。[1]泥质黄陶，大口折沿，圆唇，圆鼓腹，下腹斜收，平底。口径 31.5 ～ 35.2 厘米，底径 10.6 厘米，高 19 ～ 19.5 厘米。器形略残，复原。口沿及唇部黑彩窄带纹一周，表述"周天历度"，

1.彩陶盆（庙底沟02SHMT41H278:5）

| 交午 | 合月（月时） | 闰月 | 节气与节点 | 阴历年 |

2.彩陶盆腹部图文展开并解析

图 7.95　彩陶盆（庙底沟 02SHMT41H278:5）图文解析

[1] 河南省文物考古研究院：《华夏之花：庙底沟彩陶选粹》，上海古籍出版社，2013 年，图见第 56 页。

"天道"循环。陶器上腹绘黑彩三组历法图文一周，并以交午图文为分隔，表述月时、闰月、节气和阴历年的历法元素。口沿与腹部图文是一篇阴阳合历及其历法元素的图文记载。

九三、彩陶盆（三关遗址）

河北省张家口市蔚县三关遗址出土。[1] 泥质红陶，上腹弧鼓，下腹向内斜收，平底。口径 32 厘米，底径 13 厘米，高 22 厘米。唇部饰黑彩一周，表述"周天历度"的历法主题。腹部绘黑彩历法图文两组一周。每组以两条平行丝线表述历法气脉并作为隔断，气脉以圆点连接为节气点。四季表述岁时，并以其中的夏至、冬至两节点为准则，中间以斜交线指示春分、秋分。口沿、腹部的图文以大月、小月、四季（历年）等历法元素，表述阴阳合历的历法内涵（图 7.96）。

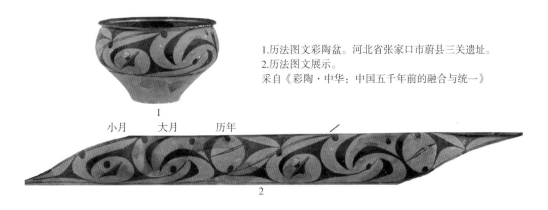

1. 历法图文彩陶盆。河北省张家口市蔚县三关遗址。
2. 历法图文展示。
采自《彩陶·中华：中国五千年前的融合与统一》

小月　大月　历年

图 7.96　彩陶盆（蔚县三关遗址）图文解析

九四、彩陶盆（庙底沟 02SHMT59H346:1）

河南省三门峡市庙底沟遗址出土。[2] 泥质红衣红陶，口沿微椭起翘，大口折沿，上腹微鼓，下腹下收，平底。口径 31~35.8 厘米，底径 12 厘米，高 17.6~18.4 厘米。沿面唇部外侧绘一周黑彩窄带纹，上腹部绘黑彩月相图文两组一周，每组月相为覆月、侧月、合月，表述月制历法内涵（图 7.97）。口沿一周黑带纹有"周天历度"的太阳年内涵，腹部的月相组合表述月制的内涵，这是阴阳合历（中华历法）的基本历法原则。

---

[1] 王炜林主编：《彩陶中华——中国五千年前的融合与统一》，陕西师范大学出版总社，2020 年，图见第 277 页。
[2] 河南省文物考古研究院：《华夏之花——庙底沟彩陶选粹》，上海古籍出版社，2013 年，图见第 10、11 页。

结合这件彩陶图文主题，月相组合应是指代历法的"岁"，记载了阴阳合历这个历史事件。有学者认为"月相组合"图文是属于"菊科花卉纹"[1]，曾影响学术界很长时间，现在看应是错误的。

1.历法图文彩陶盆（庙底沟02SHMT59H346:1）

月相组合（指代岁）

2.历法图文彩陶盆（庙底沟02SHMT59H316:1）展开

覆月　　　侧月　　　合月

3.月相组合图文解析

图1图2采自《华夏之花——庙底沟彩陶选粹》

图 7.97　彩陶盆（庙底沟 02SHMT59H346:1）图文解析

九五、彩陶盆（庙底沟 02SHMT21 ⑨ :95）

河南省三门峡市庙底沟遗址出土。[2] 泥质黄陶，大口微敛，折沿圆唇，上腹微鼓，下腹下收，平底。口径 36 厘米，底径 13 厘米，高 15.4 厘米。口沿部位绘黑彩四季气候变化的图文提示，唇部窄带一周则是"周天历度"的历法内涵。上腹部绘黑彩月相图文两组一周，表述月制历法内涵（图 7.98）。需要说明的是，这类历法图文在三门峡庙底沟、西安泉护

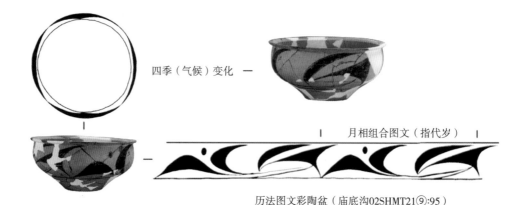

四季（气候）变化

月相组合图文（指代岁）

历法图文彩陶盆（庙底沟02SHMT21⑨:95）

图 7.98　彩陶盆（庙底沟 02SHMT21 ⑨ :95）图文解析

---

[1] 苏秉琦：《关于仰韶文化的若干问题》，《考古学报》1965 年第 1 期。

[2] 河南省文物考古研究院：《华夏之花：庙底沟彩陶选粹》，上海古籍出版社，2013 年，图见第 6、7 页。

村等遗址出土的特别多，这里不多例说。另外要注意，因为有口沿提示图文，腹部的月制历法内涵应是一套阴阳合历，切忌不可分割，而视之以阳历或阴历。实际上，一些学者"疑古"思想作怪，对彩陶采取视而不见和错误分解法，产生背离传统文化的认识，致使中国文化失真变形，有意无意地为文化西来铺路架桥提供机会，是我们要反对的。

九六、彩陶盆（庙底沟 02SHMT21 ⑧ :33 ）

河南省三门峡市庙底沟遗址出土。[1] 泥质黄陶，侈口，折沿方圆唇，上腹微鼓，下腹屈折斜收，小平底，整器略残（图图 7.99:1 ）。口径 27 厘米，底径 9 厘米，高 17.8 厘米。沿面黑彩阴阳易变图文一周（图图 7.99:3 ），唇部绘一周黑彩窄带纹，表示天道变化，周而复始，是这幅图文的题辞。腹部绘黑彩平年、闰年历法图文一周（图 7.99:2 ），这是图文的主题。

1.彩陶盆（庙底沟02SHMT21⑧:33）

"中气月"标识

平年　　　　　　闰月　闰年

2.彩陶盆（庙底沟02SHMT21⑧:33）腹部图文展示

3.彩陶盆沿面阴阳变化图文　　　　4.闰月图文解析

图 7.99　彩陶盆（庙底沟 02SHMT21 ⑧ :33 ）图文解析

---

[1] 河南省文物考古研究院：《华夏之花——庙底沟彩陶选粹》，上海古籍出版社，2013 年 6 月，图见第 14、15 页。

闰月为两个覆月，中间加一圆点表示关联，并以侧月和带杆弧三角（类似旗帜，为"中"的初文，有衡定、标识之意）的闰月符号进行复指。这个特殊的合文符号说明双月图文是一个"中气月"的词义。它的重要性在于，闰月是两个月，并以"中气月"一词对闰月进行特别标注。"中""月"就是字，因为字太少只是用以图文的注释。前一个带点的覆月应为中气月的"某月"，后面的无中气月则为"闰某月"，指明了闰月在彩陶历法中的排序问题（图7.99:4）。口沿、腹部记述了中华阴阳合历的节气变化、闰月制度的相关内容。

九七、彩陶盆（庙底沟 02SHMT0901H118 ⑤:4）

陕西省渭南市华州区泉护村遗址出土。[1] 泥质红陶，敛口，圆唇，唇沿外卷，屈腹，底部微凹。口径39.5厘米，底径12.3厘米，高16.5厘米。腹部黑彩图文一周，两组，每组分别为月相和四季图文，口沿黑彩四季气候变化图文（图7.100:1）。月相有覆月、侧月、合月，"="的上下圆点为四季内涵，这是彩陶图文比较常用的表述手法（图7.100:2）。口沿图文以虚实起伏变化表述历法气候的特征，二分二至虚实相依，循环一周，这是古易思想表述的中原地区时空下气候与环境原理。这件彩陶图文主题是阴阳合历（即农历）的基本制度。

四季气候
变化图文

月相（覆月、侧月、合月）　　　四季
2.历法图文彩陶盆（泉护村TO901H118⑤:4）单元图文分解

1.历法图文彩陶盆（泉护村T0901H118⑤:4）

图7.100　彩陶盆（庙底沟 02SHMT0901H118 ⑤:4）图文解析

九八、彩陶盆（泉护村 H62:5）

陕西省渭南市华州区泉护村遗址出土。[2] 泥质红陶，敛口，斜折沿，圆唇，唇沿外卷，

---

[1] 陕西省考古研究院、渭南市文物旅游局等：《华县泉护村——1992年考古发掘报告》，文物出版社，2004年，第356页。

[2] 陕西省考古研究院、渭南市文物旅游局等：《华县泉护村——1992年考古发掘报告》，文物出版社，2004年，第217页。

上腹微敛，下腹内收，底部残。口径 35.5~38 厘米，复原高 12.5 厘米。腹部黑彩图文一周，两组，每组分别为月相和闰月图文，口沿黑彩四季气候变化图文（图 7.101:1）。月相有覆月、侧月、合月，闰月为侧月和圆点组合，这是彩陶图文比较常用的表述手法（图 7.101:2）。口沿图文以虚实起伏变化表述方法气候的特征，二分二至虚实相依，循环一周，这是古易思想表述的中原地区时空下气候与环境原理。这件彩陶图文主题是阴阳合历（即农历）的基本制度，该图文与该遗址出土的彩陶盆历法图文（T0901H118⑤:4）略有不同，只是以（阴历年月相＋闰月）闰年图文取代了常用的阴历年月相图式。

月相（覆月、侧月、合月）　　闰月

2.历法图文彩陶盆（泉护村H62:5）单元图分解

1.历法图文彩陶盆（泉护村H62:5）

0　　20厘米

图 7.101　彩陶盆（泉护村 H62:5）图文解析

九九、彩陶盆（大汶口遗址）

山东省泰安市大汶口遗址出土。[1]泥质红陶，侈口，圆唇，斜折沿，沿面微弧，腹部圆曲，小平底。高 13.4 厘米，口径 25.6 厘米，沿宽 2.8 厘米，腹径 24 厘米，底径 4.5 厘米。腹部施红色陶衣，沿面着白彩。口沿绘"数＋阴阳"图文六组一周。阴阳图文为红、黑相背的弧月（图 7.102:1）。"七"数五个，"九"数一个，以黑、红相兼的线段数字表述"奇数"。奇数呈阴包阳之象，是生数。可见当时已把数字区分为"奇数"和"偶数"。腹部绘四个八角星图文，八角星以黑线描边、内填白彩、中心画一紫红色圆点（图 7.102:2）。八角星图文是子正、中午两个子午图文并合，中心以圆点太阳指事的合成图文，本义是太阳一日时间的变化过程，是古人测日定时的科学实践成果。（图 7.102:3）根据彩陶盆图文的表述，八角星应是对日时制度原理的图文记载。八角星最早出现在湖南省高庙遗址的印文陶器上，距

---

[1] 陈星灿主编：《中国出土彩陶全集》第 3 卷，科学出版社、龙门书局，2021 年，第 130 页。

今大约有 7800 年的时间。[1]

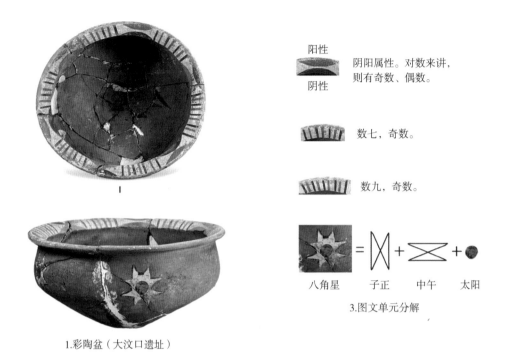

阳性

阴性

阴阳属性。对数来讲，则有奇数、偶数。

数七，奇数。

数九，奇数。

八角星 子正 中午 太阳

3.图文单元分解

1.彩陶盆（大汶口遗址）

2.彩陶盆（大汶口遗址）腹部图文展开

图 7.102 彩陶盆（大汶口遗址）图文解析

一〇〇、彩陶盆（宗日遗址）

青海省海南藏族自治州同德县宗日遗址出土。[2] 泥质橙黄陶，微敛口，卷唇，鼓腹，小平底。口径 24.5 厘米，腹径 24.5 厘米，底径 9.8 厘米，高 11.3 厘米。黑彩（图 7.103:1、2）。唇部绘斜线纹（数）、波折纹（节气、气候）、齿合纹（序列、秩序），表述节气的变化有序，周而复始。内壁绘四组双人抬物、线段数字等组合图文，其下绘四道平行线弦纹。线段数字有 3、5、7、8、9、11、12 等，都应代表一定文化内涵，如 9 为九宫格（"洛书"）、

[1] 贺刚：《湘西史前遗存与中国古史传说》，岳麓书社，2013 年，第 233 页。

[2] 陈星灿主编：《中国出土彩陶全集》第 9 卷，科学出版社、龙门书局，2021 年，第 5 页。

12 为岁时十二月制等。内壁贯通四道平行线，表述四季历法的内容（图 7.103:4）。双人抬物纹为两个人相对用手抬起一个圆形物体，身体略微弯曲，应是原始先民祭祀或劳动的场景。文明就是人的生存与发展的思想理论和社会实践。这个场景有其"弦外之意"，即"太极阴阳"的文化背景，中间圆物为太极为自然万物，人为阴阳为男女，两人抱物为遵从自然之道，和谐相处，持续发展（图 7.103:3）。内壁图文展示，万物皆数（世界万象以数理构成），人们尊信天道和自然法则，天人合一才能得到很好地发展。外壁绘三道平行弦纹交合钩回的图文，三道平行弦纹为"三生万物"道统法则，交合钩回表述化合万物、生生不息的大道运行机理。钩回与其两侧画出细线数字之处，分别照应唇沿的齿合图文与其两侧数字。口沿、外壁的图文内容是大道的法则，内壁图文内容是"天人合一"，表述了人与宇宙世界在时空体系下和谐共生的宏大主题，人是自然的一部分，也是认识自然的主体，遵从并利用自然法则，天人合一，就能有序发展。

1.彩陶盆（宗日遗址）

2.彩陶盆（宗日遗址）俯视

3.单元图文

4.彩陶盆（宗日遗址）内壁图文展开

图 7.103　彩陶盆（宗日遗址）图文解析

第五节
彩陶罐

陶罐为生活实用器，夹砂、泥质两类，分夹砂为炊煮器，泥质为盛储器。旧石器时代末期江西仙人洞遗址出土有夹砂罐，距今 2 万年，是我国目前发现最早的陶器。

一〇一、四季印文陶罐（T58 ⑲ :27）

河南省郑州市大河村遗址出土。[1] 属于该遗址前二期，处在仰韶文化早期。该器泥质灰陶，敞口，尖圆唇，束颈，折腹，下部残。口径 9.7 厘米，残高 7 厘米。器表饰红、白相间的陶衣，颈部饰凸弦纹一周，腹部饰凹弦纹两周，上下弦纹之间饰四季印章图文四个（图 7.104）。凸弦纹一周为阳道，凹弦纹两道一周为阴性，阴阳交合，万物并生。圆形印章图文轮廓为黄道，其内菱形四角所至，则为春分、夏至、秋分、冬至四个历法节点。这是一件仿彩陶的印章式陶器。大河村前二期的测年处于公元前 4500 年（距今 6500 年）左右。

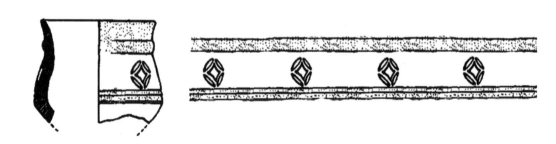

图 7.104　四季印文陶罐（大河村 T58⑲:27）图文解析

[1] 郑州市文物考古研究所：《郑州大河村》，科学出版社，2001 年，第 56、57 页。

一〇二、彩陶罐（M17:1）

陕西省宝鸡市金台区北首岭遗址出土。[1] 泥质红陶，直口微敛，上腹微鼓，下腹急收，小平底。器壁较厚，约 1 厘米。口径 13.9 厘米，底径 3 厘米，高 16.5 厘米。口部以下饰四道弦纹，其下饰一周鹰嘴状附加堆纹，器身下侧附双耳，下腹绘黑彩 山、 屾、 V、 Ⅳ 等符号（图 7.105），所列为彩陶常见

1. 彩陶罐（北首岭 M17:1）

山：三候为气。 屾：四时（季）为岁。Ⅳ：节气。 V：折矩，三角

2. 彩陶罐（北首岭 M17:1）腹部书写的图文解析

图 7.105　彩陶罐（北首岭 M17:1）图文解析

的度量与工具。此件器物放置在墓中人头骨处，推测是用来代替死者缺失的头颅。

一〇三、彩陶罐（大河村 F1:27）

河南省郑州市大河村遗址出土。[2] 泥质红陶，侈口，卷沿，圆唇，束颈，溜肩，鼓腹，小平底。口径 21 厘米，底径 8 厘米，高 23 厘米。器表红衣抹光。腹部图文自上而下分三层。第一层为平行直线内绘黑彩斜网格图文；第二层为平行直线内绘黑彩四道竖式线段（数四），表述"四时为岁"；第三层为平行直线内绘黑彩 "ࢧ（圆点合月）+ Ӽ（子正、夜分）" 图文两组（图 7.106）。

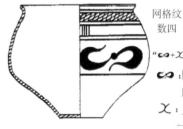

网格纹
数四
"ࢧ+Ӽ"图文组合两组
ࢧ：圆点合月图文，历法月时又朔望月，
Ӽ：月背切合，交子。一日之始。

1.彩陶罐（大河村F1:27）　　　2.彩陶罐（大河村F1:27）图文解析

图 7.106　彩陶罐（大河村 F1:27）图文解析

[1] a. 中国社会科学院考古研究所：《宝鸡北首岭》，文物出版社，1983 年 12 月，第 100 页；b. 陈星灿主编：《中国出土彩陶全集》第 6 卷，科学出版社、龙门书局，2021 年 10 月，图见第 79 页。

[2] 郑州市文物考古研究所：《郑州大河村》，科学出版社，2001 年，第 200、201 页。

一〇四、彩陶罐（大河村 W11:1）

河南郑州市大河村遗址出土。[1]，泥质红陶，侈口，卷沿，圆唇，束颈，溜肩，鼓腹，下腹斜收，小平底。口径 30 厘米，底径 15 厘米，高 35 厘米。器表抹光。腹部图文自上而下分三层。第一层为平行直线内绘黑彩斜网格图文；第二层为平行直线内绘黑彩四道竖式线段（数四）九组；第三层为平行直线内绘黑彩"ᗡ（圆点合月）+ χ（子正或夜分）+ ⅄（时、季）"图文两组（图 7.107）。

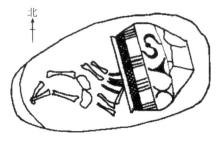 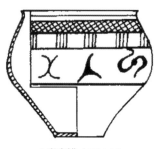

1.瓮棺葬（W11）　　　　　　　　　　　　　　　　2.彩陶罐（W11:1）

图 7.107　彩陶罐（W11:1）图文解析

一〇五、彩陶罐（双槐树 H405:1）

河南省巩义市双槐树遗址出土。[2] 泥质红褐陶，直口，矮领，厚圆唇，鼓腹，下腹斜收，小平底，腹部两侧附鸡冠耳。口径 23 厘米，底径 10 厘米，高 20.5 厘米。腹部黑彩绘制六角星合月纹（朔望月）、四季、交午等元素的三组一周历法图文（图 7.108:5）。六角星合月纹两侧为眉月相合，居中的圆圈、圆点为太阳（"日"字，即图文的字），六角形则为其光芒，这光芒与黑色背景齿合，则寓意阴阳抱合一体的满月，正是一组由朔日→眉月→望月→眉月→朔日的月时周期（图 7.108:3）。东汉天文学家张衡《灵宪》记载，月光生于日光所照，魄生于日之所蔽，是说月球本身并不发光，月光是日光的反射。历法"十五"的月相受阳光照耀而圆满，满月为六合阴阳之气，中国文化谓之"华""華"，是"明"字的象意，成为明月。"华"源于天文历法，天文指满月、望月，历法指中气。月圆时刻

[1] 郑州市文物考古研究所：《郑州大河村》，科学出版社，2001 年，第 200、201 页。

[2] 王炜林主编：《彩陶中华——中国五千年前的融合与统一》，陕西师范大学出版总社，2020 年，图见第 233 页。

称"月华"，俗语"华好月圆"，也称"中华"。《尚书大传·虞夏传》的《卿云》歌[1]，传为舜帝禅位夏禹时的一首歌谣，"日月光华，旦复旦兮"，就是"中华"名称的文字表述，具有远古时期彩陶图文的浓厚遗风。一组精简的带"中"字的四季图文表述一年的周期（图7.108:2），两组交午纹表示连续、循环。除了天文历法的意义，六角星的象数原理是两个正三角形的合文（图7.108:4），六角度数与圆周度数等和等，这与中国"大同"社会的政治理念相锲合。

《周礼·夏官·司马》记载："河南曰豫州，其山镇曰华山"。[2]嵩山古称"华山"，又称中岳，号称"天下之中"是有深厚的历史积淀。商末西周时期有"华邑"，今尚有东周时期的华阳城遗址[3]，六角星图文彩陶即为"中华"之源的实物佐证。

1.彩陶罐（巩义双槐树遗址H405:1）

2.四季图文（四时成岁）

中　四季

眉月　眉月
⊙日，象形指事
上下四方为六合，会意圆满。
3.六角星朔望月图文（日月光华）

△+▽→✡→★
4.六角星图文

四季　　朔望月　　交午

5.彩陶罐（巩义双槐树遗址H405:1）历法图文展开

图 7.108　彩陶罐（双槐树 H405:1）图文解析

一〇六、彩陶罐（双槐树 T4608H330:1）

河南省巩义市双槐树遗址出土。[4]泥质红陶，口径23厘米，底径10厘米，高20.5厘米。鼓肩部位绘白地黑彩纹饰一周，由三组六角星纹、一组合月纹，分别以两组交午点纹、叶片中字纹为间隔（图7.109:1）。下面我们对这组图案作一个分解，就可领略其中内涵。六

[1] 伏胜撰、郑玄注、陈寿祺辑校：《尚书大传·虞夏传·卿云歌》，商务印书馆，民国二十六年（1937），第24页。

[2] 孙诒让：《周礼正义》，中华书局，1987年，第2654页。

[3] a.郑州市文物考古研究院等：《河南新郑市华阳城遗址的调查简报》，《中原文物》2013年第3期，第4—21页。b.郑州市文物考古研究院等：《河南新郑华阳城遗址东周遗存的调查与发掘》，《考古》2013年第9期，第24—39页。c.索全星、刘文科：《寻找中华文明的"华源"圣地——河南新郑华阳遗址》，《大众考古》，2016年第12期，第25—32页。

[4] 王炜林主编：《彩陶中华——中国五千年前的融合与统一》，陕西师范大学出版总社，2020年，图见第232页。

角星图文是一个单元图（图7.109:3），表述朔望月的过程，即月亮受阳光而变化的图解。两侧为侧月相合，居中的圆圈、圆点为太阳，六角形则为其光芒，这光芒与黑色背景齿合，则寓意阴阳抱合一体的满月。在天者莫明于日月，故"日月光华"比喻为满月、望月，又称华月、中华，又象意"明"字，谓之"明月"。六角星图文指代阴历年。合月纹就象数而言则表示朔望月（平均29.53日），具体到此图则是代表闰月（图7.109:4）。交午点纹则是气候时序连续、

1.彩陶罐（双槐树T4608H330:1）

0   12   24厘米

2.彩陶罐（双槐树T4608H330:1）图文展开

四季图文　望月（中华）图文　合月（闰月）图文　交午图文

3.彩陶罐（双槐树T4608H330:1）的图文单元

平年　　平年　　闰年（平年+闰月）　　闰余 =3×黄道年

354.36日　354.36日　354.36日　30日+3.11日=3×365.24

4.彩陶罐（双槐树T4608H330:1）图文的历法数理内涵

图7.109　彩陶罐（双槐树 T4608H330:1）图文解析

交替之意，还有日时法则的义项（图7.109:5）。叶片"中字纹"应是四季图式的变体，在图中的位置是以四季交替的形式连接六角星，是辅助性的，与六角星纹相呼应，是"四时成岁"历法制度的表述（图7.109:2）。

审视整幅图案，三个六角星和合月纹是主题，与前面介绍的闰月图文的义理相同，这是一幅"三年一闰"的历法图文，其中的历法元素更加丰富多彩。合月六角星图文除有朔望月的历法意义外，还有"中华"古国特殊的政治意义，就像"鱼部族"图文，具有分别族属、称号国名的作用。六角星图文的分布范围，佐证了"中华"古国的真

实性。（图 8.1）双槐树彩陶罐图文概括了月时、气候、四季、闰月等历法制度，应是一幅纯正中国特色的阴阳合历，即农历。应该说，这是中国历法比较完美的实物见证。

一〇七、彩陶罐（西山 F107 出土）

河南省郑州市西山遗址出土。[1]
泥质红陶，敛口，厚圆唇，溜肩，屈
腹，下腹内收，平底。口径21厘米，
腹径28厘米，底径10厘米，高18.6厘米
（图7.110:1）。上腹施白色陶衣，其上
绘三组黑彩子午图文、望月图文一周
（图7.110:2）。子午图文为一日之始，
中间以红色圆点指示，兼有交替、连
续之意。望月图文为"合月+洛书（九
宫格）"范式，合月限定洛书的意旨
（图7.110:3、4）。"洛书"有横排、
竖列、斜角的和数等于15，15为历法的

1.彩陶罐（西山F107）

2.彩陶罐（西山F107）图文展开

3.子午图文　　4.望月合月图文　　5.彩陶洛书图文

图 7.110　彩陶罐（西山 F107）图文解析

望月，故以"洛书"指代历法的十五日。月时的十五日大多是历法的"中气"。这是最早出现的洛书彩陶图文实物。出土时大家不知道彩陶的文化内涵，称之为"椭圆形圆饼状棋盘纹饰"，现在称"望月"较为妥当。"洛书"传说是伏羲时代的数理算术，由于疑古思想影响，一直是神话般的存在，据此可知"洛书"就在"中国"区域流行了，距今在5500年前。"洛书"图文除西山遗址之外，在郑州大河村、站马屯、白庄、荥阳点军台等遗址也有实物出土。

一〇八、彩陶罐（站马屯 W21:1）

河南省郑州市站马屯遗址出土。[2]泥质红陶。侈口，小圆唇，矮领，鼓肩，下腹弧屈，底略内凹。口径 24.5 厘米，底径 11.4 厘米，高 20.9 厘米。肩部施白色陶衣，其上绘黑彩图

[1] 陈星灿主编：《中国出土彩陶全集》第 4 卷，科学出版社、龙门书局，2021 年 10 月，图见第 185 页。
[2] 河南省文物考古研究所等：《郑州市战马屯遗址仰韶文化遗存 2009-2010 年的发掘》，《考古》2011 年第 12 期。

文三组一周，每组以交午纹为隔断，主题为"合月＋"洛书"（九宫格）"范式，合月限定洛书的意旨。交午纹有"一日之始"本义，还兼有交替、连续之意。九宫格图文独体为"洛书"，在合月图文的语境下则为朔望月，也有月时之意。三组连续一周，则有三月为时（季）的内涵。该图文与西山遗址彩陶罐（西山F107）几乎相同（图7.111）。

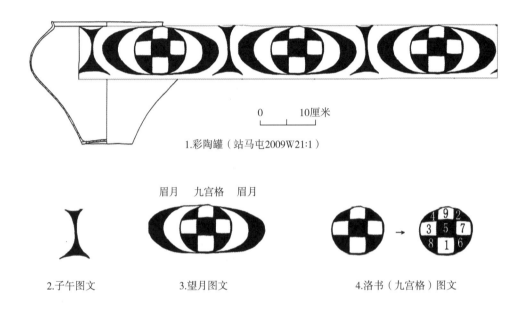

1.彩陶罐（站马屯2009W21:1）

眉月　九宫格　眉月

2.子午图文　　　3.望月图文　　　4.洛书（九宫格）图文

图 7.111　彩陶罐（站马屯 W21:1）图文解析

一〇九、彩陶罐（西山 F28）

河南省郑州市西山遗址出土。[1]泥质红陶，敛口，卷沿，厚圆唇，上腹圆鼓，下腹斜收，小平底。口径 19.5 厘米，腹径 27.6 厘米，底径 10.7 厘米，高 18.7 厘米。上腹施白色陶衣，近口沿处绘两周黑彩弦纹，其下绘八个菱形网格纹，网格纹以褐、黑色交替绘成，每组菱形图文以黑彩圆点连接（图7.112）。菱形网格图文是数理的表达，有"11×10""10×9"的数表。中华先人认为数是世界根本，数学是认识世界基础和方法。立杆测影确定日时，并因此规定月时、岁时等都是基于几何数学原理，其实就是"执两用中"法，解决了历法、生活中的许多复杂而实际的问题。菱形之间形成空白三角，应是空间之意涵。表面上体现时空与数学问题的哲学思考，实质上是对"有、无"深层次认识。

---

[1] 陈星灿主编：《中国出土彩陶全集》第 4 卷，科学出版社、龙门书局，2021 年，图见第 215 页。

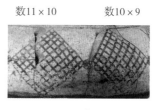

数11×10　　数10×9

图文单元

图 7.112　彩陶罐（西山 F28）图文解析

一一〇、彩陶罐（庙底沟 02SHMT27H92:17）

河南省三门峡市庙底沟遗址出土。[1]泥质黄陶，直口，小圆唇，直颈，弧肩，上腹鼓圆，下腹斜收，平底。通体磨光。口径 23 厘米，腹径 34.4 厘米，底径 12.3 厘米，高 31.2 厘米。绘黑彩，颈上部一周窄带纹，肩腹部椭圆形开光四季图文四组一周（图 7.113）。颈上部一周窄带纹提示周天历度。肩腹部椭圆形开光为黄道之象，其内有簇聚的四个漏地花瓣则表述四季之意。这是一篇以四组连续一周的四季历法图文，简单而深刻。

图 7.113　彩陶罐（庙底沟 02SHMT27H92:17）图文解析

一一一、彩陶罐（庙底沟 02SHMT1H9:27）

河南省三门峡市庙底沟遗址出土。[2]泥质黄陶，折沿，敞口，圆唇，上腹微鼓，下腹斜收，

---

[1] 河南省文物考古研究院：《华夏之花——庙底沟彩陶选粹》，上海古籍出版社，2013 年 6 月，图见第 71 页。

[2] 河南省文物考古研究院：《华夏之花——庙底沟彩陶选粹》，上海古籍出版社，2013 年 6 月，图见第 74、75 页。

平底。口径 22.8 厘米，底径 13.6 厘米，高 23.4 厘米（图 7.114:1）。唇沿涂黑彩一周，上腹部绘大月小月、望月月相图文两组，每组以交午纹为分隔（图 7.114:2）。交午纹以天地通合表意。大月小月图文以交午连接大月和小月，大月 30 日，小月 29 日，这是中华阴阳合历的月制（图 7.114:3）。望月月相图文较为复杂，分为闰月、望月两个图文内容。网纹有数理的内涵，又音近"王""望"，长尾双月对着一个网纹，有望月之意。长尾为饰笔，表示地气贯月。"月＋网"即为望月之意，此为"望"形声字的滥觞。望月即满月，一般为十五日，又指中气，是重要历法的月相特征。闰月图文为圆点与双立月，前月以圆点指示为中气月，后月则是无中气月，后月为前者的闰月。口沿黑彩窄带则为历年，腹部图文分别表述大月小月、望月、闰月的历法内容，所以这是一篇关于历法月制的图文文献。

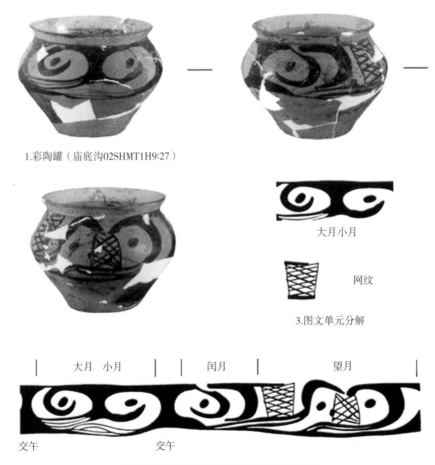

1.彩陶罐（庙底沟02SHMT1H9:27）

大月小月

网纹

3.图文单元分解

| 大月   小月 | 闰月 | 望月 |

交午   交午

2.彩陶罐（庙底沟02SHMT1H9:27）图文展开

图 7.114　彩陶罐（庙底沟 02SHMT1H9:27）图文解析

一一二、彩陶罐（合阳县采集）

陕西省合阳县采集。[1] 泥质红陶，夹杂石英。侈口，口沿略卷，圆唇，下腹斜收，平底。口径 13.5 厘米，高 22.5 厘米。通体施红色陶衣，唇沿涂黑彩，上腹绘黑彩"四季＋正朔"图文四组一周（图 7.115）。口沿窄带表述"周天历度"，是太阳年的周期。腹部为"四季＋正朔"的图文组合，重复循环，四组一周。四季图文为展臂式，其中心为竖椭圆开光，有三组为内置平行横线，表示"中道"并指示春分、秋分两个节气点，另一则为历法纪元。正朔图文较为复杂，是象数理会意式图文，由子正、月朔、元日三部分。子正即"仰月＋圆点"，仰月为夜，圆点指示夜半。夜半为子正时刻，一日之始。月朔即"覆月＋圆点"，覆月为月时，圆点为朔日，月时之始。四季与四季相交之圆点，为元日，也为春季第一天又称元春。子正、月朔、元春三合一为大吉之象。口沿、腹部图文表述子正、月朔、四季、阴阳合历等历法元素。

四季图文，内二横线为"中道"，又指二分节点。

仰月为夜，覆月为月时。仰月＋圆点为子正。覆月＋圆点为月朔。子正＋月朔＋两四季相交圆点为正朔。

图 7.115　彩陶罐（陕西省合阳县采集）图文解析

一一三、彩陶罐（西山遗址）

陕西省延安市黄龙县西山遗址出土。[2] 现藏于黄龙县文物管理所。该彩陶罐细泥红陶，直口，圆唇，矮领，圆肩，上腹圆鼓大径，下腹斜收，小平底。器高 21 厘米，口径 17 厘米，底径 9 厘米。唇部一周涂黑，肩腹部彩绘一周黑彩图文（图 5.9）。一周图文分为四个单元，均呈簇聚椭圆状，两两相同，相间分布。其中一组中间方形、周绕八个不规则形的漏地空格，属九宫格形状的变体，应是"洛书"图文。另一组中间扁叶纹、周绕六个不规则形叶纹的漏地空格，酷类郑州、洛阳一带流行的六角星纹，但更为抽象。

[1] 王炜林主编：《彩陶中华——中国五千年前的融合与统一》，陕西师范大学出版总社，2020 年，第 60、61 页。

[2] 王炜林：《彩陶中华·中国五千年前的融合与统一》，陕西师范大学出版总社，2020 年 5 月，图见第 274 页。

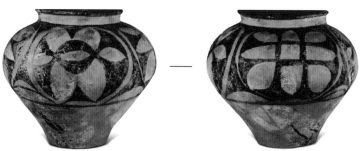

1.洛书图文彩陶罐（陕西省延安市黄龙县西山遗址）

2.洛书图文彩陶罐图文展示

彩陶罐（郑州白庄）　九宫格（洛书）

3.与郑州白庄洛书图文比较

图 7.116　彩陶罐（黄龙县西山遗址）图文解析

——四、彩陶罐（泉护村 IT1407H107 ② b:68）

陕西省渭南市华州区泉护村遗址出土。[1] 泥质红陶，直口，短颈，深腹，平底。口径 26.8 厘米，底径 13.2 厘米，高 39.6 厘米。腹部红衣磨光，上腹部绘黑彩六组四季图文一周（图 7.117）。每单元为四季图文，上、下圆点指示夏至、冬至中间为横向贯通的平行线段，应是"中道"。手绘图文，毛笔线条粗犷，茬口明显，但四季历法主题十分明确。这幅图文应为急就所作，可见作者图文绘画之功底。

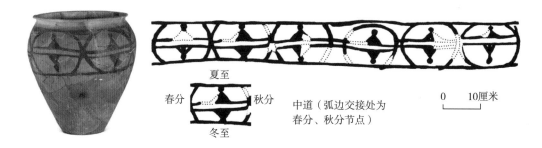

图 7.117　彩陶罐（泉护村 IT1407H107 ② b:68）图文解析

---

[1] 陕西省考古研究院、渭南市文物旅游局等：《华县泉护村——1992 年考古发掘报告》，文物出版社，2004 年，第 328 页。

第六节
彩陶缸

陶缸体大壁厚深腹，一般用于盛水和储物（粮食）。也有用作陶棺葬具。

——五、彩陶缸（白元遗址）

河南省洛阳市伊川县白元遗址出土。[1] 夹砂红陶，敞口，圆唇，鼓腹，平底。口径37厘米，高55厘米。上腹部磨光处绘三组椭圆形图文一周。每组单元相同，白彩做底，红褐色绘扁椭圆形内置四季及四立图文，构成"四向八方"图式（图7.118:1）。扁椭圆形轮廓为"黄道"轨道模型，白彩平面为黄道面，短径与三角顶端相交处分别为夏至、冬至，是一年白昼最长和最短的时侯，椭圆长径与两个三角相交处则是春分和秋分，是昼夜等长时间。中间大圆点表示太阳，四圆点处于四季之"中"，有"中点"之意，分别是立春、立夏、立秋、立冬的位置，这也应是四立（立春、立夏、立秋、立冬）节气，采用的是平气历法法（图7.118:2）。如果这样，

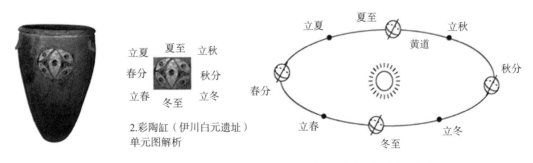

2.彩陶缸（伊川白元遗址）单元图解析

1.彩陶缸（伊川白元遗址）

3.地球太阳公转与二至二分四立节气示意

图 7.118　彩陶缸（白元遗址）图文解析

---

[1] 高润民：《中国史前陶器》，人民东方出版传媒、东方出版社，2017年，图见第484页。

这是一幅二至二分四立的彩陶历法图文。比较现在的农历，远古中华历法还是历法潮流引领者。

一一六、彩陶缸（土门遗址）

河南省伊川县土门遗址出土。[1]泥质红陶，敛口，鼓腹，器身修长，平底，底部中心有一圆形凿孔。沿下三道凹弦纹，弦纹下设对称的三个鹰嘴纽，纽上有一按窝。纽下饰斜行划纹。口径23厘米，底径16厘米，高49.5厘米。上腹部磨光处绘三组椭圆形图文一周（图7.119）。图文与伊川白元遗址彩陶缸一样，应出自一个匠师之手，也是一幅二至二分四立的彩陶历法图文。需要说明的是，伊河两岸的伊川县土门、白元、水寨及偃师市灰嘴遗址，出土的彩陶图文有许多相同之处，还有"中国"图文彩陶豆，极像一个匠师的作品。

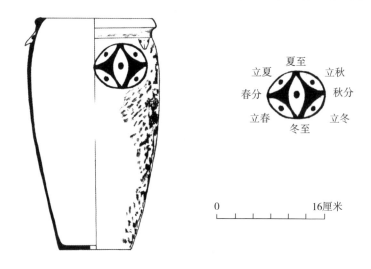

图 7.119　彩陶缸（土门遗址）图文解析

一一七、鹳鱼石斧图文彩陶缸（阎村遗址）

河南省汝州市阎村遗址出土。[2]夹砂红陶，厚圆唇，深腹，平底。口径32.7厘米，底径19.5厘米，高47厘米。口沿外侧有四个鹰嘴状泥突，底部凿有一孔。这种陶缸原为瓮棺葬具，器表多有彩绘，在河南伊川一带的土门等遗址发现较多，故又称伊川缸。此缸外壁

---

[1] 洛阳市第二文物工作队、伊川县文化馆：《伊川土门、水寨新石器时代遗址调查简报》，《中原文物》1987年第3期。
[2] 陈星灿主编：《中国出土彩陶全集》第4卷，科学出版社、龙门书局，2021年，图见第196页。

用棕、白两色绘制"鹳鱼石斧图",篇幅约占缸体表面的一半。(图 7.120:1)画面左侧一只鹳鸟,昂首挺立,六趾抓地,双目圆睁,口衔一条大鱼;右侧绘一把带柄石斧。石斧椭圆形,以四点固定安装于木柄上部,下部有方形把手,其上有菱形状网格纹,木柄中部绘一"X"纹。鹳鸟、鱼表述阴阳和谐,石斧象征王权,这是历法治国方略的图文记载。学术界对鹳鱼石斧图文有许多解释。现依据彩陶图文的研究成果,反映的应是古易思想、历法和王权意志,体现了中华古国的意识形态(图 7.120:2)。

1.鹳鱼石斧图文陶缸(阎村遗址)

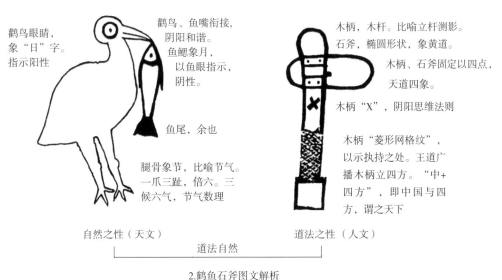

鹳鸟眼睛,象"日"字。指示阳性

鹳鸟、鱼嘴衔接,阴阳和谐。鱼鳃象月,以鱼眼指示,阴性。

鱼尾,余也

腿骨象节,比喻节气。一爪三趾,倍六。三候六气,节气数理

木柄,木杆。比喻立杆测影。石斧,椭圆形状,象黄道。

木柄、石斧固定以四点,天道四象。

木柄"X",阴阳思维法则

木柄"菱形网格纹",以示执持之处。王道广播木柄立四方。"中+四方",即中国与四方,谓之天下

自然之性(天文)　　　　　　道法之性(人文)

道法自然

2.鹳鱼石斧图文解析

图 7.120　鹳鱼石斧图文陶缸(阎村遗址)

第七节
彩陶豆

陶豆为礼器，泥质，用于盛放食物和祭品。

一一八、彩陶豆（灰嘴遗址）

河南省洛阳市偃师市灰嘴遗址出土。[1]泥质红陶，敞口斜折沿，尖圆唇，鼓腹，圈足外侈。高14.5厘米，口径15厘米。器外腹部磨光并施红色陶衣。腹部绘黑彩上下两层，每层五组"中国王"图文组合，图文组合为"中国＋王（网纹）"（图7.121）。"中国"图文为"四方＋中"表述"中国"之意。网纹"网"字，声近"王"借为"王"。两层图文连续不断，表述"中国长年安泰"之意。这样的彩陶豆在相距较近的伊川县水寨遗址、白元遗址也有出土。[2]

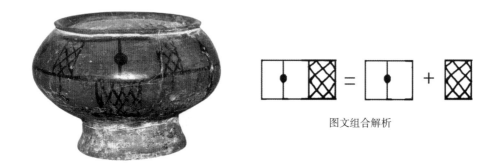

图7.121　彩陶豆（灰嘴遗址）图文解析

---

[1] 高润民：《中国史前陶器》，东方出版社，2016年，图见第204页第603号。

[2] a.洛阳市第二文物工作队、伊川县文化馆：《伊川土门、水寨新石器时代遗址调查简报》，《中原文物》1987年第3期；b.2021年10月2日作者参观洛阳博物馆，展品彩陶罐（伊川县白元遗址出土）与水寨彩陶豆极似，见本书图2.45:2。

——九、彩陶豆（关庙山 T51 ⑤ A:192）

湖北省枝江市关庙山遗址出土。[1]泥质红陶，碗形盘，口微敛，斜窄沿，圆唇，高圈足，底略外撇。口径 15.7 厘米，残高 12.5 厘米，胎厚 0.6 厘米。豆盘外壁白色陶衣并且磨光，绘黑彩、红彩五组四季历法图文一周（图 7.122）。每组单元为黑彩椭圆形开光，内绘黑彩四季图文并以一条红线段连接端点。湖北省枝江市处于大溪文化、屈家岭文化区域，这件四季历法图文陶豆，说明仰韶文化历法在南方地区的传播情况。

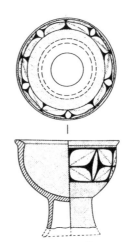

1.彩陶豆（关庙山T51⑤A:192）　　　　2.彩陶豆（关庙山T51⑤A:192）线图

图 7.122　彩陶豆（关庙山 T51 ⑤ A:192）图文解析

---

[1] 中国社会科学院考古研究所：《枝江关庙山》，文物出版社，2015 年。

第八节
彩陶瓮

陶瓮是生活实用器，器体硕大，多用于存放和储藏粮食。

一二〇、彩陶瓮（泉护村 H118 ⑥ :9 ）

陕西省渭南市华州区泉护村遗址出土。[1]泥质黄褐陶，敛口，圆唇，沿内有一周凹槽，颈部略外弧，鼓腹，口径21厘米，高20.6厘米。沿面饰一周黑彩，肩腹部绘一周黑彩纹饰带，三组图形以交午形纹分隔，下部绘粗线段一周为界（图 7.123:1、2）。纹饰带三块露地椭圆形开光，其内绘黑彩椭圆形与内置对立弧边三角形的四季图式，椭圆与弧边三角相交的上下两处各施加一圆点，以标识节点"二至"（即冬至、夏至，另外三角顶点所示则为"二分"即春分、秋分），其中一个单元图的四季图式内又横置一组以线贯心的小型四季图式（图 7.123:3、4）。"分、至者，中也"，古人制历"时（季）中必在正数之月"。[2]这幅彩陶在强调了"二分"的同时，闰月的小型四季图式特意加了一条横线且与"二分"方向一致，表明彩陶历法在朔望月制的前提下，还要以冬至、夏至为基准保持历年的四季范式。小型四季图式内的一横细线，具有"衡"的意涵，表述以闰月的方法逐步达到历法的平衡和规范。结合泉护村遗址出土较多的彩陶盆、彩陶瓮，均有闰月、闰年的表述，这件陶瓮图文应是一幅"三年一闰"的彩陶历法文献。

---

[1] 陕西省考古研究院、渭南市文物旅游局等：《华县泉护村——1992年考古发掘报告》，文物出版社，2004，图见第363页。

[2] 〔东汉〕班固：《二十五史·前汉书·律历志上》，上海古籍出版社、上海书店影印，1988年，第98页。

1.彩陶瓮（泉护村H118⑥:9）

2.彩陶瓮（泉护村H118⑥:9）图文展示

3.单元图
（四季图式、平年）

4.单元图
（四季图式、闰年）

 + 闰余 =

5.彩陶瓮国月图文的象数解析

图 7.123 彩陶瓮（泉护村 H118 ⑥ :9）图文解析

一二一、彩陶瓮（泉护村 H107 ③ a:82）

陕西省渭南市华州区泉护村遗址出土。[1] 泥质红陶，敛口，圆广肩，下腹内屈，底略凹。口径 25 厘米，底径 10.4 厘米，高 16.1 厘米（图 7.124:1）。口部沿面及沿内施一周黑彩。

---

[1] 陕西省考古研究院、渭南市文物旅游局等：《华县泉护村——1992 年考古发掘报告》，文物出版社，2004 年，第 337 页。

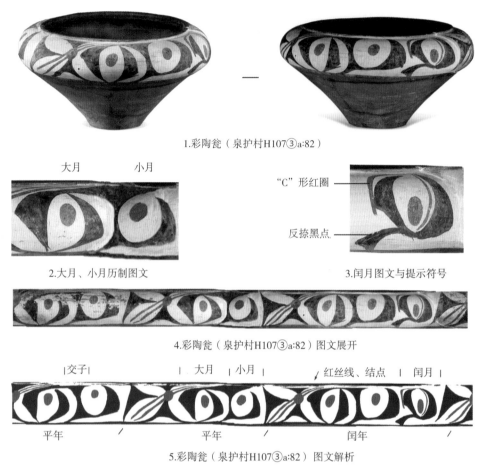

1.彩陶瓮（泉护村H107③a:82）

大月　　　小月

"C"形红圈

反捺黑点

2.大月、小月历制图文　　　　　　　　3.闰月图文与提示符号

4.彩陶瓮（泉护村H107③a:82）图文展开

|交子|　　　| 大月 | 小月 |　　红丝线、结点 | 闰月 |

平年　　　　　／　　　　平年　　　　　／　　　　闰年　　　　　／

5.彩陶瓮（泉护村H107③a:82）图文解析

图 7.124　彩陶瓮（泉护村 H107 ③ a:82）图文解析

上腹部白色陶衣上施黑彩和红彩，图案由三组单元图形构成（图 7.124:4、5）。单元图以对顶弧边三角形交午加两条红色斜线相联结，并作为单元分隔；单元图内右侧绘一黑彩弧边三角表示历法序向。其中，相同两组的单元图为一个合月纹、一个弦月，表示大月、小月（图 7.124:2）；另外一个单元则在上图基础上多绘出一个合月纹，并用毛笔在其左下方反捺了长点，如此还嫌主题不明，又用红笔画出一个"C"形圈（共的初文，象玉玦形，又卦名。）加以提示，进一步点明它的"闰月"性质（图 7.124:3）。这个独特的符号，凸显了彩陶历法的主题效果，增加了彩陶画面的趣味。依据彩陶的象数原理，这是一篇记载"三年一闰"的历法文献。

第九节
彩陶壶

陶壶为生活典型器，用于水器、酒器。裴李岗文化时期已有实物出土。

一二二、彩陶壶（北首岭 M52:1）

陕西省宝鸡市北首岭遗址出土[1]。泥质橙黄陶，花苞状，小口，细颈，折腹，平底，通体磨光。口部绘四出扇形黑彩，有"四向"之意。上腹部黑彩绘出一幅趣意盎然的水鸟啄鱼图画（图7.125）。《淮南子·天文训》："毛羽者，飞行之类也，故属于阳；介（甲）鳞者，蛰伏之类也，故属于阴。"据此可知，腹部的水鸟啄鱼图画则有阴阳相合的思想内涵。远古人们对鱼、鸟的崇敬，源自鸟飞鱼潜的特殊本能，因而赋予其阴阳的属性。彩陶金乌负日、鱼谐游、鱼鸟谐合等图文应是这种思想的体现。比如石家河遗址出土的旋鱼形彩陶纺轮图案、青台、大河村遗址出土的合月纹彩陶图文都是基于对事物阴阳理念的阐释。

图 7.125　彩陶壶（北首岭 M52:1）图文解析

---

[1]　中国社会科学院考古研究所：《宝鸡北首岭》，文物出版社，1983 年 12 月，第 102、105 页。

一二三、彩陶壶（核桃庄 MHM1:9）

青海省民和县核桃庄遗址出土。[1] 喇叭口，圆唇微卷，长颈，阔肩，斜直腹，双腹耳，耳上有贴塑的凸棱（六个），平底。高 46.6 厘米，口径 13.7 厘米，腹径 33.3 厘米，底径 16.4 厘米（图 7.126）。器表施浅黄色陶衣，通体打磨光滑，口沿、颈肩与上腹部绘黑彩图文。口沿涂黑一周，沿面绘两个斜向（旋转）三角，有"道生一，三生万物"之意。颈部中间绘 10 个椭圆形圆点，其上下各绘四道、六道平行弦纹。肩部绘四个大圆点，腹上部绘六道平行弦纹。以点、线构成整篇彩陶图文，主题突出，规整有序。蒋书庆在《破译天书》[2] 指出，彩陶壶肩部四大黑色黑色圆点四方对应布列，点纹之下有六周线纹相组合。大圆点以其直观的太阳之形及四方对应的位置特征，展示四季划分的寓意象征。颈部 10 个圆点纹表示 10 十日为旬的周期，有太阳南来北往、东出西落的意象，

图 7.126　彩陶壶（核桃庄 MHM1:9）图文解析

所以其点纹为长点之形。与点纹组合相对应，四条弦纹与上下六条弦纹形式，成为四季、十二个月划分的寓意象征。与此相关，两耳部半圆形（弦月）相对应，耳部相应的锯齿形凸起之数也成为同一寓意的延伸与再现。蒋书庆先生的这段论述，基本说明了这篇彩陶历法图文的主旨大意，对彩陶文化研究具有积极的现实意义。

---

[1] A.青海省考古队：《青海民和核桃庄马家窑类型第一号墓葬》，《文物》1979 年第 9 期；b.王炜林主编：《彩陶中华——中国五千前的融合与统一》，陕西师范大学出版总社，2020 年 5 月，第 136 页。

[2] 蒋书庆：《破译天书——远古彩陶花纹揭秘》，上海文化出版社，2001 年 1 月，第 71 页。

第十节
其他（陶簋、陶盘等）

陶簋为礼器，盛放食物和祭品。陶鼓为古代打击乐器。

一二四、彩陶圈足簋（西关堡遗址）

陕西省华阴市西关堡遗址出土。[1]泥质红陶，敛口，方圆唇，深腹盘，高圈足，近足底处均匀分布有三个圆形钻孔。口径22.7厘米，高14.7厘米。盘腹外壁涂白色陶衣，黑彩图文。图文分上、中、下三层，分别为两方连续的交互纹、四季历法和三角数理的内容。上层为

1.四季历法图文圈足簋（华阴西关堡遗址）　　3.单元图文分解

2.圈足簋（华阴西关堡遗址）四季历法图文展开

图 7.127　彩陶簋（华阴西关堡遗址）图文解析

---

[1] 陈星灿主编：《中国出土彩陶全集》第 6 卷，科学出版社、龙门书局，2021 年，图见第 231 页。

交互图文（🖰）一周，指天门，有阴阳交合，万物安泰之意。"🖰"，户之初文，象户形，本义单扇门。下层为一周三角数理图文，正反三角表述数理内涵，有八、九倾斜线段分组相间表述变化机理。中间为八组四季图文，并以垂直的二、三线段为隔断。四季图文是置于扁椭圆形开光内，特别之处是春分、秋分端点及隔断线段都以白地从中贯通，寓意"中道"。这是中华历法"中气"和"中道"的文化体现，展现了别具风采的中华魅力。

一二五、彩陶鼓（大汶口遗址）

山东省泰安市岱岳区大汶口遗址出土。[1]泥质红陶，侈口，深筒腹，中部内收，下部内折，大圜底。口沿下有一周向下弯曲的乳丁，腹部有两两相对的圆镂孔，底部有一个圆镂孔。器腹中部用白、深红和褐色三彩绘两层四组一周的四季图文，下部饰一周锯齿状刻画纹（图 7.128）。单元图文为"椭圆形黄道（开光）+ 四季 + ｜（中）"。四季图文为"四时为岁"的历法规制，说明四季的历法性质。夏至、冬至二节点以圆镂孔指代，圆镂孔又与"空"谐音，表述空间。以时间是空间的循环为图文主题，阐述历法的时间内涵。下部刻齿纹也有数量的法理规定。

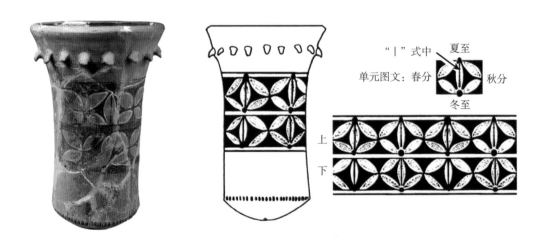

图 7.128　彩陶鼓（大汶口遗址）图文解析

---

[1] 山东博物馆编：《大河上下——黄河流域史前陶器展》，文物出版社，2015 年 12 月，图见第 168 页。

一二六、彩陶器座（下王岗 M686:2）

河南省淅川县下王岗遗址。[1] 泥质红陶，上下大口外侈，束腰，空腔通透。口径 14 厘米，腹径 5.8 厘米，高 11 厘米。腹部绘黑彩，以束腰分为上层图文、下层图文。上下层图文相同，每层两组四季图文一周（图 7.129）。每单元为椭圆形开光的四季图式，四季图文以漏地十字四分，中心加点指事。单元图文以漏地"｜"为隔断，交接处为一圆点。

1彩陶器座（下王岗M686:2）

3.彩陶器座上层图文

上层图文
下层图文

2.彩陶器座（下王岗M686:2）线图

4.彩陶器座下层图文

图 7.129　彩陶器座（下王岗 M686:2）图文解析

一二七、彩陶盘（杨官寨 H43:13）

陕西省西安市杨官寨遗址。[2] 泥质黄褐陶，敛口，圆唇，反折宽弧沿，腹极浅，平底。口径 19.5 厘米，底径 13.5 厘米，高 2.4 厘米。陶盘内外均有修整的刮削痕迹。施白色陶衣，宽沿上绘黑彩圆形开光，残存 8 个，可复原 4 个，一周共有 12 个，每个开光内绘黑色圆点一个（图 7.130）。彩照大河村遗址的太阳纹图形，杨官寨彩陶盘图文也是十二月年周期的历法内涵。

 —

图 7.130　彩陶盘（杨官寨 H43:13）图文解析

---

[1] 河南省文物研究所、长江流域规划办公室考古队河南分队：《淅川下王岗》，文物出版社，1989 年，第 160 页。

[2] 陈星灿主编：《中国出土彩陶全集》第 6 卷，科学出版社、龙门书局，2021 年，图见第 230 页。

一二八、刻文陶晷仪（柳林溪 IAT0916 ⑧ :120 ）

湖北宜昌柳林溪遗址出土（原报告称陶支座），呈蘑菇形状。[1] 茎身残缺，残存部分有刻文。圆面中间圆孔，与茎部贯通。圆面上刻绳矩和图文，绳矩交于中心将图文四分。绳矩有七个刻度，合为二十八（星宿）。（图 7.131:1）圆面外周为圭表图文八组，其下方为天地子午组合图文。▦，圭表，又称晷仪，立杆测影天文仪器。⧗，天地交午图文，由"⧗ + 二"组成合文。二，上下一横指示天地，其间⧗为交午，立杆测影，日中为午，对午而知夜分子时，昼夜为一日，这是自古相传的日时法则。⧗又以声借用为数字"五"。晷仪之间分别为"化"与"四向八方"图文。⧚，化的初文，为上下两个对顶的"文"字，呈阴阳交互形，会意文"化"，化为文明。⧚，天文；⧚，人文。◇⧚，为"四向八方"图文，表述方位。除了方位，还有几何的"数法"原理和历法意义。◇，四方；⧚，八方。（图7.131:2）晷仪刻文反映了远古中华文明的宇宙观、价值观和认识世界的方法论。这件晷仪处在遗址的早期，距今 7000 年。

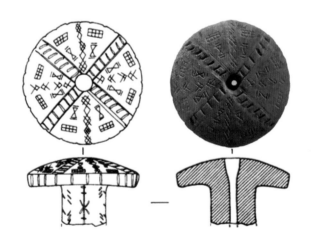

⧚　化之初文，会意天文与人文融合。
　　⧚，天文；⧚，人文。

▦　圭表，立杆测影仪器。

⧗　天地交午图文，日时法则。
　　二，指示天地；⧗，交午，
　　立杆测影定中午，对午确
　　定夜半子时。

◇⧚　四向八方。图文，表述方位。
　　◇，四向；⧚，八方。

1. 陶晷仪（柳林溪 IAT0916 ⑧ :120 ）

2. 陶晷仪刻文分解

图 7.131　陶晷仪（柳林溪 IAT0916 ⑧ :120 ）刻文解析

---

[1] 周国平：《柳林溪遗址出土的刻划符号及其初步研究》，《2003 三峡文物保护与考古学研究学术研讨会论文集》，科学出版社，2003 年 7 月，第 118 页。

第八章

结章

　　彩陶是中华远古社会礼制文化的产物，社会文明的佐证。彩陶蕴含什么，为何神秘而深沉！历经百年考古工作的艰辛探索，现在来看，彩陶记载的古易、历法内容，是珍贵的中华图文元典。彩陶作为图文介质，它是中国文字的初期形态，记述人们的思想及当时的天文、数学和历法成就，是我们认识和研究远古社会文明的历史文献。彩陶即是生活实用陶器，还是人们学习文化知识的课件和重大典礼活动的礼品，有的还是瓮棺葬的葬具。

结章

一、彩陶图文是中华文明的标志

彩陶是中华远古语系的图文载体，对我们研究远古中国历史提供了元典文献依据。中华文明源远流长、博大精深，文化积淀丰厚。裴李岗文化时期就有贾湖遗址、桥头遗址的锲刻、图文两种文字书写方式，如放射的太阳纹、日、齿、目、子午、八角星等原始文字，只因文件数量少且不完整，遗址分布零星，其文化内容扑朔迷离，即使有双墩遗址、高庙遗址的进一步丰富，对是否为"文字"，难以定谳。仰韶文化的彩陶大量出现，使中华文明更为清晰可见。彩陶有了古易思想、天文学、数学和历法的图文记载，特别是古易思想，展现了天文学、数学、历法形成的思想根源，找到了裴李岗文化文字符号的继承者。彩陶图文记载的"立杆测影"的方法和原理，是中华先人遵循"中文化"的核心内容。基于此，彩陶图文记载的鱼部族、中华（六角星）、中国等名称，诠释了"文明"的真谛。彩陶图文记述了远古中华文明的思想和实践活动，说明中华文明源远流长、一脉相承，具有无限的发展活力。

嵩山地区（大河村文化）处在六角星图文的分布范围内，大致又能分出九宫"洛书"为代表的东区和"中国"图文彩陶的西区（图8.1）。《庄子·胠箧》记载："昔者容成氏、大庭氏、伯皇氏、中央氏、栗陆氏、骊畜氏、轩辕氏、赫胥氏、尊卢氏、祝融氏、伏牺氏、神农氏，当是时也，民结绳而用之，甘其食，美其服，乐其俗，安其居，邻国相望，鸡狗之音相闻，民至老死而不相往来。"[1]在东部区域九宫格"洛书"为古"轩辕氏"的"族徽"，九宫格类似龟背纹理，黄姓族徽以龟符为主体，有"天鼋"之意。"轩辕氏"世居嵩山一带，

---

[1]《庄子·胠箧》，《二十二子》，上海古籍出版社，1986年3月，第37页。

大河村文化遗址的遗物、遗存应是炎帝时代"轩辕氏"的经济文化的客观反映。郑州西山遗址考古发现古城墙，许顺湛先生称之为"黄帝时代的古城"。[1]西区的"中国"图文彩陶可能与"中央氏"相关。六角星（中华）图文则是两大部族联盟的徽号。大河村文化的多个遗址发现九宫格"洛书"，反映了仰韶时期由于生产力的发展，社会内部的思想导向、"大同中华"的形成，"中国"概括了中华文明内涵。《周易·系辞上传》"河出图，洛出书，圣人则之"[2]，九宫格"洛书"是时代变革的思想先导，六角星图文展现了强大的国家（中华古国）力量。

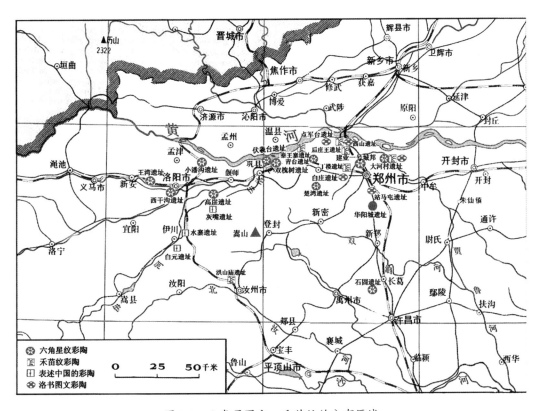

图 8.1　六角星图文、禾苗纹的分布区域

嵩山地区的大河村文化遗址众多，以环壕围护，西山遗址修筑夯土城墙加强聚落防护（图 8.2），农业经济发展（禾苗纹），丝绸纺织业兴盛，一派中华文明的繁荣景象。人们居住的房屋，挖槽筑基，木骨泥墙，以经火烧烤的陶房为时尚。火烤之后更加坚固，向阳

---

[1] 许顺湛：《郑州西山发现黄帝时代古城》，《中原文物》，1996 年第 1 期。

[2]〔宋〕朱熹注：《周易本义》，上海古籍出版社，1987 年 3 月，第 63 页。

通风，或双间或多间，
十分宜居（图8.3）。
家族墓地分布规整，
排列有序，每墓竖穴
土坑，单人仰身直肢
葬式，没有或极少随
葬品。这种简朴的葬
制，是大河村文化遵
循的人人平等的"大
同"原则，成为社会
文明的时代特色，并
深刻影响了庙底沟、
杨官寨等许多遗址。
与良渚文化大墓的厚
葬之风迥然不同。当
然，这种"大同"社
会是建立在国家整治
基础上的。如城墙与
环壕聚落。祭祀礼仪
制度，彩陶历法与图
文典章，有些灰坑内
有葬人或乱葬多人的
现象，显示了社会内
部专制和治理能力，
《礼记》文献记载，
上古时代有"天下为
公"的大同盛世，为

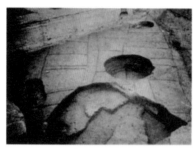 

1.西山古城版块夯筑城墙　　　　2.西山古城西北城隅

3.平年闰年图文彩陶钵（西山T5141:4）　4.九宫格洛书图文彩陶罐（西山F107）

图 8.2　郑州西山古城与出土的彩陶

1.大河村遗址F1~F4

2.日时法则、节气图文彩陶钵（大河村F1:26）　3.彩陶双联壶（大河村F1:29）

图 8.3　大河村遗址 F1 ～ F4 与出土的彩陶

后世景仰的典范，这与大河村文化的定居式农业型的社会特征相契合。由此可见，早期中国因地理位置、自然环境、社会环境不同，社会进步也不尽相同，产生"意识形态"的差别，但位居中心的仰韶文化、尤其大河村文化却是"大同社会"的范式，处于文明道德的制高点，引领并主导中华文明的发展方向。

李伯谦先生认为[1]，中国古代文明发展各个区域有自己的模式，其中有两种主要模式：一种是红山、良渚尊崇神权或虽有军权但仍以尊崇神权为主的模式；一种是仰韶文化尊崇军权、王权的模式。前者实行神灵崇拜，将创造的社会财富主要贡献给神灵，无法继续再生产以维持社会的正常发展而走向崩溃；后者实行祖先崇拜，看似比较落后，但他们不会把创造的社会财富都贡献给神灵，所以能一直传承下来，注重传宗接代和部族长治久安，社会得以继续绵延发展。彩陶图文及其内容说明，仰韶文化却是一种美好的社会文明形态，并且具有先进性和持续发展的文化机能。彩陶作为融合和统一周边各个区域文化壁垒的利器起到了积极作用，彩陶文化影响是重要的。王炜林主编的《彩陶·中华——中国五千前的融合与统一》虽然没有对彩陶内涵进行讨论，但讲到了彩陶在中华文明进程中的无比神秘的文化力量，给彩陶一种新的认识。

马克思主义深刻揭示了自然界、人类社会、人类思维发展的普遍规律。所谓规律，是一种科学的抽象，必须运用于具体实际，才能发挥作用。这为我们历史研究提出了"中国化"的理论指导，要有"中国特色、中国风格、中国气派"的时代气息[2]，对中国考古学发展具有现实意义。"意识形态"的差异，导致了文明的发展道路和方向是否正确和正统的历史选择。考古发掘和历史事实证明，华夏文明的道路和发展方向成为中华文明的主流和正统，彩陶图文与它记载的古易思想、数学、天文知识和历法成就成为华夏文明传承的文化基因，体现了"人本"和法治的人文精神。所谓文化基因，就是自古代传承至今的优秀文化。"一些文化现象虽然能盛极一时，但是他的影响如果不能及于后代，就不能构成文化基因链上的一环。"[3]这样的文化就不是文化基因。《道德经》"执古之道，以御今之有。能知古始，是谓道纪。""道纪"与文化基因内涵相近，所以中华文化重视历史传承是有渊源的。

[1] 李伯谦：《中国古代文明演进的两种模式——红山、良渚和仰韶大墓随葬玉器观测随想》，《文物》，2009年第3期。
[2] 《习近平致信祝贺仰韶文化发现和中国现代考古学诞生100周年强调，发扬严谨求实艰苦奋斗敬业奉献的优良传统，努力建设中国特色中国风格中国气派的考古学》，《人民日报》，2021年10月18日第1版。
[3] 杭侃：《前言》，《华夏文明起源的考古学观察》科学出版社，2020年2月。

彩陶图文是中国文字的重要组成部分，汉字的祖源，彩陶"中国""中华"指明了中华文明的原点所在和华夏道路的发展方向。客观地讲，中华文明探源是现代人的人文溯源行为，很难摆脱当今社会观念（意识形态）影响，即私有制基础的资本主义和公有制基础的社会主义两种社会制度的价值观取向，在文明起源研究中，恰恰就出现了"中华大同"和良渚文化两种不同的社会形态。"中华大同"是中华文明发展的历史趋势。

我认为"大同"的社会形态符合中华文明起源和历史发展实际，"大同"社会的初心预示着中华文明的未来，"中文化"是中华文明历史的标识和认识方法。"大河村文化是孕育产生早期中华文明的一支文明起源文化"[1]，现在看来还应是核心性的，这个认识在彩陶图文里面是有答案的。《史记》以黄帝为开篇，这个历史根系，因于司马迁的社会文明价值观，符合"中华"的历史发展结论。以往溯源"中国""中华"名称仅仅局限于历史文献和《何尊》铭的钩沉研讨，如今我们在彩陶图文中更能认清"中国""中华"渊源，增加了历史的深度和信度，极大地接近了中华文明起源的原点。建设"中国特色、中国风格、中国气派"的中国现代考古学的现实意义，是要理顺中华文明的根脉，正本清源，对世界历史和文化也具有现实的指导性。

仰韶大河村文化的"中华（中国）"是狭义的概念，仰韶文化、周边文化构成的则是广义"大中华"，即"中国戎夷五方""华夏蛮苗"的"天下"观，由于文化、氏（民）族、生活习俗的逐渐融合统一，就以"中华""中国"为称号。[2]文献显示，这个称号通行于整个历史时期，清代之后的中华民国（1912—1949），现今的中华人民共和国，都表明对"中华""中国"历史根脉的认同和传承。

二、彩陶图文的内容

彩陶图文作为早期中国文字形态，标志着中华文明的形成和初步发展。彩陶是图文元典文献的载体。时间范围是指仰韶时期的前4800年—前2800年间成熟的彩陶图文系统，其中包括略有延后的甘肃、青海的马家窑文化彩陶。彩陶记载了四个方面的主要内容。

第一，古易思想。古易思想反映了人们的世界观、价值观和认识世界的方法论。这种

[1] 索全星：《中华文明本源初探》，科学出版社，2014年。
[2] 索全星：《中华文明本源初探》，科学出版社，2014年，第19页。

思想显然起源更早，但在仰韶文化早期，彩陶图文展现了古易思想的系统性、完整性，已经初步成熟。如关于"炁""数"的认识，有无与阴阳的思辨、时空的概念、"中文化"的行为准则、"天人合一"与道德思想，等等。这些精神文化内涵，具有朴素的唯物辩证法思想，是经过旧石器时代末期、新石器时代裴李岗文化以来的人类社会实践的思想概括，奠定了人类文明的思想基础。彩陶古易赋予中华智慧，塑造中华精神，展现思想文明的精髓和内在活力。独特的古易思想，是中华先人最早发现并发扬光大的古老哲学，成为华夏民族奋勇前行和发展壮大的思想灯塔。古易思想是人们认识世界的方法论指导，是华夏民族特有的历史文化基因。客观上来讲，彩陶古易促进了广大区域人们的思想文化的融合与统一，这是华夏民族形成和发展壮大的基本点。

第二，天文天象与自然世界的认识。太阳、月亮及地球的圆球物体的认识并以"立杆测影"的方法认识三者的运行周期，建立一套时空认知的宇宙体系模式。发明圭表天文测量仪器，最早发现并记载了黄赤夹角，明确了彩陶图文的日时、朔望月、黄道的天文学现象，为创立中华历法奠定了天文学基础。

第三，数学理论和相关的知识成就。彩陶的数学方面内容非常丰富。"万物皆数"是最基本的认识。关于数的意识、数的表述、数的理念、数的算术，从而构成许多的数学知识和原理，建立了四则运算、立方等数学体系。如几何原理、中心坐标、三角函数、三角算术、"洛书"算术、筹算和数表，展现了远古中华数学的伟大成就。彩陶数学成就奠定了古代和现代数学的基础，揭示了彩陶数学的本源性质。在中华文化中，数学极具神秘性，有着特别的神力，比如洛书，即是算术，又用于表述望月和历法的十五日，还用于规划"九州"的天下形势。

第四，卓越的历法成就。彩陶历法是人类最早的历法形式，与记载它的图文一样，也是中华文明的重要标志。彩陶历法是集古易思想、天文学、数学和社会科学于一体的综合性成果，规范和改善了人们的生产生活，促进了农业经济的科学发展，体现了"天人合一"、和谐共存的可持续发展的人类价值观理念。中午、子夜、朔望月、大月小月、平年闰年的历法术语，都是地气十足的远古话语，其中的日时法则、朔望月月时、岁时制度、闰月制度和节气制度，将太阳、地球、月亮等天文学成就纳入一个历法系统，成为利用自然规律，推进人类可持续发展的典范。远古时期，历法对种植农业非常重要，事关国计民生，制定、颁发历法是国家的重要事务，是国家政治文明的集中体现。彩陶历法的意义在于加强了中华先人遵循天道和自然法则的意识，并建立良性而优质的人文法制体系，促进社会文明的不断进步发展。彩陶历法整合了中华文明的国家体制和规模，凸显了早期中华文明影响广大、有核心又一体的客观实际，展现了中华文明的社会形态和历史信度。

彩陶图文记载的古易思想、天文历法、数学成就、图文元典，奠定了中华文明的天人合一思想、历法制度和文字演变的基础，成为中华文明 7000 多年赓续不断的文化基因，促进了中华文明的繁荣与发展。

三、彩陶历法是诸历之源

中华先人因为古易思想的深刻影响，创制了最早的阴阳合历，为人类文明做出了卓越的历史贡献。阴阳合历一直是中华历法的主体历法。文献记载有伏羲历、神农历、黄帝历、尧历、舜历、夏历、周历、西汉《三统历》、东汉《四分历》、唐代《麟德历》、元代《授时历》等，延续整个历史时期。在世界上，还有创制较晚的阴历、太阳历（公历）等历法，其日时、月时、岁时等概念依据中华历法，只是在历法技术上作了闰月、年制、月制的一些调整（图 8.4）。

	日时	月时	节气	年	初行时间
阴阳合历	十二时辰	朔望月，大小月（30 日、29 日），闰月，十二月为岁。	节气制，无中气月为闰月。	黄道周期（年），平年（354 日），闰年（384 日），十九年七闰。	距今 6800 年前
阴历	二十四小时	朔望月，大小月（30 日、29 日），闰月，十二月为年。			距今约 5500 年前
阳历	24 小时	大小月（31 日、30 日、二月 28 日），闰月（四年闰加一日，二月 29 日），12 月为年。		黄道周期（年），平年（365 日），闰年（366 日）。	罗马历公元前 46 年

图 8.4　阴阳合历、阴历、阳历的基本制度比较

彩陶历法距今 6800 年前，是目前最早的历法实物。彩陶历法创立了阴阳合历、大小月制、节气制、闰月制、平年闰年制等一套完整历法系统，并有丰富的彩陶实物作为佐证。彩陶历法是一部阴阳合历，中华历法（农历）的祖源。彩陶历法源自中华先人对天道（天文天象）的深刻认知，应用于人们生活生产，是"天人相应""天人合一"思想的伟大社会实

践，反映了中华先人认知并科学利用自然规律的卓越智慧和能力。历法是社会文明的产物。历史必以历法（时间）为基础和前提，故有"史以历明"之说。中华文明的起源与形成，历法成为人们生活的重要组成部分，便开启了"历史文明"的时代先河。

彩陶历法是远古图文元典的重要内容，是佐证中华文明的文献记载。彩陶历法标识了中华文明的自我坐标，为辉煌灿烂、赓续不断的中华文明奠定了磐石之基，决定了中华文明的历史方位和中华文化自信。彩陶历法是彩陶文化的重要组成部分，开一代中华历法之源，也是世界天文历法史的重要篇章。[1]

四、文明以止、化成天下

彩陶证明司马迁《史记》历史观的正确。《史记》记载"轩辕之时，神农氏世衰，诸侯相侵伐，暴虐百姓，而神农氏（炎帝）弗能征"，这是黄帝兴起的历史背景。神农（炎帝）的历史情况是什么，文献记载零星而不清，而彩陶所载正是这段珍贵的历史。可以确定的大河村文化应是轩辕氏族（前黄帝族）的文化。盛行的九宫格"洛书"，是数理模式，与两侧合月组合则又有了"望月"之意，有"天鼋"之象，为"轩辕"之通假。这支文化在早期中华文明的发展阶段已崭露头角，成为农耕文明的社会样板，从而能在"神农氏世衰"时脱颖而出，"代神农氏，是为黄帝"。[2]黄帝之所以被尊奉为"人文始祖"，是基于他继炎帝而奠定中华的国家规模。据《世本·作篇》记载，黄帝使羲和占日，常仪占月，臾区占星气，伶伦造律吕，大桡作甲子，隶首作算数，容成综斯六术而著调历。"容成调历"是明确黄帝纪年的文献记载，可见《黄帝历》具有极高的历史地位。元代制定《授时历》组成许衡（知历理）、王恂（知历数）、郭守敬（知天文）的工作组，历经五年完成了编修工作。[3]编订历法是一项系统工程。

"华文化"[4]是历史学与考古学结合的文化概念。历史文献有：《周礼·夏官·司马》九州"河南曰豫，其山镇曰华山"；《尔雅·释山》"河南华，河西岳，河东岱，河北恒，江南衡"；《国语·郑语》："前华后河"与新郑市华阳城遗址是对应的。考古学方面的"华

[1] 索全星：《彩陶历法闰月制度的象数研究》，《河南博物院院刊》2021年第5辑。
[2] 《史记·五帝本纪》，《二十五史》第1册，上海古籍出版社、上海书店，1988年5月，第7页。
[3] 宋濂：《元史·许衡传》，《二十五史》第9册，上海古籍出版社、上海书店，1988年5月，第433、434页。
[4] 索全星：《中华文明本源初探》，科学出版社，2014年，第8、23、182～186页。

文化"对应嵩山区域的大河村文化，郑州、洛阳地区的"华文化"特色显著，彩陶六角星图文除历法意义之外还有"中华"的义项，从而在特定的时空里，赋予了特定的考古学文化以"中华"的名称（图8.4）。大河村文化是孕育中华文明的一支起源文化，地理中心、认识世界的

大河村文化区域"中华"图文名称

朔望月

日月光华

彩陶罐（双槐树 II330:1）

郑州区域洛书图文

朔望月

彩陶罐（郑州白庄遗址）

九宫格洛书

黄姓图符

洛阳区域"中国"图文

"中国"图文

彩陶豆（偃师灰嘴遗址）

何尊"中国"

图8.4　大河村文化主要彩陶图文的"中华"内涵

中文化方法与经济文化制度是对"华文化"的注解。彩陶图文的成果，进一步丰富了"华文化"的内涵，其概念日渐清晰，加强了中华文明的历史信度。在大河村文化的洛阳区域，伊川县的伊河周边有"中国长年"的彩陶豆图文，与西周《何尊》的"中国"名称相呼应，进一步校准了原初中国的历史方位。说明以"轩辕氏""中容氏"为代表的"中华族"是形成"中华文明"的核心力量，

　　农业经济的发展状况是衡量文化单元体文明程度的标杆。仰韶文化的古易思想、天文历法则是农业文明的社会特征。《周易·贲卦象传》："刚柔交错，天文也；文明以止，人文也。观乎天文，以察时变；观乎人文，以化成天下。"[1] 仰韶文化与大河村文化，以彩陶古易和历法促成早期国家规模和体制建设，奠基农耕文明，垂范"大同"盛世。

　　文明以止，化成天下，看似非常豪迈的一句话，实际上与仰韶文化的社会背景十分契合。那时没有"解放全人类"的豪言壮语，但"天下大同"足以震古烁今，楷模万世。大同社会人民"甘其食，美其服，乐其俗，安其居"，生活幸福，这是"中华""中国"繁荣盛世的景象。而"中国"之外，农业经济和文化（特别是思想）发展相对滞后，称为蛮夷戎狄。当时的"天下"称为"中国戎夷五方"，以"国"为尊。因为"中华"文明，经济繁荣，

[1] 〔宋〕朱熹注：《周易本义》，上海古籍出版社，1987年3月，第22页。

势力强大，被称为"国"，简称"中国"。彩陶记载的天文学、数学、环境科学等内容均居世界先进水平，尤其天文历法成就则是最早的图文文献记载，是对世界文明历史的伟大贡献。中国的思想、文化和中华文明的体制建设，自然让四方和异域部族景仰、学习和效仿，彩陶传播确是历史事实。从中国、中华的名称和彩陶图文的内容，可以略知早期中华文明在人类文明历史的重要地位。"中国"原则就是"天下"规矩，周边区域以接受"中国"文化、使用"中国"历法为荣耀，与"中国"接轨是世界文化潮流。

中国彩陶的发展和传播，在适合农业经济的东欧罗马尼亚、乌克兰等地形成库库特尼——特里波列文化的彩陶，其风格类似马家窑文化。大概这些彩陶信息经过马家窑文化区域向西方传送，同时也影响到西亚两河流域的苏美尔和非洲北部的古埃及，特别是其文字中的三角纹、折带、十字坐标图形等符号（大家可以比较研究，这里不作论述）。在我国的西北部和北部，是古羌、古氐部族与华人杂居交融之地，其中还有一部分西方的游牧部族，考古发掘出土的异域人面塑像是其佐证。东部则是大汶口文化，松泽—良渚文化位居东南的长江下游地区，长江中游则是大溪—屈家岭文化。这些单元文化体均与仰韶文化（中华）进行频繁的密切交流、互动和融合，形成大的文化圈（古称"天下"）。总体上看，仰韶文化居于中心，在交流互动时处于主动和优势，是缔造中华文明并引领向前发展的领导核心。

这样的"天下"形势，中原文化看似处于四方共和的形胜大局之中，其实也是置身于四面围逼的险地之内。仰韶中期，彩陶向四方传播，影响了更为广大的区域，北到内蒙古自治区的王墓山坡下遗址、南到湖北枣阳雕龙碑遗址、东南的江苏邳州大墩子遗址均发现典型的彩陶图文，应看作是中华文明的大突破和历史性的大发展，这应是炎帝时期的事情，在距今5500—5300年间。黄帝时，统合宇内，不仅着手内部整合，还对北方不断内侵的荤粥部族（有说是古匈奴族）采取"北逐"的军事行动，并"邑于涿鹿之阿"，再次捍卫和强化了中华文明的国家统一。[1]

五、彩陶图文是探源中华文明的新课题

彩陶是中华文化图文元典的实物载体，展现了中华文明7000年的辉煌历史。彩陶图文

[1]《史记·五帝本纪》，《二十五史》第1册，上海古籍出版社、上海书店，1988年5月，第7页。

315

记载的古易思想与天文学、数学及历法等文化内容，体现了中华文明特色的文化基因，为中华文明起源研究提供了共时的文献依据。彩陶图文是中华文明的标志。彩陶古易朴素的唯物辩证法与天人合一的思想内涵，奠定了中华文明的思想基石。彩陶历法是华夏民族遵循天道、利用自然规律科学发展的必然产物，也是农业文明社会和国家政治的最显著标志。彩陶历法的大小月、节气（四季）、闰月和阴阳合历等制度体系，成为中华历法一脉相承的祖源，开中华法治社会之先河。彩陶图文是早期中国文字"文"的发展形态，神秘的"中华""中国"从图文中走来，从茫然"天书"到信史文献，进一步拓展了中华文明的历史轴线。

彩陶图文只是一个初步的成果，还有许多不足和缺憾，其中的许多细节需要继续深化，彩陶所构建的思想文化体系尚待进一步完善。例如，单元图文、组合图文的鉴别厘定，特定图文内涵、图文表述方式、修辞方法等都有待进一步的工作。

我国彩陶出土丰富，是彩陶学发展和研究的基础。彩陶学作为考古学科的分支，对建设"中国特色、中国风格、中国气派的考古学"具有现实意义，将为探源中华文明增添精彩的新篇章。彩陶图文证明，中华民族是有思想智慧、悠久历史的伟大民族。这样的民族是有美好未来的。

后记
Postscript

《中华文明源说——中国彩陶图文释义》大约经历了四年的时间，先后有课题研究和专题研究两个阶段，最终成书出版。

课题缘于撰著《中华文明本源初探》《华夏文明起源的考古学观察》时，对参考文献的困惑。文献稀缺是困，难以阐明为惑。历史文献就那么几条，转引摘录，隐约而不明，中华文明起源的这件大事确实是不能够说清楚的。感觉中国彩陶隐藏着我们不知道的惊天秘密，于是便产生进一步课题研究的想法。2019年5月在郑州嵩山文明研究院申请"彩陶古易文化研究——中华文明思想探源"（课题编号：Y2019-11）课题并立项，以论文的形式揭示仰韶文化彩陶的神秘内涵。作为课题主持人与成员张国辉一道，初步收集、整理了彩陶方面的遗址、遗存、遗物的资料信息，拟定了课题方案和预期成果。

2020年7月，撰写论文《彩陶古易与中华文明起源——兼谈黄帝文化的社会文明》，入选"黄帝文化与黄河文化网络论坛"优秀作品，这是课题阶段的初期成果。2021年12月，撰写的《彩陶历法闰月制度的象数研究》在《河南博物院院刊》第五辑刊载，"彩陶历法"概念与认识，深化了彩陶内涵。2022年，撰写的《天地之中 历法图治——大河村文化彩陶中华文化元素解析》，收录入《郑州市文物考古研究院成立60周年纪念文集》；同年，与赵金光撰写的《说彩陶图文元典 论中华文明渊源》在《华夏源》第4期刊载，"彩陶图文"的概念和认识，进一步拓展了探源中华文明的视野。2022年8月，课题论文《彩陶古易文化研究——中华文明思想探源》结项，郑州大学历史学院教授靳松安先生认为有许多学术创新，希望能够继续研究，以期有更大成果。靳教授的高度评价，给了我深化研究的动力和信心。

通过课题研究，加深了对彩陶的认识，"彩陶图文"的概念日渐清晰，它的古易思想、天文、数学和历法成就，充分说明了中国农耕文明社会变革及其社会文明现象，展示中华文明是历史发展的必然结果，许多历史问题也有了较好答案。"彩陶图文"的学术成果超出了课题预期，这是没有想到的。

郑州市文物局局长顾万发，郑州市文物考古研究院副院长杜新、李建和，支持将本课题列入 2023 年度专题科研项目，不仅给予时间方便，还在单位经费紧张的情况下安排本书的出版事项。课题期间，考古部刘彦锋主任（研究馆员）、刘文科（副研究馆员）提供了一些新的彩陶资料，就相关问题进行讨论和研究；焦建涛同志对书稿图片进行初步编排，还提供了一些图片支持；常洪涛、索金子、赵金光对书稿文字、注释做了校对、核实。

河南省社会科学院王承哲院长审阅了书稿，肯定了彩陶研究的创新成果，提出了宝贵的修改意见，并撰写了序言。河南日报报业集团有限公司党委委员、副总经理韩嘉俊审阅了书稿，应邀题写了书名。河南省发展和改革委员会党组成员、省纪委监委驻省发展改革委纪检监察组组长李振明（郑州大学历史系同窗）在百忙工作之余审阅了书稿，对书名和相关的主题内容进行了讨论。

中州古籍出版社王小方对书稿严格把关，反复审核并提出修改意见和规划指导，宗增芳主任对版式、内文编排进行了精心编辑，使这部小书顿生华章之美。

在此，对上述诸位领导、同事的支持、帮助表示感谢！今年是我的退休年，感谢长期在学习、工作上关心、爱护、帮助我的老师、领导、同学、同事和亲友们，这份情谊是我努力向前的动力！

本书得益于 100 年中国考古学新石器时代的考古成果和资料积累，特别是近年来出版的发掘报告、彩陶图录和研究书籍，其中的许多图片从多个角度展现彩陶图文的全貌，这些可靠的资料是彩陶研究的基础，在此一并表示感谢。

认识彩陶是一个过程，以前有关彩陶的表述有与相异者，应以本书为准。最后，由于本人学识水平、学术能力有限，对一些观点、概念会有谬误之处，敬望诸位学者不吝赐教！

2023 年 8 月 18 日